上海大学教材建设专项经费资助

汉语语言文化学教程

丁迪蒙 主编

上海大学出版社
·上海·

图书在版编目(CIP)数据

汉语语言文化学教程/丁迪蒙主编.—上海:上海大学出版社,2012.6(2021.7重印)
ISBN 978-7-5671-0155-5

Ⅰ.①汉… Ⅱ.①丁… Ⅲ.①汉语—文化语言学—教材 Ⅳ.①H1-05

中国版本图书馆CIP数据核字(2012)第059695号

责任编辑　黄晓彦
封面设计　施羲雯

汉语语言文化学教程
丁迪蒙　主编
上海大学出版社出版发行
(上海市上大路99号　邮政编码200444)
(http://www.shupress.cn 发行热线 021-66135112)
出版人：戴骏豪
*
上海华业装潢印刷厂印刷　各地新华书店经销
开本 890×1240　1/32　印张 9.75　字数 280 000
2012年6月第1版　2021年7月第2次印刷

ISBN 978-7-5671-0155-5/H.263　定价：28.00元

目　　录

绪　论 ……………………………………………………………… 1
第一章　汉字与文化 …………………………………………… 16
　第一节　汉字的特点和构造 …………………………………… 18
　第二节　字体中的文化 ………………………………………… 24
　第三节　笔画、偏旁中的文化意蕴 …………………………… 31
　第四节　手写体与汉文化 ……………………………………… 36
　第五节　字谜和猜谜文化 ……………………………………… 47
　第六节　从测字看文化 ………………………………………… 54
　第七节　因汉字而产生的文化事象 …………………………… 59
　第八节　从异体字、俗体字看文化 …………………………… 68
第二章　汉语语音与文化 ……………………………………… 75
　第一节　声母的表情达意作用 ………………………………… 76
　第二节　押韵及韵部选择 ……………………………………… 82
　第三节　平仄、舒促 …………………………………………… 89
　第四节　语词的语音特征 ……………………………………… 97
　第五节　节奏与民族文化心理 ………………………………… 103
　第六节　双声、叠韵、叠音 …………………………………… 109
　第七节　摹音 …………………………………………………… 115
　第八节　对偶、排比 …………………………………………… 122
　第九节　谐音 …………………………………………………… 127
第三章　汉语语词与文化 ……………………………………… 135
　第一节　语词中的传统思想 …………………………………… 136
　第二节　语词中的民俗文化 …………………………………… 142

第三节	传统节日文化		149
第四节	数字中的吉、凶文化		155
第五节	颜色词的文化含义		161
第六节	汉民族的饮食文化		167
第七节	语词中的茶、酒文化		172
第八节	语词中的道、佛文化		178

第四章　汉语语法与文化 185
- 第一节　自由随意的组合 187
- 第二节　句子结构的自然 194
- 第三节　语句的灵活多变 202
- 第四节　"气"与句法脉络 210
- 第五节　句子的可感性 218
- 第六节　汉语的句读 226
- 第七节　汉语的经络 233
- 第八节　汉语的歧义 238
- 第九节　回文 245

第五章　从语言运用看汉文化 253
- 第一节　语用特点与汉文化心理 255
- 第二节　禁忌语中的汉文化 260
- 第三节　从委婉语看汉文化 265
- 第四节　姓氏、名号与汉文化 271
- 第五节　地名中的汉文化 277
- 第六节　对联与汉文化 284
- 第七节　神韵与意象 290
- 第八节　凝聚与突显 297

参考书目 305
后记 307

绪　　论

一、语言与文化

语言是人类最重要的交际工具,它像镜子一样映照出某个社会集体的世界观、价值观以及衣食住行等风俗习惯,它是人们认识和揭示不同社会集体之间文化差异的重要手段。

1. 语言和文化的关系

语言是世代积累下来的宝贵财富,作为思维表达和交际的工具,具有很强的社会性,它与使用该语言的民族的心理和习惯有着极为密切的联系。

语言既是文化的组成部分,又是文化的重要载体,文化借助于语言的传播而获得积淀。语言中蕴涵着文化,文化的丰富发展也得益于语言。任何文化的创造都离不开语言。这就使语言和文化之间构成了一种相互影响、相互制约的独特关系。语言的产生意味着人类文化的诞生,文化的发展又促使着语言趋于更加完善、更加丰富。

语文是一种文化,但又是一种使文化得以传承接继的媒体性质的文化,因此,语言文化就具有与其他文化不同的特质;语言是一种文化,它属于观念文化的范畴。语言的文化价值牵涉语音、文字、词语、语法、语言的结构类型、谱系分类以及语言的地区分布。语言是文化的符号,文化是语言的管轨。如同镜子或影集,不同民族的语言反映和记录了不同民族特定的文化风貌;好像管道或轨道,不同民族的特定文化,对不同民族的语言发展,在某种程度、某个侧面、某一层次上起着制约的作用。

语言是一种社会现象。语言的这种"社会性",说明了语言系统不可能是一种存在于真空中独立发展、自生自灭的系统,人们的言语表现形式时不时地受到存在于语言之外的社会要素的制约。换句话说,语言系统内部的诸要素无一不与社会大系统的诸要素发生一定的联系,而且,这种联系绝不是简单的对应,而是纵横交错、此彼渗透、全方位的联系。因此,只有把语言系统放在社会大系统中加以考察,才能更有效地揭示语言的本质,更有效地了解语言系统的内在规律。

语言是表达思想、感情、意志的主要手段,它全面反映了一个民族在思维模式、生产、生活方式、风俗习惯、宗教信仰等方面特有的精神,是民族文化的重要组成部分,也是传统文化传承发扬的媒介,是传递文化信息的工具。

就文化现象而言,语言兼具本体文化和载体文化的双重性。因此,既可把语言作为"元文化"来描写研究,也可就语言和相关文化关系来观照思考。就学科关系而言,语言学既可向人文学科、社会学科领域渗透,比如民俗语言学、社会语言学等;也可向自然科学、工程技术领域渗透,比如语言工程学、计算语言学、神经语言学等等。

文化是人类创造的物质文明和精神文明的总和,是人类社会特有的现象,是人的创造活动的产物。人类之所以有文化,其原因除脑力发展差异外,便是语言能力的具备。一个民族特有的文化会对这个民族的心理产生一种潜在的影响,时间一久,这种影响就会内化为一个民族的心理特性,从而形成一个民族的思维定势。而思维定势或习惯,又会以外化的形式折射到人们运用语言的方式上。西方的"文化"观呈现出技术主义和物质主义的明显特色,偏重于物质技术化;而汉民族的"文化"观则具有修饰主义和人伦主义的丰富意蕴,偏重于精神礼教化。

2. 语言的文化特征

语言既是重要的文化事项,又是文化的载体。同时,它又促进着其他文化的发展。语言的文化特征表现在以下几个方面:

第一,语言是文化的代码,是文化传播的媒介。语言可以传达人们头脑中的观念,只有通过语言的传播,文化才能穿越时间和空间,得到交流、发展和长期存在。

第二,语言的产生和发展极大地促进了其他文化事项的产生和发展。人类的生产经验是世代发展的,这种发展相当大的一部分是靠语言的世代传承来完成的,如果没有语言,人类生产经验的积累要少得多,发展要慢得多。

第三,人类文化行为的发生大都建立在语言的基础上,语言的发展对人的思维和各种社会生活、文学艺术产生重要影响。如汉语方言众多,这对以方言为基础的地方曲艺的形成、发展和丰富提供了条件。

语言是重要的文化事项。语言的诞生意味着人类文化的诞生,文化的发展也影响着语言的发展。语言是人类区别于动物的主要特征,有了语言,人类才可以相互交流,才可以进入有组织的社会生活,成为"文化"的人。从宏观到微观,语言的变化都与其他文化事项联系在一起,社会政治文化对语言的发展和使用起着直接的影响。

语言是一种特殊的文化,不同民族有着不同的语言,不同的语言代表的是不同的语言文化习俗。不同的语言习俗又反映出不同的思想观念,这种由语言而造成的文化差异直接渗透到人们的生活之中,成为社会文化的一个组成部分。

文化对民族的语音产生一定的影响,比如北京话是通用语的标准语音,这与北京作为首都的政治、文化中心的地位分不开的;文化对语法产生一定的影响,近代中国文化对西方文化的吸收,使得部分汉语句式出现欧化倾向;文化在词汇上的影响最明显,词语会因社会生活和社会思想的变化而不断变化。有些词语会随着时代的消亡而不再出现在日常生活中;随着高新科技的发展,又会有许多新的词语在社会上广为流传。

文字是文化的载体,服务于文化,同时又促进文化的发展。文字对文化的记载,可以使后代在借鉴前代文化的基础上更好地发展;文字的记载可以使文化的交流更为便利,使文化在交流和碰撞中得以更快地发展。语言是文化的代码,文字对语言的记录,突破了语言在时间、空间方面的局限。离开了文字,许多文化事项不可能传播和传承。每个民族的文字都具有各自的特点,各民族都会依据本民族的文字特点形成许多的文化事项。文字对文化的促进作用,也表现在文字对语言发展的影响上。文字记录语言,使语言有了书面语这种存在形式,这对语言的积累和发展有着十分重要的意义。只有把口语记载下来,词汇才能逐渐积累,日益丰富;文辞才能仔细斟酌,反复推敲;语言才能变得越来越丰富,越来越华美。

文化是语言的内蕴,任何民族语言都负荷着该民族深厚的文化内涵。各民族由于价值观念不同、心理素质不同、风土人情不同以及思维方式的不同,对同一事物、同一概念的理解和表达往往会产生分歧,以至于引起误会,影响言语交际的顺利进行。一个民族的词汇和文法本身就能揭示出这个民族的心理素质。

语言是文化的产生和发展的关键,文化的发展也促使语言更加丰富和细密。语言是文化发展的结果,文化又借助语言得以更快地发展。语言和文化的发展虽然是相互促进的,但语言的形式和文化的形式却基本上是平行发展的。语言不仅是民族文化的一个重要组成部分,而且是文化的物质载体,是文化的反映。

二、汉文化对汉语的影响

汉语是汉文化的载体,它深深烙上了汉民族悠久而多姿多彩的历史文化印记,透过汉语,可以窥探到汉民族的文化特征和心理特征。

汉民族的文化是"以文治教化之",汉民族的文明是"以文采或文德而昭明"。"文化、文明",核心语义在"文"。《说文解字》:"文,错画也,交错而画文也。"《易·系辞下》:"物相杂,故曰文。"古人从以色彩线条可纹人之身、纹器之饰,发展到以"文"记事,出现文字或文辞。

汉民族重视整体领悟、整体把握、辩证运行、类比联想,这些都影响着人们的思维、观察、表达和欣赏。医学上,讲究从整体来把握人生理、病理的变化,因此,整体控制局部的经络学说、气功学说等占有重要地位;音乐上,重视旋律的整体性,通过模仿事物的声音来进行类比和象征;文学上,《诗经》丰富的"比、兴"手法是类比联想行为的典范。

汉民族很早形成了传统的辩证思想,蕴藏在其中最稳定、最深层的美学精神就是对称。这"对称"又恰是汉民族辩证相对观念的反映。汉民族的审美价值取向是崇尚整齐、和谐。在建筑风格上,追求等角对应;在绘画上,通过笔墨的钩皴、浓淡、枯湿、向背、阴阳、虚实、疏密等手法来取"神、韵",从而达到似而非似、更胜于似的艺术效果;戏曲的程式化表演,住房、衣着的整齐一致,人伦道德长幼尊卑秩序,讲究送礼要送双等等,都体现着"阴阳、神韵、意境、天地、道、气",以及"天人合一"

等思想。

1. 汉字和文化

在汉字的表现形式上:汉民族讲究"观物取象",取万物之象作为象征意义的符号,来反映客观事物;利用各种不同的形旁来区分同音不同义的词语,以适应汉语音节少、多音多的特点。

在绝大部分中国人的心目中,汉字是世界上最精美缜密的文字,如果没有了这如同食粮一般的方方正正的汉字的滋养,炎黄子孙便会失去辽阔的天空与脚下的大地。汉字记录了民族文明发展史,用汉字书写的历代文献资料,是一笔举世无双、令人叹为观止的文化财富,从各方面反映了汉民族的文化。

王蒙先生说得非常好:

汉语和汉字对我们来说并不是一个纯工具性、纯手段性的问题,而是带有根本性的文化问题……

拼音文字是音本位的,汉字是字本位的。汉字对我们来说,不仅仅是一种声音,它表达的声音并不是统一的,各种不同的方言可以用不同的声音念一个字。我听过湖南人吟诵"四书",我也听过广东人吟诵"四书",我也听过我的家乡河北人吟诵"四书",音不相同,但是字完全一样。汉字,克服了方言上众多的分歧,维护了中华民族的统一和整合。有人考察过,中国广东话和辽宁话的差异也许甚至超过了欧洲一些国家间语言的差异。但是,她有一个工具,这个工具就是汉字。从另一个方面,我又感觉到,恰恰是汉字挽救了这些方言。因为有了汉字,这些方言不会在某一个时期被一种强势文化地区的方言吞没。……我们又不能想象没有这些方言的存在。这些方言中有很深厚的文化积淀。如果没有吴侬软语,难道还能有评弹吗?还能有苏剧吗?还能有苏昆吗?如果陕西没有三秦高腔,又如何能有秦腔?如何能有陕北民歌?……

方言是重要的,汉语是重要的,汉字尤其是重要的。汉字给我们的信息量实在是太丰富了,它既是一幅美术作品,也表达着声音,还表达着历史的典籍,表达着已经不能够说话的那些人的智慧和感情。我曾经试想,如果真正用拉丁字母还能不能表达这种感情。"白日依山尽,黄河入海流。"一看这十个字,我们就有一种视觉的享受,还能引起人们的想象。相反,如果用汉语拼音来表达呢?虽然它有自己的读法,但你可能看到的是"bai ri yi shan jin, huang he ru hai liu",很难得到汉字给予你的文化的享受。

我甚至觉得汉字实际上是中国文化的基础。现在中国和外界发生的许多矛盾,都和我们对汉字的理解有关。比如汉字中"国家"的意思实在是太广了,有"国"的意思,有"家"的意思,有 country 的意思,又有 nation 的意思,还有 state 的意思。所以我们对国家的忠诚、对国家的热爱,它表达着这样的感情在里面。又譬如说"人民",它和英文的"people"有着相当的差距。这些,外国人并不一定明白,他认为理所当然的事情到中国来也许是讲不通的。汉字是我们文化的基础,更不要说我们的对联、楹联、骈体、对偶等等,它们甚至影响到中国人一些特殊的辩证思想,比如"祸福相生、长短相形、高下相倾"等等,这些反义词放在一起造成一种互相循环的关系,也是妙极了。

……

(王蒙《汉字与中国文化》,
载《文汇报》2004 年 9 月 14 日)

汉字讲究"观物取象",取万物之象成为象征意义的符号来反映客观事物;它利用各种形旁来区分同音不同义的字,以适应汉语音节少、多音多的特点;它利用"声旁"又解决了很多语音问题;它根据可拆可合的形体特点,又造成了特有的字谜游戏和姓氏避讳中的缺笔;它根据二维构形特点,形成了书法和玺印两门艺术。这些由汉字直接衍生的文化事项,是整个文化系统不可或缺的重要成分。

2. 语音和汉文化

汉民族心理文化与汉语的语音构成有着千丝万缕的联系。

汉族人的思维模式是重和谐的,强调均衡,在传统文化中,崇尚对称的观念渗透在生活中的各个角落,在方方面面都有着淋漓尽致的表现。语音同样遵循着这个审美法则,这导致汉语语音具有整齐均衡、错落有致的美学优势。汉民族心目中最典型的对称就是"对偶"式。表现在语音形式上,就是音节结构上的声韵、开合、洪细、阴阳、平仄、舒促、高低、对称及由此而引发、产生的双声、叠韵、叠音、对偶等,在语言的发展演变中,形成了独特的相关文化。利用平仄变化与音韵和谐等声律特点,可以形成抑扬顿挫的音律美,使语句情文并茂,音义兼美。这种对立整齐、井然有序的语音结构体系是汉语独有的。

各民族语言的节奏都符合着各自语言的民族文化特点,具有民族文化性。比如:古希腊语和拉丁语中元音长短的区别比较明显,他们的语言以元音长短的有规律的交替来形成节奏;德语、英语、俄语中轻重分别十分明显,他们的语言以轻重音的有规律的交替来形成节奏感。旋律美是汉语的语音魅力,也是吟诵时所产生的语音文化现象。汉语以单音节语素为主导,音素组合十分紧密,音义结合也非常紧密,以至于离开语义就无以论语音;离开了语音也无从说语义,音义和语义两者如影随形,难分难离。

语音上,汉民族追寻的形式美突出表现在音乐性上——声调的高低错落、舒促相间,双声、叠韵的大量使用。

"声少韵多"是汉语语音的特点。汉语韵母多由元音构成,乐音占优势,发音响亮,优美动听,这是语音美的物质基础;声少韵多,声调婉转,抑扬顿挫,便于造成音乐般的旋律,音韵和谐,节奏鲜明,旋律优美,饱含美感;能人为地安排音节音高,通过音高的不同变化来加强旋律美。语句必须有高低起伏感;抑扬顿挫的声调可造成音乐般的旋律,因此,无论在对称、和谐方面,还是在音韵配词方面,都显示出特有的均衡美和节奏感。当诗歌语言的声(字)调的高低起伏所形成的语调线与一定的节奏和韵式相结合时,就形成了特有的旋律。

以偶俪对称、音韵和谐为美的观念早已成为文化"基因"深入人心,代代相传。汉语的音韵美,不仅表现在它有回环往复、整齐铿锵的节奏,朗朗上口、和谐悦耳的韵律,更在于它具有以类似于诗歌语词所指称的客观事物的自然音韵,来象征客观事物形象及其情感意蕴的功能。在汉语言文化中,音节之间的搭配和不同声调的使用绝对不是随意的,而是有着一定安排的,具有着某种特殊意义的,是作者的审美感受的具体体现。

象征功能最鲜明直接地表现在对自然界和生活中各种音响效果的描绘,拟声词可以直接表现描写对象的声响特征,可以越过语词的概念意义,仅凭其语音就获得对诗句意蕴的理解。如"大弦嘈嘈如急雨,小弦切切如私语"。

汉族人强调"书读百遍",不仅仅是因为它能"其义自见",还有可以确保识记于心,谐于唇吻,永不会误读的功用。现代人将字的声、韵、调读错的主要原因,就是因为语言音乐美习惯没养成。如,可说"张三李四"(平平仄仄);不能说"张飞王高"(平平平平);"没皮赖脸"双声,好听;"牛头马面"叠韵、双声,听起来有美感;若说成"马头牛面",叠韵、双声的效果就被破坏,同样也就不具美感了。不读文章、诗歌,音乐美就无从谈起。这些都是语言音乐美的习惯制约的结果。

汉族人的思维模式是重和谐的,尤其喜欢成双成对,处处讲求对称。双声、叠韵、叠音形式的美学特点,与汉民族文化观念完全一致,与汉民族对语音的独特感受有密切关系。古往今来,在诗词、曲赋、散文、小说里都能看到这些词语的踪迹。历代文人充分利用这些具有特殊美感的词语来进行诗文的创作,以求得在语音音调上的优美、和谐、动听。和谐既非同,也非异,而是寓变化于统一。而"和谐"两字,又正是汉民族精神文化的精髓所在。

3. 语词和汉文化

词汇包含一般词语和文化词语。一般词语只具有表层的概念义,文化词语则是民族文化在词汇中的直接或间接反映。任何民族的语言词汇及其构成成分都会受其民族文化的制约和影响。各民族文化的个性特征,也都经过历史积淀而结晶在语言的词汇层面上。

通过文化词语,不仅可以研究该词语与民族文化的各种关系,研究民族文化对词汇的各种影响:包括词语的生成、词语的结构组合关系,词语的文化分类及其构词特点,还可以研究文化词语的语义内涵或词语的文化含义,包括文化词语的象征义、感情义、地域义、比喻义,等等。

一个民族语言的词汇能够最直接、最敏感地反映出该民族的文化价值取向;一个民族的文化心理又往往制约着该民族生活的各个方面,对词语影响更深。这是时代或历史赋予词语的社会文化含义,在跨文化的交际中,了解和熟悉词语的文化含义更为重要。汉语词汇的历史功绩在于它传承了汉文化。同时,汉民族文化也促进了词汇的丰富和发展。因此,词汇不仅是汉文化的载体,又是文化的结晶。

文化词语的特点主要体现在以下几方面:

第一,载有明确的民族文化信息,隐含着深层的民族文化含义。

例如:蜡烛。原只是一种用蜡制成的供照明使用的工具,在电没被发明前得到普遍使用。我国早在唐代就有了,当时称"蜡炬"。这个一般词语经过历史积淀后,被赋予了另外一些特定的文化含义,使它成为一个具有特殊意义的文化词了。主要表现在以下几个方面:

(1) 赞美它照亮别人,燃烧自己的品质。由此可联想到一些默默为人工作的人。如电影《烛光里的微笑》,就是在赞美人民教师点燃自己,照亮别人的精神。

(2) 因唐代李商隐有"蜡炬成灰泪始干"的诗句,而表现出人的一种"生命不息、战斗不已"或"鞠躬尽瘁、死而后已"的精神状态。

(3) 因有"洞房花烛夜",而比喻新婚夫妇在新婚之夜的幸福、愉悦。

(4) 用"风烛残年"又可以比喻行将就木的老人。

第二,文化词与汉文化的关系。

汉语中有不少词语都具有文化内涵。例如,"红娘",常作为帮助别人完成美满姻缘的善良者的代称,但如果不了解古典名剧《西厢记》的主要情节和人物关系,恐怕就很难理解这个词的语义内涵了。再如"胸有成竹",比喻处理事情前已有完整的谋划或打算。但倘若不了解这个成语的文化背景:出于宋代著名画家、诗人文与可画竹的故事,也就不能真正体会它的含义。

在漫长的历史长河中,汉民族形成了根深蒂固的尊卑分明、贵贱有序的观念和心态。这样,构词的方式也就按照"先尊后卑"的方式来排列了。词语次序体现了汉民族在言语表达方面的价值取向。例如:"国家"、"君臣"、"干群"、"夫妇"、"兄弟"等。

汉语有许多语言现象和词语的语义内涵,都直接或间接地和特定的文化背景相联系。透过汉语的词汇层,可以窥见汉民族文化的状况和词汇的文化渊源。在这些关系中,有的是该文化的直接反映,如"龙、凤"等;有的是间接反映,如汉语中的红、黄、白、黑等颜色词以及松、竹、梅等象征、比喻词语;还有的则和各种文化存在着渊源关系,如来自文化典籍的、来自宗教的一些词语,等等。

4. 语法和汉文化

汉语的语法是汉民族的思维长期抽象化的结果,它必然带上传统文化中崇尚简约和朴素的整体性思维特点。汉民族哲学、艺术和言语注重的是心理时空,特别偏重于时间。即使是空间,也常表现为流动空间。因而表现在句式上采用的就是句读——按逻辑事理铺排的方法,属于一种时间型的构造。

汉语句子所表现的是一种心理时间流。它不以某个动词为核心,而是采用句读段散点展开,因字而生句,以小组大,散点经营,流动铺排,有头有尾、夹叙夹议、前因后果地表达思想,这就是动态的时间流句。有了这种依托,汉语的断句虽然不严,但很少会造成交际或理解上的障碍。

汉语是分析型的语言,语义分析在汉语研究中起着举足轻重的作用。一个句子,只要把词的意义和意义之间的关系弄清楚了,那么,整个句子的含义也就清楚了。

汉语缺乏西方语言的语法标记,偏重心理,略于形式。它是通过词序、虚词、活用等方式来完成句子的。汉语不靠形态变化表示语法意义和关系,也无须通过形态变化组织句子,只要在词语上加一定的语气或标点就是句子了。

汉语以音节为语言单位,造成了汉语合成词、短语、句子的语法结构;汉语的语音成分简明,又造成了单音词、复音词、短语、句子四个层次的同音现象。汉语语法的"备用单位"——词与短语之间无差别。如,"白花"和"黑板",是词还是短语,大部分汉族人是不会去考虑的。

汉语构词法和造句法一致,"好"是个词,但只要加上语调或加上标点就是句子了。重意合而不重形合,重领悟而不重形式,造成了汉语在表达上的简洁和灵活。因此,汉语并不靠形态的变化来表示语法意义和语法关系,也无须通过形态的变化来组织句子。词语进入"使用单位"——句子后,也不会因语法功能的不同而发生形态上的各种变化。

比如:"看医生","救火",虽不合理,但语义很明晰。汉语的这种独特的构成方式是汉民族思维方式和文化的反映。汉语是重"意"不重"形";框架简明,没有繁多的标记;在表意功能上灵活多样,隐性语法关系十分丰富。人们在理解汉语,特别是阅读古籍时,主要障碍不是语法。正因为如此,我国最早出现的语言学类著作是讲词义、讲文字、讲语音的,如《尔雅》、《说文解字》、《广韵》等,不是讲语法的。

汉语语句组织的对偶、对称性能表现甚为明显。从审美的角度来观察汉语句子,骈偶之句"常足以齐整文句",收到对称与和谐的审美效果。郭绍虞说,中国文辞的对偶与匀整是中国语言文字所特有的技巧。魏晋六朝的骈体文是其中的代表,它的行文要求是更加严格的对偶。唐宋时期诗词流行,但词又有固定的词牌名,按照要求去写,并且规定严格,每词(诗)几句,每句几字都是不能随便更改的。白居易《长恨歌》:"在天愿作比翼鸟,在地愿为连理枝"是对称与和谐之美的典范。

诗歌中的大量对偶句,由于句法、词性、声律的两两对应,便会产生强大的吸引力和内聚力,经过前后映衬,互相补充,便化生涩为平易了。李商隐《无题》中有"晓镜但愁云鬓改,夜吟应觉月光寒"句,其中"镜"一般作名词,若孤立拈出"晓镜"未免让人费解,但和下句"夜吟"一对照就可知道。这里作动词用:写一女子晓妆对镜,抚鬓自伤,和下句深夜苦吟、不避风寒的男子构成了鲜明的对照,对偶句的艺术魅力由此可见一斑。

这种结构看似简单,使用母语的汉族人,不会觉得困难,也不会产生疑问。但刚接触汉语的外国人却常感别扭,甚至觉得无法理解。原因是:汉语主体性强、人的因素突出,既简单,又灵活,没有刻板的规定和硬性的标志来作"非此即彼"的划分。在理解句子的同时,还要牵涉对深层意义的理解,必须通过对句子的语义、语境、语用等各个方面的协调联系来融会贯通,需要凭借人的语文感受来驾驭和把握,才能真正理解句子的含义。

5. 从语言运用看汉文化

不同的民族在语言运用上有着不同的特点,体现着各种不同的文化。

语言交际是人类赖以维持社会和人际关系的重要手段。为把语言表达得生动活泼,增强语言的表现力和感染力,人们总是在语言运用上特别小心,在选词造句或确定表达方式上反复斟酌、推敲,避免使用引起不快语言而损害双方的关系。汉语很多具体的表达习惯,都是在长期的言语活动中形成的,涉及各个领域,具有强烈的汉文化色彩,体现了汉民族的人生观、价值观和审美观。

汉民族宗法制度极严,宗族观念极强,等级、辈分就像是一面墙,永远不可逾越。这对人们的言行举止产生了很大的限制。当然,在被礼仪束缚的同时,也处处体现并传播着礼仪。

禁忌语历史悠久,是一种具有复杂心理的社会文化现象。它在特定地域内形成,并与该地域有密切的关系;它是特定地域范围内的民众依照该地域的特点所创造的行为模式,具有很强的地域性和特殊取向性。

汉民族在交际时喜欢含蓄,以含而不露为美,为了达到"委婉"的目的,在特定的语境中,说话人往往采用恰当的委婉表达方式,让语言礼貌得体。在纷繁的社会里,人与人之间的关系是复杂、微妙的,因此,委婉语从产生之日起就担负着"润滑"的重任。

汉民族素以礼仪著称,这自然会在名字中体现。因此,在严守规矩的同时,名字也时刻提醒着人们对什么样的人该有怎样的行为举止,万不可以下犯上,颠倒辈分。

地理区域本无名,是人们主观赋予的。地名是各历史时代人类活动的产物,它记录了民族的变迁与融合,记录了自然环境的变化,反映了人们的心理文化特征,有着丰富的地理、语言、经济、民族、社会等科学内涵。因此,地名是一种特殊的文化现象,是历史的活化石。

修辞是在社会历史过程中生成、演化的,它与民族文化传统有密切关系。不同的民族在修辞手法上有不同的特点,体现着各种不同的文化。修辞作为语言现象,不论是语词符号,还是表达方式、接受方式,都是在社会历史过程中生成、演化的,关联着丰富的人文蕴涵。它的本质不只在于对文辞本身的修辞,更多在于文辞与情境题旨的协调和互补,在于文辞对所在社会、文化环境的调适。受汉民族文化影响,汉语修辞以整齐、对称为主,以参差错落为辅;有虚写和实写之分,在语言表达中有意识地运用虚实观点以取得某种效果,这是汉语修辞的又一个特点。

三、汉语言文化的研究意义

语言是社会现象,是文化形成和发展的前提。文化的发展也同时促进了语言的丰富和完善。语言只是文化特征的一个表层表现,更主要的是语言背后影射出的文化。研究汉语,不能不了解汉语和文化间的关系,也不能不知道蕴藏在汉语中的文化现象。语言学习离不开对文化背景知识的把握,对文化的分析又可以促进语言的研究。因此,从语言入手研究文化,可以帮助人们更好地理解民族文化。言语交际是人类社会生活的极为重要的表现形式,渗透着各民族的文化精神,并且成为某个民族的特定时代的文化镜像。

例如"国家",由两个实语素"国"和"家"并列构成。从词语的结构可以看出汉民族对家庭重视的程度。常言道:"爱国如家","家和日子旺,国和万事兴"。汉民族认为,家庭是社会的基础,国家是由无数的家庭组成的。因此,中国人历来追求的是"多子多福",要"子孙满堂",喜欢大家庭生活;而欧美人对"国家"的观念就和汉民族完全不同,子女长大了就该外出闯荡,用了父母的钱也必须偿还。这是中西文化观念上的差异。

第二语言教学的任务是培养在具有不同文化背景的人们之间进行交际的人才。跨文化交际学的兴起和发展与第二语言教学有着密切的联系。汉语教学不仅仅是语言教学,还包括文化教学,这早已成为人们的共识。

对外汉语教学要注重语言教学和文化教学相结合,要重视对文化的讲解。从教学的角度看,教授一种语言,同时也在教授一种文化。有些在语法现象上无法解释的语言问题,在文化的视角上却可以得到完满的解答。

通过对语言文化的学习,可以让外国人士更好地掌握汉语,使他们不但了解一般的词汇意义,也明了词句的深层语义,从而提高使用汉语的能力。因此,从事对外汉语教学的教师必须了解汉语与文化的关系,只有将语言教学放在文化教学的大背景下,才能更好地培养学生的跨文化交际意识,提高学生的跨文化交际能力。

外国人在学习、交际时中倘若不了解语词的确切意义,就可能产生不必要的误会或麻烦。中国人的打招呼方式、表示客气的语句是那么自然地在汉语言中表现了出来,本国人绝不会感到奇怪或不可思议。但作为第二语言学习的外国人,特别是西方国家人士就有可能不理解或不可接受,成了语言学习中的文化障碍,甚至引起文化方面的冲突。

对外汉语教学首先需要了解的是跟语言运用紧密相关的文化现象。文化差异所造成的误会有时比语言运用错误的性质更为严重。语言有错误只是让人感到沟通上有了一定的困难,听着很累、费解,但不会产生误解;而因文化差异引起的误会却会伤害到对方的感情或引起他人的不悦。

可以先看几个例子:

例一:

这姑娘长得鼻子是鼻子,眼睛是眼睛的。

例二:

A:你该请我吃糖了吧!

B:哪里啊,八字还没一撇呢!

例三:

甲:哎,最近真是倒霉!

乙:怎么啦?为什么倒霉?

甲:我连吃了三次豆腐饭了。

乙:这有什么倒霉的,我最喜欢吃豆腐了!

甲:啊?!

就以上的言语,曾问了好几个外国学生,他们已在中国学了几年汉语,日常交流早已没问题,这两句句子的表面词义也都能理解,却也不能明白到底是表达了什么意思。这就是汉语中的文化现象。离开了文化这个概念,类似的语言问题就无法解决。

原来,例一说的是脸漂亮,鼻子、眼睛恰到好处;例二说的是结婚,在中国,结婚要吃喜糖,因此,这里的吃糖是喜糖,也就是结婚的委婉说法;至于"八字没有一撇"说的是连结婚的对象还没找到;而例三则是上海周边地区的风俗:结婚为红喜事,要摆酒席庆贺;人死亡被称做白喜事,回归自然了,同样要摆酒席。这顿饭除了各色菜肴外,有道必不可少的菜——豆腐。因此,丧礼后的酒席就叫吃"豆腐饭"。另外,"吃豆腐"在上海方言里还另有一层意思:挑逗妇女,说些较过分的、不够庄重的话语。倘若对词义中的文化现象不了解,会发生多么大的误会!

外国人学汉语,如果不懂汉语的语用情况,同样会使中国人感到不舒服。比如:"能"和"会",英语解释都是"can"。在汉语里虽然有语用上的差异,但都可以用,比如:"他能说英语"和"他会说英语"。但如果前面加否定词"不"后,在该说"我不能来上课"时使用"我不会来上课",就会引起误解,因为其中的意思大不相同。

本书把语言和文化联系起来,从文化的角度来看汉语语言,把语言看成是主要的文化现象,把语言纳入文化的大范畴之中去考察;从汉语的角度出发,从文字、语音、词语、语法以及语言运用等方面入手,研究它们所传递出来的文化信息,揭示其内涵中体现出来的汉民族丰富多彩的文化现象,以便读者了解、扩大汉民族传统文化知识,更好地继承和发扬祖国优秀的传统文化。

复习思考题

1. 为什么说语言是一种具有媒体性质的文化?请举例说明。

2. 由于"西学东渐"的影响,近代中国语言出现了"欧化"的倾向,请根据当下中国文化发展的态势,谈谈今天中国的语言会有什么发展倾向。

3. 在漫长的历史长河中,汉民族形成了根深蒂固的尊卑分明、贵贱有序的文化观念和文化心态,于是,构词的方式也就按照"先尊后卑"的方式来排列了。请再根据中华民族其他的文化观念和文化形态,寻找一些其他的构词方式。

4. "红娘",人们常把它作为帮助别人完成美满姻缘的善良者的代称。这是一个汉语中具有文化内涵的典型词语。请再举出几个有关词语,并找出它们相关的文化内涵。

5. 说说汉族人喜欢整齐对称的心理在语言上的表现及对汉语的影响。

第一章　汉字与文化

汉民族对汉字有着根深蒂固的民族感情,有着扯不清的文化情结。且看:

惊蛰一过,春寒加剧。先是料料峭峭,继而雨季开始,时而淋淋漓漓,时而淅淅沥沥,天潮潮地湿湿,即连在梦里,也似乎有把伞撑着。而就凭一把伞,躲过一阵潇潇的冷雨,也躲不过整个雨季。……

(余光中《余光中集》第五卷,百花文艺出版社2004年版,第182页)

好一个雨季,淋淋漓漓,淅淅沥沥,潮潮湿湿,潇潇冷冷,给人的感觉是那么地凄凄凉凉……当你阅读这些文字时,你是否已经感觉到了无尽的雨,正缠缠绵绵地停留在你的身边?那雨丝仿佛已星星点点飘进了你的心底?这些雨是否让你从心底里透出了一丝丝的凉意,让你的情绪也被弄得好不起来?余光中以诗人的敏感,寥寥几笔,以泼洒"云清雨意"的大笔,让人感悟到了汉字的神奇魅力。余光中还写道:

杏花,春雨,江南。六个方块字,或许那片土就在那里面。而无论赤县也好神州也好中国也好,变来变去,只要仓颉的灵感不灭,美丽的中文不老,那形象那磁石一般的向心力当必然长在。因为一个方块字是一个天地。太初有字,于是汉族的心灵他祖先的回忆和希望便有了寄托。譬如凭空写一个"雨"字,点点滴滴,滂滂沱沱,淅淅沥沥,一切云情雨意,就宛然其中了。视觉上的这种美感,岂是什么rain也好pluie也好所能满足?翻开一部《辞源》或《辞海》,金木水火土,各成世界,而一入"雨"部,古神州的天颜千变万化,便悉在望中,美丽的霜雪云霞,骇人的雷电霹雹,展露的无非是神的好脾气与坏脾气,气象台百读不厌门外汉百思不解的百科全书。

（余光中《余光中集》第五卷，百花
文艺出版社2004年版，第183页）

余光中的话也许在学术论证上并不能起什么作用，但由此可以引起大家思索：为什么已经在海外生活、研究西方文明、并深受西方文化熏陶的华人，一谈起汉字、汉字文化，还是那么眉飞色舞、情深意浓呢？原来，汉字的字体有特殊的形体结构，并由此组成了特殊的话语场。用汉字系列组成的文学作品多以整齐之美取悦于人。它不仅表现于外在形式中，而且渗透于内在意义里。

"雨"，见其形，即可察其意，可感受到雨的气息，可看到淅沥的雨点，甚至可听到下雨的滴嗒声。这种信息，英文的"rain"是无论如何也不能传递的。

汉字有着一定的视觉形象，先人们用汉字创造了无数美妙的意象。各种同偏旁部首字在句子中都会有意识地排列组合，叠字会重复出现，从而构成了它的时空综合美学意义。

汉字展现了华夏民族无尽的创造力，也造就了辉煌灿烂的历史文化。那点横竖撇捺织就的精美绝伦的符号，闪烁着神圣之光，成为每一个中国人心中不灭的星辰。且不说它所表达的意思，就看汉字的形式就已经够美的了！请看：

笑古笑今，笑东笑西，笑南笑北，笑来笑去，笑自己原无知无识。
观人观物，观天观地，观日观月，观来观去，观他人也有高有低。

再如：

天上月圆，人间月半，月月月圆逢月半；
今宵年尾，明早年头，年年年尾接年头。

汉字字形的象征结构本身有"能指"的意味，无须通过"音响形象"，用直观分析的方法就能把握或猜到其"所指"。即便不清楚怎么读、不知其确切的语意含义，也还是可以想其意，意其象的。谢灵运的"岩峭岭稠迭，洲萦渚逢绵"，给人有山峦迭峰的感受；梅圣俞的"涉淮淮水浅，泝溪溪水迟"，给人有一路水行之感；"鸦鸣鹊噪鸧叫"，看着这些字，彷佛耳边传来一片聒噪之声。只要认识"鬼"，那么"魑魅魍魉"，也可联想到了。汉字不同的排列、叠加,可以变幻出一个个全然不同的意境,其美妙令人陶醉;用汉字系列组成的文学作品,也多以整齐之美取悦于人。它不仅表现于外在形式中,而且渗透于内在意义里。

这,就是这一部分的主题:汉字与文化。

第一节 汉字的特点和构造

一、汉字的特点

汉字虽已有数千年历史,但古今汉字在结构方式和体系上却完全一致,对应关系也基本相同,具有通贯古今的特殊作用。唐、宋、元、明、清各个朝代的人们用汉字书写、记录下来的白话文小说,现代人可以看懂,阅读上并无大碍;也不受语音变化的影响。但同时代的用拼音文字记录的国外书籍,除专家外,就无人能看懂了。

汉文化对汉字的规约隐含在汉字系统中,它反映了汉民族的心理状态、价值观念、生活方式、思维特点、道德标准、风俗习惯、审美情趣等各方面特殊的文化因素。

每个汉字都有一定的语素意义,合成语词的能力极强,以简驭繁,有着极高的"使用效率"。比如:政。在它前后加上不同字可组成很多词语。如"专政、暴政、民政、法政、党政、内政、虐政、苛政、行政、执政、施政、仁政、财政、参政","政变、政柄、政派、政府、政党、政论、政客、政见、政绩、政界、政局、政权、政协、政策、政审"等。

汉字还有储存信息容易,新词语制造简单的特点。能追随语言的发展,追随时代的发展,得到"生词熟字"的效果。如"电影、电脑、电视、电话、电台、电扇"等都是以往没有的,用原有汉字就可组合完成,无需造新字。

从商代到现在,历史虽已过了三千多年,但汉字的数量却增加不多。商代卜辞"甲骨文"约4500字,许慎《说文解字》收字9353个,晋吕忱《字林》收12824个,宋朝王洙、司马光的《类编》收3.1万多个,《康熙字典》收字47000个,1915年中华书局出版的《中华大字典》收字48000个,新版《辞海》收单字14800个。总量虽不少,但常用字仅6000

个左右。其中,最常用的 560 个,常用字 807 个,次常用字 1033 个,总共才 2400 个字,可覆盖 98% 以上的书面表达方式。

对欧美人士学习汉语来说,初学汉字也许有困难。但只要了解汉字的基本构成,掌握汉字的基本方法和规律就不难了。只要认识 2000 个左右汉字,看一般文章已无大碍。

二、汉字与汉语的关系

汉字是同汉语完全相适应的文字体系。汉语音节少,只有 400 多个音节,即使加上声调分辨,也只 1000 多个,因此存在着大量同音词。大部分同音词在具体环境中可以区分,不会引起歧义。从书面语形式看,汉字将同音词标记成异形词,起到了分辨同音词的作用。比如:"石油"、"食油"、"公式"、"公事"、"工事"、"攻势"、"宫室",语音完全相同,只看汉字意义即可了然。

汉字是独立单位,既可标记语素、词,也可标记短语,无须分辨。因此,汉语的语素、词、短语界限很不分明。我国多方言,大方言中又有小方言,小方言间的语音差异有的也很大,甚至无法交流。但阅读作品或进行书面语交际就无障碍,汉字不与语音发生大的联系。

汉字是面性文字,具有意、音文字的特性,与线性的拼音字母相比,它负载的信息量大,具备比字母文字更高的信息密度。同样内容,汉字的表达比其他拼音文字短。在联合国所规定使用的六国文本中,同样内容的文本,汉字文本是最薄的。

汉字属于"复脑文字",人们阅读文章常以"块状摄入",用不着逐字看,一目十行没问题。这样,既可让人快速思索,又能锻炼人的思维能力。同属汉字文化圈的日本,除用汉字外有假名,用假名同样可识读文章。但从阅读速度来看,用汉字书写的比假名快很多。

三、汉字构字法

汉字有象形和图画的性质。对此,许慎在《说文解字》中说得最为精彩:

仰则观象于天,俯则观法于地,视鸟兽之文与地之宜。近取诸身,远取诸物,……仓颉之初作书,盖依类象形,故谓之文。其后形声相益,即谓之字。

汉字的象形特点,使得它与大自然之间产生了一种内在的联系和默契,使得日月星辰、草木虫鱼乃至天地万物都为形象而简洁的图案所代表,再经过减省、浓缩、概括、提高,这些图案终于变成了一种包含有万物而又区别于万物,融会于自然而又独立于自然的信息传播系统,推动着中华文明的发展,延续着博大精深的中华文化,薪火相传,生生不息。

汉字发明之初,有两种最主要的构字方法:一是摹写实物,如同绘画,那是象形字;二是按照一定的思想意识抽象为简单的书写符号。写象形字时,你仿佛已包揽了这个事物的本身,当面对宏伟的自然时,你又可以用最简洁的笔触去重现出那么复杂多姿的景象。这是多么高明的抽象法则,又是多么简洁的具象手段啊!

文字学研究者将汉字的造字方法归为六类,即所谓的"六书"。汉字就是通过这六种构字的方法,一变百,百变千而日渐丰富、完善起来的。这些构字法恰好代表了汉字发明、演化的全部进程。

1. 象形

汉字的形体美表现于它的象形性和形体的丰富性。所谓"因形见义",就是直接模拟这个字所要表现的自然界客观实体,将它的外形浓缩并抽象成简单的线条符号。这个过程就是"象形"。古老的象形字给汉字带来两个特点:

第一,形体结构丰富。象形字是模仿自然界的物体而来的,这些独体的象形字成了各种"偏旁"。这是构成现代汉字的零部件。这些零部件之间又有上下、左右、内外等一系列不同的排列和组合,这就为汉字带来了无穷无尽的形体变化,也给人们的书法创造在结构方法上留下了可以广为驰骋的天地。

第二,象形的符号本来就是线条随自然客体外形的变化而变化的。随着古文字演变为今文字,这些线条虽已符号化,也由圆转变方折了,但仍孕含着不同的姿态和外形特点。因此,汉字的基本笔画与拼音文字的单一线条比要丰富得多。

通过摹写实物的形状来造字是汉字构造的基础,取材来源十分广泛。它描写某种具体东西的形象,按照那个东西形状的曲线,画成与其相似的图形来表达语义。如取自人体的:人、女、首、目、耳、口、止、自;取自动物的:犬、象、马、鸟、羊、牛、鹿;取自天地自然的:日、月、云、雨、山、水、州;取自植物的:草、木、禾、竹、粟、黍、华;取自物件的:井、门、舟、册、鼎、衣、刀。

象形造字只限于具体实物,以独体为原则,有时可根据有关物体来烘托形象。但不论独体象形还是烘托象形,都是不可分的整体,且是名词性的,这类字在汉字系统中较少。

2. 指事

运用符号性的因素来指明某种事物的造字方法。指事字可分为两类:一类是在象形基础上增加符号而成。如"本、末、木"象形,表示树木,"一"是增加的符号:在"木"下面加"一"表示树根,在"木"上面加"一"表示树梢,因此,"一"具有"指事"作用。再如"刃",在象形的"刀"加的点就是增加的符号,表示刀口之所在。另一类是用纯粹的"指事"符号来表意。如"上、下",横线代表位置的界限,点在线上表示方位"上",在线下则表示方位"下"。

3. 会意

单用象形不足以表现千差万别的自然和思维现象,于是又有了会意字。会意以象形为基础,但远比象形字多。会意是合体成字,基本形式是两个象形符号组合而成。新字创造较容易。这使得汉字变成了一种具有深刻含义的排列组合,一种包罗万象的奥妙结构。

一轮太阳升起在地平线上称为"旦",表示早晨;太阳加上月亮叫做"明",表示光辉与明亮。原有"止、戈"两个象形,"止者,趾也",脚趾;"戈"为兵器。"武"从止从戈,拿着兵器走是动武之意;二木为"林",三木为"森",表示树木众多;另外,三日为"晶",三人为"众",三水为"淼"等,都为众多之意。

二合是汉字意义结构的基本框架。例如:山高合为"嵩",少力合为"劣",大长合为"套",小大合为"尖"(上小下大),上下合为"卡"(不上不下)。造字者对汉字所指称的事象都作了二元的解析,产生了事象朴素的原逻辑。

4. 假借

假借,东汉许慎对它的定义是:"本无其字,依声托事。"语言中有这个音,但无字表达,就借用同音字字形来记录。由于许多抽象的事物无法造象,许多具体的事物也难以刻画,为了适应记录语言、表达语词概念的需要,假借字就应运而生了。

假借字并没有造新的字,然而它的功用却是独步一时的。清代训诂学家孙诒让在《与王子壮论假借书》中说得很是精辟:

天下之事无穷,造字之初,苟无假借一例,则逐事而为之字,而字有不可胜造之数,此必穷之数也,故依而托以事焉。视之不必是其象,而言之则其声也;闻之足以相喻,用之可以不尽,是假借可救造字之穷而通其变。

如:"莫",原意是太阳落进草丛,本是会意字,后被借用,原始意义反而不为人知;"北"原是两人背靠背,因与表示方向的"北"读音相近而被借用;"往来"的"来"有音,无法表达,借本义为小麦的"来"记录语音;"请求"的"求",用本义为皮衣的"求"来记录;"黄豆"的"豆"借本义为器皿的"豆"来记录。"假借"用变通的办法解决造字时遇到的困难。原是象形或会意的字被借用后,为区别语义,又加上各种形旁,用以表示不同的意义。

假借的出现,标志着汉字由纯粹表意向表音系统靠拢了。

5. 形声

形声字的产生,使汉字脱离了图画文字,成为一种非常特殊、又十分高级的文字系统。周边地区如日本、韩国等汉字文化圈人士,无不受益于这个独特的文字系统。

形旁表义,也叫意符;声旁表音,也叫音符。汉字具有90%以上形声字,大部分语音可猜出;形旁又可使人"望文"而"生义"。汉民族就是用这种特殊的方式来造字的,使汉字与语言紧密联系,成为一套科学、系统的,既反映文化、又与文化相依存的文字体系。

形声字的使用完全符合汉语的语音特点。汉语音节数量少,存在大量同音词。倘若在字形上不能区分,必然要影响语意的表达,而有形声字后问题就解决了。"莫"被假借不还后,为区分意义而加"日"成"暮";"北"被方位词借走后加"肉"底成了"背"。再如"扬、杨、疡、炀",读音虽同,字可区分:"扬"手、"杨"树、溃"疡",火旺的"炀"。

形声字的构成形式有:左形右声,如:红、绿。右形左声,如:鸭、鹅;上形下声,如:笼、零;下形上声,如:盆、婆;外形内声,如:固、圆;内形外声,如:问、闻。

这些位置的不同变化,给汉字带来了丰富多变的形体美。

6. 转注

学术界对"转注"争论多年,至今尚未有定论。大部分观点为:一对同部首的字,由于意义相近、声音相同或相近而互相注释。譬如:"老"和"考","考"是逝去的父亲;而"老"也是死,可以相互注释,因此,它们属于一对转注字。

四、字形与汉文化的关系

在汉民族先人的意识里,天是圆的,地是方的,地的四面用天的柱子(四极)支撑,大地的空间自然呈方形。人类所处的空间可分为东、西、南、北、中,这种方位与五行(金、木、水、火、土)和颜色互相配合,呈现出方块形状。因而,古代建筑和城市布置都呈现出汉民族独特的审美观。例如:故宫是北京城的中心,故宫外东西两边均衡对称,南北与前门、鼓楼连成一条中轴线,故宫居中,这是地上皇权的代表。宫殿周围,城墙和护城河也是方形。四周数不清的四合院,被纳入了一个个小方块中,整个老北京则是个大S形,它的城墙也像故宫城墙一样方正整齐,大方形中套中方形,中方形套小方形。

有趣的是,这种传统的建筑构思与方块汉字的构造极为相似,汉字的字形结构体现了汉民族的方正对称精神。

汉字讲究方正对称、兼有中轴。这个特点发轫于甲骨文,西周晚期的大篆和秦小篆为此打下了基础,后来的隶书、楷书就完全以整齐之美著称于世了。如"花、想、炎",上下结构;"温、谈、乱",左右结构;"回、国、区、天、申、水",杂合结构。一个汉字犹如一个方阵,其内部结构应该是不偏不倚,四平八稳,给人以平直方正、粗细均匀的美感。笔画多的字和笔画少的字所占空间相同,一字一格,上下左右行距相等,秩序井然,这就是至今仍有人把写文章称为"爬格子"的原因。

汉字之所以被叫做方块字,就是它要遵循一个原则,字必须写成方的。容易写长的字须突出一个部分来使它成为方的。如"可"、"万"、"事",第一横拉长才能达到"方"的效果。但虽说是方块字,却又不能都写"方"! 有的须"扁",如:"而、皿、工";有的须"长",如"身、弓、月";有的要"斜",如:"弋、夕"等。在规矩中讲求变化,这同样是汉民族人文思想的体现。

第二节 字体中的文化

汉字形体结构中仍保存、且直观地体现着造字时期的文化信息、民族意识、观念形态与思维方式。这种现象既可从政治、经济、文化等方面寻找原因,也可透过东汉许慎《说文解字》找到造字的文化心理依据。

一、构字理据

探究字形的构字理据,可以发现汉民族诸多的文化特征。陈寅恪说:"依照今日训诂学之标准,凡解释一字即是作一部文化史。"汉字是形音义的统一体,自身结构中蕴含着丰富的文化因素。细读汉字,可以看到古代社会生活在汉字系统中留下的深刻印记。

"孝",《说文解字·老部》:"善事父母者。从老省,从子。子承老也。"此为上下结构,初为老携子,一旦子长成则需负老。"教",从孝从文。先人认为有孝后,有余力,则学文。

从汉字读音看,"人、仁"相同。"仁者,人也。"先人认为,是人就要干仁事;"人、忍"音相近,因此,人必须要有忍耐精神,不忍则是寸步难行。

先人认为"心"专管思考,是思维的器官。《孟子·告子上》曰:"心之官则思。"因此,表示思想的器官和思想、感情的都从心旁,如:想、忘、忠、恕、怨、愁、忆、恼、悦、惮、愠、恭、慕。光有"心"还不行,必须"心脑"一起思维。如"思",构字理念是"从囟,从心"。"囟"者,脑也。这是汉民族先人对客观事物认识观念的一种反映。

中国盛产竹子。秦汉时,黄河以北也产竹。殷商的竹简构筑了中华民族的竹文化。从女娲用竹做笙簧,羿用弓箭"射九日"开始,汉民族的衣食住行就同竹发生了密切的关系,在汉字系统中留下了竹文化的鲜明印记。《说文解字》竹部有 147 字。和钱币有关的字:财、货、贡、贫、赈、费、赏、赠、贪、贷、赊、贿、赂,都属贝部。许慎《说文解字》:"古者货贝而宝龟,⋯⋯至秦废贝行钱。"可见,古代用贝壳当交易的媒介物,秦以后才废贝行钱,古代货币制度在汉字形体上还保存着它的蜕形。

古代马用来驾车,汉字多有马旁,可看出造字时期人与车马的密切关系。今天虽驾驶的是汽车、火车、飞机类,但"驾驶"却依然是"马旁"。玉在中国社会用途极广,有着深厚的文化内涵。玉在古代是政治权利的象征,天子执玉板,诸侯执圭,都是玉。普通百姓死后丧葬,嘴里也含块玉。《说文解字》中有关丝帛的颜色词有 24 个。颜色词有"系"旁的如:红、绿、绛、紫、素,这又表明,大部分颜色词跟古人的染丝活动有着某种关系。

在《说文解字》的词义系统中,表示"聚合"义位的字有 133 个。反映了当时人渴望统一、反对分裂的社会文化心理,强调"聚合则吉","裂分则凶"。《说文解字》对狗、羊的释义为"犬为独,羊为群",汉民族认为狗与狗争食而斗,其结果必然是离散、分裂。因此,带犬旁的都贬义,如:猖、狂、狰、狞、狼、狈、狡、猾、犯、猥、独、狱、戾、狐、狸;而以羊为偏旁的字则通常表示吉祥。

二、人本位思想

汉字形体最初来自客观事物的图象,其中又以人类自身的有关图象为多。汉字构形所反映的这一主要的取象,体现了汉民族的"人本位"意识。

汉字所表现出来的心智特征是广泛而深刻、强烈而普遍的。在甲骨文、金文中,人形图象众多,多姿多态,内容极其丰富。有垂手并足侧立的:"人";伸展四肢而正面站立的:"大、立、文、天";有扬臂飞跑的:"夭"。有描绘不同年龄层次、不同性别的人形。如:脑盖骨尚未长合的婴儿之形:"儿";满头长发的长者:"长、老、考"。有体现不同社会地位,不同境遇的人形:"妾、奚、仆、宰";有被捆绑,反缚,带脚镣,枷手梏,囚于居室的奴仆囚犯之形;有被砍头、被刖足的;有反映衣食住行、动作止息、人际交往的人形。还有以手梳发,临盆照容,洗面浴身的:"监、沫、浴"之初文;肩荷锄:"何"之初文;因劳作而大汗淋漓:"淋"之初文;自崖而落:"坠"之初文;顶礼膜拜祖宗神灵、虔心祝祷的"祝";聚于旌旗之下挟弓拥盾、持斧挥戈、以征战杀伐为事的"旅、伐"。

人与动物一样有头有心,初创文字时的"首、心"肯定非专指人,但先民造字不取动物的头、心为象;死亡也非人类所特有的生理现象,但"匕"("化"之初文)却是个倒置的人形;"真"字从"匕",《说文解字》:"真,仙人变形而登天也。"汉民族把死称做"化去",以人死之象来反映一切有生之物的灭亡。

汉字构形所反映的"人本位"还不限于直接在字形上描绘出各种人生景象。不少事物或现象实非人类所有,但造字构形却仍采用人体或人事图象来表达,充分反映了汉民族习惯于以人类自身为主体,以万物为客体;习惯于通过认识自身来认识世界,以反映自身来反映万物的心智特征。

比如:人体无尾,有尾的是牛、羊、虎、豹之类。但"尾"的造字构形还是取象于人。甲骨文"尾"像人臀部后垂挂着长长的假尾巴,这取象于上古人类身着尾饰的习俗形象。假若单独描绘尾巴,极易与"毛"之形相混(古汉字"毛"字像倒尾之形),故转而谋求于"烘托显物"的构形模式。因为人体无尾,倘若画条尾巴,就立即注意到了。这种"烘托显物"构形模式所造的字都是在"人本位"影响下产生的。

三、有关交通、农业、狩猎、畜牧

1. 交通

与交通有关的汉字很多,如:"行",像四达的街衢;"术",从行,术声,指城邑的道路,引申为道艺之名。"街",从行,圭声;"衢",从行,瞿声,指纵横交错、四通八达的街道。"道",从辵从首。从首,因"道"为人所趋向,即"首所向也"。与城邑中道路多从"行"不同,山野、田间道路多从"足",从"彳",从"止",从"阜"等,如"蹊"、"径"、"歧"、"阡"、"陌"。

秦汉时,通信机构有"亭"、"驿"、"邮"、"传"四种形式。"亭"指设在道旁供行人停留食宿的住所。"亭"与停息的"停"同源,由于"亭"为行旅休息之所,又为通信机构,所以以后又被称为"驿亭"和"邮亭"。舟,《说文解字·舟部》:"舟,船也。古者共鼓货狄木为舟,剡木为楫,以济不通,象形。""舆",从车,舁声,声中兼义。"舁,共举也",清王筠解释:"舁则两人共举一物也,四手相向而不交。着纸平看,即得其意。""舆轿"本是翻山越岭的代步工具,秦代宫内去掉辇轮,改由人抬,称"步辇",是皇帝、皇后的乘具。

2. 农业

农业生产状况,人对农业的认识,农业生产制度等各方面在字体中都有体现。字形形象地保留了农业文化发展的痕迹。

甲骨文"禾",像禾谷,下部是根,中部为叶子,上部是聚在一起垂向一侧的谷穗。谷地中有"莠",与谷相似。区别在谷穗下垂、莠穗上扬。"禾"本是专用名,但甲骨文已泛指谷物。这表明汉民族已开始忽略作物的具体特征,重视总体特征。"禾"有了字根的职责,创造出众多与农作物有关的字。如:秀、秆、秧、稗、稼、稿、稻、稷、籼,等等。

通过字形可以观察到从原始农业到现代农业在生产工具上所发生的变化轨迹。如"辰"为镰刀类器具,早期除草工具。"刈"为割草、禾的刀具。"农"为耕地工具,像拉犁而行。"利"指用刀割禾。"杵",像春米去壳的木棒。"春",像双手持杵在臼中捣米的样子。"仓",像容器,上下部件为器盖、器皿,中间为所盛之物。

田地属农业经济的主要生产资料。"田"在甲骨文中有不少形体,像方形的田块。"田"的出现,表明农业已脱离刀耕火种,人们已能加工出平整土地,并已划分了规则的方田。

3. 狩猎、畜牧

狩猎与畜牧业在先民生活中占据重要地位,这在汉字形体中也有反映。如:"逐",像野猪、野鹿在奔逃,猎人在急追之形。"射",像张弓搭箭之状。"陷",像豕、鹿之类陷入阱中。"狩",《说文解字·犬部》:"狩,火田也。"《尔雅·释天》:"冬狩为猎。"又曰:"火田为狩。"即冬天焚烧田间或荒野草木用来狩猎。"毕",像捕鸟之柄网。"罗",像张网捕鸟。"渔",甲骨文中有多种字体,表明当时捕鱼以钓竿、鱼网、双手进行,方式多样。

野兽食剩有余时可储存或豢养。畜牧业在字形里也有反映。如:"畜"是"兽"的派生,从"兽"分化出"畜",反映先民将野生的动物驯养为家畜。"牧"像人手持棍棒放牧牛羊的情景。"蓄"又从"畜"分化出来。"蓄,积也"。《说文解字》由"畜"字孳乳出"蓄"字,说明储蓄意识最初是由畜牧业得来的。

四、其他文化现象

1. 服饰

从众多的表衣物、服饰的汉字里,可以了解到古代衣着服饰的大致风貌。古代戴头上的是"头衣",穿身上的叫"体衣",穿脚上的叫"足衣"。

头衣中的"冠",《说文解字》:"絭也,所以絭发,冕之总名也。""冠"是身份的象征,贵族才可戴。"冕"从曰,免声,是天子诸侯、大夫祭祀时戴的礼帽。"弁",覆于人上,是贵族男子穿礼服时戴的次于冕的帽子。"巾"是平民戴的,又叫"帻",既可裹头,也可擦汗。"陌头",类似陕北农民羊肚毛巾包头。"陌头"除前额有结外,还在脑后扎两角,称"四角巾",用黑纱(乌纱)制,俗称"乌纱帽"。"笄"是插头发,使冠冕固定的簪子。古时女子十五岁盘发插笄,表示已成年可出嫁了叫"及笄"。

体衣分上衣和下衣。上衣叫"衣",下衣叫"裳"。相关汉字有:衣、襦、裘、袍、褐、裳、裙、裤等。"襦"为短上衣,普通人御寒所穿。"裘"为皮衣,用珍贵皮毛制的裘如狐、貂、貉统称"轻裘"。羊裘和鹿裘则属粗劣之裘,被用来形容贫穷或生活简朴。"褐"用粗毛或粗麻制成的短衣,倘若做官则脱去褐衣叫"释褐"。"裳"为下衣,用几幅布帛连接而成。"裙"就是"裳"。《释名·释衣服》:"裙,群也,联接群幅也。""裤"原写作"绔",声旁"夸"兼表义。《释名·释衣服》:"绔,跨也,两股各跨别也。""带"是束在腰上的,用丝或皮革制成,可束腰,还可区别尊卑,佩以饰物。

足衣包括各类鞋和袜。相关的汉字有:履、屦、屐、鞔、袜等。"履"是鞋的总称。"屐"为木底有齿的鞋,可踩在泥地上防湿防滑。"袜",《释名·释衣服》:"袜,末也,在脚末也。"声旁兼有表义作用。

2. 刑罚

远古生产力低下,对自然力盲目崇拜,当人无法判断是非曲直时,就乞灵于冥冥神灵,汉字"法"再现了这一特点。《说文解字》用"刑"字释"法","刑"金文、小篆都从井从刀。刀,权威力量,"井"与"法"里的那一汪水一脉相承,显示判决的公允程度。古人认为井有常德,说井水的"不概自平,多取不损,少汲不盈",是法律的象征。

随着社会发展,主宰天下的不再是自然力,而是统治阶层了。如"报",甲骨文左边是双手被枷、屈膝下跪的罪人,右边是只手。《说文解字》:"报,当罪人也。""当",判决也,这只"手",建立起了刑法的制度。有不少汉字与刑罚有关,古代各种刑罚举不胜举。如:"劓",割鼻之刑。"伐",断首之刑。"陷",活埋之刑。"奚",手拧人头发,劳役之刑。"黥",由"黑"、"刀"组成,在人额上刻下标志,填以黑墨,突出耻辱作用。"宫"是男子去势、女子幽闭之刑,最初施行的对象是犯了奸淫之罪的男女。沿用开去,司马迁就是因替降匈奴的李陵辩护而招致宫刑的。

3. 性别与婚姻

男婚女嫁是人类繁衍兴旺的重要环节,是生活中的大事。字形可看出古代汉人在性别、婚姻、生育等方面的观念和习俗。

女,《说文解字》:"妇人也,象形。"下肢作屈曲之形,上部两手交错于前,为古代坐形。女子室内劳动,多以坐姿,形态表现了女子跪坐的形状。男,从力、从田。打猎和农业生产是男人的事。"田"本义为田猎,由此体现社会分工。妇,《说文解字》:"服也,从女执帚,洒扫也。"以服训妇,反映了当时社会对女性的观念。婚,从女、从昏。《说文解字》:"婚,妇家也。礼娶妇以婚时。妇人,阴也,故曰婚,从女从婚,婚亦声。"黄昏迎娶,是远古时代掠夺的遗俗。娶,《说文解字》:"取女也。从女从取,取亦声。"必于昏时乘人不备,将女子"拿"到家中作妻子。"娶"也称"取",从又(右手)取左手,会意,指战争中杀死或俘虏对方后割取耳朵为凭证。嫁,《说文解字》:"女适人也。从女家声。"古人认为女子到夫家才算是自己的家。归,《说文解字》:"女嫁也,从止从阜省"。段玉裁说:女子出嫁即为人妇,止留于夫家。

家,《说文解字》:"居也。从宀,豕省声。"妻,甲骨文像以手持发加笄之形。父,字形为"从又举杖",本义为举杖之人。母,女性之尊称,女字上加两点,表人乳之形,突出表现两个乳房。甲骨文"母、女"可通用,一作尊称。"育"为倒写的"子"。胎儿出生时头朝下,故倒写。孕,表现妇女腹中怀子之形。乳的形象如画:母亲怀抱婴儿,婴儿张口对着乳房。"妊"与"孕"同义,表怀有身孕;娠,为女孕而身动,从女从辰,辰为振字之半,所以有动之意;娩,孕后而免身,是产子的意思。这些汉字或取形,或取义,清晰地表明了生子为婚后的家庭大事。

4. 祭祀

古人认为吉祥与灾祸都与祭祀有关,因此,"祭祷求福"是非常重要的仪式。《左传·成公十三年》:"国之大事,在祀与戎。"把祭祀看得与军事同等重要,关乎国家的生死、存亡。

有关祭祀的汉字有很多。如:祭、祀、社、祇、祈、祉、礿、祝、祥、祼、禂、禅、禎、禜,等等。古人祭祀名目繁多,总名为"祭",像手持着肉,肉旁边的小点像肉的汁液或血滴。从字形变化看,初期祭祀用生肉,上有血水,即"血祭"或"血食"。后改用熟肉。"祀"像人跪在神主(示)前祷告之形。

不同时间祭祀有不同名称。如:春祭曰"祠",夏祭曰"礿",三年一次合祭先祖曰"祫",五年一次曰"禘"。祭祀对象主要是神祇和祖宗。祭祀时祭物丰洁,心意虔诚,仪式中礼,神灵就会护佑,因而得福;反之要致祸,"福"像两手奉尊于示前,奉献酒尊。

第三节　笔画、偏旁中的文化意蕴

一、笔画

　　汉字的书写虽然多变,但不是杂乱无章的,有着很强的规律性。从小篆开始,汉字的书写单位已经能够分出类别,找到书写规律。尽管笔画多样,但各种笔画相互配合,形成了一个和谐而又便于书写的系统。

　　汉字的每种笔画都有着丰富的笔形变化,灵活多变,在整个字形中顾盼自如,把字形调整得动静相宜,反映了汉民族的人文现象和文化心理。

　　楷书以"横"、"竖"作为基本框架,奠定整个字形;"撇"、"捺"等笔画的侧、斜笔势又在稳固中生发出不同的变化。楷书中的各类"钩"是为了下一笔书写的方便而变形产生的。笔画变形在书写上不可以随心所欲,它有一定的书写规则,"弯钩"不能写成"竖钩","斜钩"不能写成"竖弯钩",这些规则说到底就是文化审美趋向。

　　汉字书写体中只有横画和竖画是没轻重的(悬针竖其实也有轻重),其他笔画都有轻重,这种轻重固然同先祖使用毛笔作为书写工具,而毛笔是柔软的有关。但最为根本的是:书体要达到美观、快捷,就必须连笔,而要做到连笔书写,就要注意笔画轻重,这样,笔画才能连接,书写才能快捷。

　　1. 横

　　《现代汉语词典》:"横,汉字笔画,平着由左到右。"解释比较简单。在汉字手写体中,横有不同姿态的。大致分为两类:短横、长横。短横略上扬,长横则要有一定弧度。如有两个以上横,长横只能有一笔。如果在该写短横处写长横就不美观。落到具体字上,横画的写法还会不同。如,"七"的横要斜写,"旦"的最后横则必须拉平。

　　2. 竖

　　《现代汉语词典》:"竖,汉字的笔画,形状是'丨'。"同样解释太简单。

　　竖的形状在手写体中有不少差异。有些垂直,有些则要斜写,稍微往左或往右。例如：五、口、由、曲。写错了方向字就怪异，和人的文化心理不符。

3. 点

《现代汉语词典》："点，汉字的笔画之一，形状是'、'。"这个解释从一定意义上说是不全面的。

在汉字手写体中，点有不同姿态。大致可分三种：右点、左点、长点。右点使用的地方较多，如：斗、冬、雨、文、太、犬、玉；左点相对少，如："农、写"的点，方向和右点相反。长点和右点行笔动作基本一样，但在长短上有明显区别。长点有时可代捺，如："头、果、长、反、人"等字的捺都可用长点来替代。有人认为长点就是捺，其实并不全是，例如"女、下、不、卜"中的长点都不能写成捺，也不能写成左点或右点。

4. 撇

《现代汉语词典》："撇，汉字的笔画，向左斜下，形状是丿。"这个解释或许也是有问题的。少说了个非常重要的概念："撇必须由重到轻逐渐提起来。"

从书写体来看，撇的形状虽多样的，但可以寻找出所具有的共性。大致可分成两类：短撇和长撇。

短撇古代叫做"啄"，书写特点：由右上向左笔直斜下，并逐渐提笔。不管是平直还是倾斜的短撇，它们的共性是走直线，并有逐渐提笔的动作。在手写体中，短撇或平或斜不是书写者本人随意使用的，它有一定的审美趋向。这就是汉文化中的平衡：若是头上的撇，不能过分倾斜，须稍平。如："千、毛、手、升"中的第一笔就是，写斜了会不舒服。但写在边上角度就须斜。如："生、先、午、伸"的第一笔。

长撇古代叫"掠"，特点是向左弧形斜下，并逐渐提笔。它们的共性是有弧度，要逐渐提笔。长撇写完后接下去写的笔画都在撇的上面，须转弯连接才能快速连接下面的笔画。在该写短撇的地方写了长撇就不符合汉民族的审美观，反之亦然。

5. 提

提也叫"挑"。和短撇的写法相像，就是行笔方向相反，行笔方向由左下往右上行，逐渐提笔。"提"原是笔画在运行中连带出来的牵丝。试想："三点水"，顾名思义都该是点才对，为何最后一笔不是点，是提呢？提手旁又为何写提？其实都是为了快速连接后面或右边部分的笔画而带写出来的牵丝。

6. 捺

《现代汉语词典》："捺，起笔后向右下方行笔，靠近末端稍有波折，形状是'㇏'。"如果从书法角度而言，这种说法也有问题，少说了最后须逐渐提笔。

捺一波三折的写法也与书写体的运笔有关。第一段实际上是连接前笔的"牵丝"，第二段是实在的书写，第三段则是逐渐提笔，表示一个字完成了。

7. 折

《现代汉语词典》对折的解释为："折，汉字的笔画，形状为'㇇、乚'。"

折比较简单，分为横折和竖折。横竖为两画，横折则为一画。横折是横和竖的连笔书写，如"口、日、目、田"字的第二笔。竖折是竖和横的连笔书写，出现在"山"、"凶"、"医"等字中。

8. 钩

《现代汉语词典》："钩，汉字的笔画，呈钩形，附在横、竖等笔画的末端，形状是'㇀'、'亅'、'乚'等。"那么，横、竖上为何有钩附在末端？这些钩是如何形成的？词典却未解释清楚。

"钩"其实是个复杂的大类。钩的出现初起时是手写体书写速度快捷而引起的。速度快则必然带出种种牵丝，于是就出现了各类的"钩"。钩可以分以下几类：

（1）横钩、竖钩（横折钩、竖折折钩、竖提）。横钩的书写特点是：大部分为长横，有一定弧度，钩须对准到后一笔上；竖钩、竖提必须去连接后面笔画，"小"的钩为接左点，"寸"的钩是为接右点，"才、力"的钩为接撇，"衣、农"的提为接撇。

从目前规范楷书字体来看，"木"，竖不能带钩，这是从印刷体角度去说的。手写若无钩（牵丝）的连带恐怕无法写好字。

类似的还有"少"。楷书规范规定："小"必须有钩，但"少"却不能带出钩来。其实,有多少人在书写"少"时不带钩(牵丝)的呢?笔画书写需连接,是无法做到不钩的!

(2)斜钩。是"戈、成、武、我"等字上的钩。既不能写成类似"竖弯钩",又不能写成卧钩,不然就会破坏汉字书写的一种约定俗成的规则,毕竟首先看上去就不顺眼。如果"民"的斜钩写得类似竖弯钩,一眼看去就是个"屁",这是绝对不可以的。

(3)弯钩、竖弯钩(竖弯、横折弯钩)、卧钩。弯钩出现在"了、子、手、豕、豸"及"反犬旁"上。如果把弯钩写成竖钩,字就不像了;竖弯钩出现在"元、无、龙、毛、凡、风"等上。竖弯不是竖折,是不能有折角的。卧钩用在"心、必"及"心字底"上,钩的方向须朝里,去连接中间的点,同样不能用斜钩、竖弯钩去替代卧钩。

二、偏旁、部首

1. 偏旁

汉民族的传统思维方式具有某种意想性特征,即把具体形象与抽象意义结合起来进行思维,通过具体思维来表现抽象意义的思维;同时,又重和谐,处处讲求对称,尤其喜欢成双成对。汉字绝大多数为合体字。

偏旁是合体字的结构单位,它或表音,或表义,或表义兼表音。汉民族在按照表意的原则创造汉字时,也没有忽略对语音的表达。这是一种博大精深的文化。

声旁是表音的。读汉字常可只看一半。只要认识一半,另一半就可大致读出来,如:清、情、请、晴、精、静、靖、睛,相同部分是"青",这些字都读 qing 或 jing,绝不会到 b、d、g、zh、z 类上去,因此,只要认识"青"就可大致推断出字的读音。

声旁有时虽不符合普通话读音,但在方言中仍可找到相同读音。如:江,从水,从工。工,普通话韵母为 ong,但"江"的韵母却是"iang",韵母不同。上海话"江"读如"刚",声母为 ang;闽南话"工人"读如"刚郎","工"读如"刚"。这就说明:"工"古代是读"刚"的,这个字韵母原为 ang,非现今的 ong。

有些声旁还兼具表意性质。比如：婚，从女从昏。"昏"虽为声旁，但古时有抢婚制，黄昏后，天色转暗，抢婚才可以进行，"昏"因此也兼具意义。再如"戋"，表读音，但同样兼表意"小"。因此，金少曰"钱"，水小曰"浅"，贝(古时钱币)少曰"贱"，食物少曰"饯"，器皿小曰"盏"，丝帛少曰"线"，等等。

形旁是表义的。左右为旁，如"提手旁、口字旁、单人旁"等，上下为"头"或"底"，如"宝盖头、雨字头、草字头"，"心字底、皿字底"等。形旁也叫做部首。

2. 部首

部首归类是东汉许慎开创的。他在《说文解字》中用部首给汉字归类，将9543个汉字归为540个部。部首的主要功能是便于查检字典。以前读书人要查字典，就必须先了解、学会，甚至要背出540个部首字。部首取形旁，表示字的意义范畴。"水"部字大都与水有关，"犭"部字大都与兽类有关。只要了解汉字的来源就能很快找到。

比如"颖"字，在古代原是指禾穗的末端，其形旁是"禾"，声旁为"顷"，属禾部，如误以为"页"部就无法查到。

部首表现的意类如下：

马：跟"马"有关；牛：跟"牛"有关；羊：跟"羊"有关；虫：跟"昆虫"有关；鱼：跟"鱼"有关；鸟：跟"鸟类"有关；酉：跟"酒"有关；力：跟"力气"有关；米：跟"粮米"有关；舟：跟"船"有关；车：跟"车"有关；见：跟"看"有关；皿：跟"器皿"有关；王：跟"玉石"有关；石：跟"石头"有关；山：跟"山"有关；身：跟"身体"有关；耳：跟"耳朵"或"听"有关；足：跟"脚"有关；木：跟"树木"有关；纟：跟"丝"有关；艹：跟"草"有关；⺮：跟"竹子"有关；钅：跟"金属"有关；目：跟"眼睛"有关。火：跟"火"有关；犭：跟"动物"有关；女：跟"女性"有关；口：跟"嘴"有关。亻、人：都跟"人"有关。土：跟"泥土"有关；氵：跟"水"有关；扌：跟"手"有关，指"腕"下部位，也是体肢总称。日：跟"太阳"、"时间"有关；礻：跟"祈祷、祝福"有关；衤：跟"衣服"有关；讠：跟"说、知识"有关；饣：跟"食物"有关；疒：跟"疾病"有关。

以上是一看便知的偏旁。另外还有一些粗看不清楚的。如：

冫:跟"冷"有关。如:冰、冷、凉。

刂:跟"到"有关。如:别、到、刮、刚。

又:"又",手也,象形,表示重复或继续的意思。如:支、以、反。

囗:跟"周围、边界"有关。如:园、图、围、国。

阝:居左跟"土山"有关。如:队、阳、阴、除。

阝:居右跟"城市"、"地区"有关。如:那、邮、都。

尸:跟"房屋"或"人、动物体"有关。如:屋、层、局、展。

户:跟"门"有关。如:房、扇。

月:居右跟"时间"、"光线"有关。如:期、朝。

月:居左为"肉",与"身体"有关。如:肚、脸、胖。

彐:作意符放在字的中部,有时变写为"彐"。如:雪、帚。

心:跟"思想"、"心理"有关。如:忘、念、怎、思、志、急、感。

辶:又称车符,跟"走、路"有关。如:边、过、进、送、迟、还、迎、远。

止:《说文解字》:"止者,趾也。"脚趾的象形。如:正、步、此、武、歧、肯。

走:上部是个甩开两臂跑步的人形,下部是大脚,表示行进。如:赴、赵、赶、越、起。

宀:跟"屋顶"有关。如:安、客、家、室、完、宿。

穴:跟"洞穴"有关。如:空、窗、穿、穷、容、究。

广:跟"房屋"有关。如:床、店、座。

欠:跟"口"及"心情"有关。如:欢、歌。

攵:多数跟"动作"有关。如:收、放、教、数。

页:跟"人的头"有关。如:顶、预、顾、颜、题。

贝:跟"钱"有关。如:贵、货、费、贺。

田:跟"田地、务农"有关。如:界、留、富。

巾:跟"布"有关。如:带、帮、希。

第四节 手写体与汉文化

汉字的构形遵循着一定的理据和原则,形体按照整齐的审美原则创造,给人以平直方正、粗细均匀的美感。这个特点发轫于西周晚期的大篆,秦统一六国后的小篆也为此打下了基础,汉代后的隶书、楷书都以整齐之美著称于世。

汉字视而可识,察而见意,用鲜活的意象来表现和传送着复杂的情感与思想。书写时通过点、线、曲、直的不同运动,来构成一个个方块字,表达千姿百态的外延和内涵。

一、笔顺

笔顺是汉字笔画在书写时的先后顺序规则。手写体中的先后书写有一定的规则,不能由着书写者的兴致随意乱写。笔顺主要有:

先左后右。例字:川、认、州、性、树;
先上后下。例字:二、三、丁、亏、合;
先横后竖。例字:十、干、丰;
先撇后捺。例字:人、八、入;
先中间后两边。例字。小、办、水;
先外后里。例字:问、闪、同;
先外后里再封口。例字:国、回、四。

这是老祖宗留下来的大致的书写方式。目前,国家语委已把所有汉字的书写笔顺都做了规定,先写哪笔,后写哪笔很明确。这对书写规范来说无疑是有益的。

问题是,有不少已被固定下来、必须遵守的笔画规则还是值得推敲。

比如:"王"该怎么写?现在规定:横、横、竖、横。即先写横,然后写"土";那么是否可按照笔顺规则,先横后竖,再带出"二"呢。这两种方法按说都是可以的。但从书写快捷、方便来看,还是后一种好。

再如"田、由",笔顺规则是:竖、横折、横、竖、横。但手写体还可写成:竖、横折、竖、横、横。若从从连接的线路看,笔顺竖横横比横竖横要经济、快捷,字体也显得美观;若从古人字帖牵丝走向来分析,也是按照竖横横的笔顺来书写的。

"生",规范笔顺为:撇、横、横、竖、横。但笔顺若为撇、横、竖、横、横,则更美观,速度也快;"先"也是同样的情况。

"象",这个字原本有十二画,中间部分须先小竖,然后封口,再连带写下部的撇。仔细观察、分析隋唐至今的楷书或行书字帖,"象"都是这样写的。现在规范楷体为十一画,没中隔竖,是先封口然后推上去写长撇的。那么,两种方式哪个更正确些呢?

从笔画数来看,现行的少了一撇,看来似乎经济些,可由于中间的小竖在字里起的是平衡两边的作用,刚好把"口"等分为二。改成长撇后,直接斜走,"口"字中间就没有了平衡感,美感也就被破坏了。

其他字还有:差、美、着,这些"羊字头"的字该怎么写?从先人留下的书法字帖看,笔画间的走向是:点、撇、横、竖、横、横,然后再接下部笔画的;笔画数也与现行的不同。是否应该写完羊的竖(撇)后才接写下面的笔画?现在的笔顺就是这样规定的。前人的书写方法无疑是正确的。从汉字文化来分析,中间竖位置居中,可起平衡作用;若按现行笔顺写,长撇会使中竖往左斜,视觉效果就差;再从书写快捷角度来分析,上部写完顺手带出下面笔画远比三横写完再转到长撇要经济。

类似的笔顺规则不顺手的字还有不少。

二、竖写——汉字的书写格式

汉字传统书写形式是竖着由右往左写。汉字书写的自上而下,自右而左,反映出古人的尊卑思想:上为君,为父母;下为臣,为子女。"无出其右",右为大,左为小。

汉字竖行书写是历史原因决定的。从现今被发现的早期汉字看,甲骨文、金文都是竖行书写,这说明当时人们已习惯于竖行书写。这种习惯源自当时的书写工具和材料。

在造纸术发明之前,至少在殷商时期,先祖就已用刀子作书写工具,用竹片或窄木板(条)作书写材料刻画出字迹。他们很自然地用刀子在竹片木板上刻画图形符号以帮助记忆。在长期的使用过程中,图形符号越来越丰富,也越来越规范、统一,也就能记录更为复杂的事情,最终形成完善的文字系统。与此同时,在竹片木板上刻画文字的方法也就习惯成了自然,技艺也更加熟练了,从而发展为成熟的书写方式。

而竹木、简牍通常都是窄长的片，用绳串起来可卷成册。"册"，就是简牍的象形。打开卷册时以右手执端，左手展开方便。这样，书写形式也就是自上而下、从右往左了。

从汉字书写习惯上看，汉字的竖写与形体特点有着很大的关系，这是由汉字形态取纵势决定的。汉字由横、竖、撇、捺、折五种基本笔画组成，这些笔画互相交错进行二维布置。汉字通常是由左角或上面起笔的，收笔处一般分为两类：一类是在右上角补一点，或向右上提笔带出弯钩，这类字适合在右边横着写下一个字，但这类字不多；另一类是在右下角或下面收笔、或收笔于中间，适合在下面竖着写下一个字，这类字占汉字的大部分，因此汉字比较适合竖着写，写完上一字的末笔，紧接着就可写下一字的起笔，笔势就比较连贯了。

在竖行书写的方式下，汉字写起来流畅连贯，有一气呵成之势。竖写也为书法表现中的行气、造势以至章法构成留下了充分的呈现空间。由此产生的整套技法、理法规范也是书法自足性的集中表现。它所凝结的文化心理习惯使书写艺术——书法至今无法脱离竖写模式，尽管新时期有不少书家曾作过许多尝试，但都无法改变。

汉字书写习惯的改变是在1950年。1950年6月全国政协一届二次会议，陈嘉庚向大会提出中文书写应统一由左而右横写的提案。1955年1月1日，《光明日报》首次采用横排版，并刊登题为《为本报改为横排告读者》的文章。郭沫若、胡愈之等也很快撰文指出文字横排的科学性，称人的两眼是横的，眼睛视线横看比竖看宽，阅读时眼和头部转动小，省力，不易疲劳，数、理、化公式和外国人名、地名排写也较方便，还可提高纸张利用率。

由于报纸、杂志改为横排版了，因此，也就要求中小学生的硬笔书写练习也由原先的竖写改为横写了。汉字需要竖写现代人已知之甚少。

有一则故事常被用在对外汉语的辅助教材中。大意为：一对夫妻平日喜欢制谜、猜谜。丈夫出远门后，妻子写家书托人捎去。问丈夫两件事：一为是否回家过年；二为已为女儿择婆家，问是否同意。丈夫回信只一行字："正月初一不回家。"妻子读信后很不悦，以为丈夫只答了一个问题,再仔细琢摸,才知丈夫已在这行字里把两件事都回答了。这其实是个字谜,谜底为"肯":"初一、除一"音谐,"正月"两字竖写除去头上的"一",恰好是个"肯"字。

曾就这个字谜询问了许多中文系学生,却都无法猜出——虽然就读的是中文系,却从来没人想到从汉字需要竖写这一点上去寻找答案。可见,汉字文化在这一点上早被很多人遗忘了。

三、汉字与书写的美观

汉字从起源时就与艺术联系在一起。汉字起源于图画,依物象形,早期古文字的"象"突出长鼻之形,"火"取烈焰熊熊之状,形象生动,各具情态;一个字是一组意象的组合,给人留下充分的艺术想象空间。

汉字中的部件是最小的形体单位,如:人、木、又、水,其中有些又被称为独体字,总数约三百多个。由不同的部件组合成形体各异的合体汉字。这些部件在各种字形中反复出现,表现出了一定的规律性,在布列上又处处追寻着汉文化所特有的对称、平衡。

汉字具有形、音、义三个组成要素,人们是通过视觉来感知汉字所负载的各种符号功能的,其感知的对象是"形",人们通过"形"来了解音和义。这样,汉字的形体的书写和感知就不仅仅是一个准确区别语意的问题,而且还要富于美的感受,让人心理产生愉悦。

汉字的美体现在线的复杂多变的结构上。当汉字抽掉了具体物象、纯粹地由线条或笔画的长短、曲直来表现时,它又以笔势的刚柔相济、结体的平正中和等许多对立统一的要素,在咫尺之中营造出变化无穷、独具魅力的艺术境界。

汉字在书写时有着千变万化的笔势和笔顺,有着丰富多彩的结构和拼排,每一笔都可以有干涩之姿、曲折之趣、续断之缘、浓淡之韵,正是这些,组成了汉字结构疏密的对立和统一,韵律和谐急促的对立和统一,人类思维与现实生活的对立和统一。

正因为汉字有着深刻的审美内涵,所以,当拿到一幅书法作品时,总忍不住要感叹:"啊,好字!好字!"并由此而对书写者肃然起敬。相反,当看到一幅糟糕的字,而写字者又颇有名望时,往往心存遗憾。这就是文化归因,是对汉字审美地位的认同,对汉字形式美的文化内容的确认。尽管这种要求近乎苛刻,不近人情,然而,民族的,或者说民俗的意识就是这样一代代往下传,改变不了也阻止不了,躲避不了也清除不了。

当然,现在的社会,写字已经不太被人重视。不过,这种学问在潜意识里却是不被认可的。每当大学课堂上碰上博士、教授上课,倘若写出的是目不忍睹的丑字,总会有嘘声出现。这就表明:汉民族至今还是重视写字,字写不好还是没有市场的!

字的结构又称"结字",是针对一般人在书写时的审美感觉来谈的,是所有书写汉字的人必须遵循的具有共性的部分,需要共同遵守的结构规则,这些规则又很明确地体现了汉民族的文化心理和人文精神。

1. 等分

所谓等分,就是点画之间要分布均匀,空白处的间距疏密均等。有一句话叫"计白当黑",汉字书写讲究不但看黑处,也要看白处。所谓黑处,就是有笔画的地方;所谓白处,就是没有笔画的地方。

看字时,应该看看无笔画的地方,它们之间的距离是否相等。比如:"其",这个字的四个横之间的距离都要相等。再看"用",上、中、下三横距离都该相等,而左、中、右三个竖线条间的距离也差不多相等。"曲"也一样,没笔画的地方是六个方块,大小比较一致字就会美观。这就是笔画等分的妙处。

2. 比例

人虽然有高低肥瘦的不同,但总有各部分比较合理的比例。比例不对,身材就一定会有问题。汉字的书写体同人体一样,也有个比例问题。汉字的书写也一样要注意各方面的比例。书写的结构搭配不合理,就会感觉不舒服。如"而",横撇连接处太短,有短脖子的感觉,头颈修长才美。"水",如果撇捺写得比竖钩长,就有"猩猩"的感觉,猩猩要攀缘,必须前肢长,后肢短。竖钩是人"脚"该修长些;手不该伸得太长,不该要的不能要嘛!

3. 对称、平衡

汉字的字形与人的体形结构也有相似之处。站直的人左右两肩是平衡的。人的肩膀如果左高右低,那体形一定是有缺陷的。汉字的书写同样要注意左右平衡、对称,只有这样,才具有美感。如:"二",第二横左右要基本一致字才美观,左边短、右边长,或反之,一定不美;"国",第二划横折的横必须写平,才能形成平衡感;"非",左边最后一横改写提就可方便连接右边的竖,且最后小横写成点,才能和左边提形成对称,两边才能达到平衡。

汉字原始意义有时对理解汉字要求"对称"有帮助。如:"不",许慎《说文解字》:"不,鸟飞上翔不下来也。"这是个会意字,横代表着天,下面部分是鸟。中竖是鸟的身体,撇与长点是鸟的两翼。如果左右不对称,翅膀就缺少平衡,这样的鸟还能飞上天吗?

这就是汉字书写中体现出的文化现象,不这样写人们的心理就达不到平衡,因为不符合汉民族的审美观。

4. 避让

人在一起相处,要注意相互之间的关系,应该注意相互之间的礼貌、谦让。这是汉民族先民的传统礼仪,也就是我们的人文思想、文化习惯。这种思维习惯,同样被带到了汉字的书写体上。汉字在书写时有"避让"的原则。例如:"毛"字,第二、三笔横都是左长右短,且必须倾斜。这是要把右边让给竖弯钩,以形成字的左右对称。横在左边可舒展,右边要收敛,可以让与竖弯钩在整个字的右部得到充分舒展的机会。另,通过避让以形成左右对称。再如:"飞",这一横很斜,不能平写;如果写竖弯钩,则最后的撇点一定是缩在里面,一定飞不起来,所以须写成斜钩,且"翅膀"(上面的小撇点)还要舒展,才能飞。

独体还只是个小"家庭"。那在两三个,甚至是六七个人组成的"集体宿舍"——合体字中呢?处理不好容易写成互不相干的两个、三个字,就更加要注意"避让"了。一般来说,左右结构字,左侧偏旁左面放,右面收。上下结构的字,上面收敛,下面舒展。这好像是人体的结构,总是上身略短,下身长些的,否则就不美观。

5. 重心

人站立时重心不稳容易摔跤,这是生活中每个人都知道的常识。用这个来看汉字书写体就会发现,其也讲究重心,重心不稳同样要摔倒。例如:"中"、"重"这类字中间的竖不可以往左或往右偏侧;"与",

如果最后的横不舒展,缩在里面,重心就一定不稳了;"马、鸟"类字都是如此。"多",为何难以写好?也和重心有关。

6. 意连

汉字书写体必须注意笔画间的连接。关于这一点,我们可以从两个方面来分析。

首先,书写者是否有时间一笔一画去慢慢书写?为了快速记录自己的思想,写成文章,必然要加快速度,连接起来写。事实上,绝大部分中国人在书写时一定会连接起来的。其次,服装店里陈放着的模特,身材很好,匀称、漂亮,但缺少了最为关键的必要条件:灵动。它们是拼装的、没有生命的。人虽高低、肥瘦各有不同,但是有生命的,是灵动的。

汉字只要是连起来书写,即使是安排不够妥贴,笔画书写不够完美,也是灵动、自然的。古人的"气韵生动",就是指字要写得灵动。一个字,不管它的笔画有多少,书写时都要一气呵成,笔笔相连。欧美人写汉字一看就知非汉字文化圈人所为。究其原因,就是不懂连写。

笔画间的连接在手写体(也就是行书)上较为明显,行书书写时速度快,在笔画运动时会带出些牵丝,给人以流动感。楷书的连接不容易看清楚,给人的感觉是笔笔分开的。真正好的楷书是形散而神不散,点划间也有呼应,将各自看来独立的线条,贯穿成有机的统一体。这中间就像有一股"气"在流动,使字"活"了起来。

教小学生写字时,教师往往一笔一画教、一笔一画写,这就使现在的国人多不能明白其中的道理,以至于大多数人会误认为楷书就是一笔一笔断开写出来的。

四、书法的特点

汉字是世界文字中由图画到文字不间断发展下来的代表性文字,在这漫长的发展过程中,汉字形体经历了各具特色的甲骨文、金文、小篆、隶书、楷书等字体。同样一个字,可以出现不同字体的变化,这无疑又为艺术创作和审美提供了更为广阔的空间。

在人类所发明的诸多文字中,汉字历经几千年岁月的锤炼,终于挺了挺胸,峨冠博带,步履从容地登上了艺术的殿堂;而单纯表音的西方文字,却依然担负着比较纯粹的应用和交际的任务。

书法艺术体现着书写者个人学问和修养,成为世界范围内书写技巧上的独一无二的艺术。书法有着独特的或浓、或淡、或枯、或湿、或疾、或迟的笔墨技巧,因建构线条的复杂性和独特的书写工具——毛笔的柔软性,使字体变化多端,错落有致,达到了出神入化的境界。书法将汉字美化、雅化,使汉字从单一的传达思想、记载语言的书写工具变成了一门高雅的艺术。这是汉文化艺术中的奇观。

汉民族强调人与自然、主体与对象、主观与客观、感性与理性、情感与理智的素朴和谐统一,体现在书法中,便是强调对立面的和谐统一,追求情感抒发和客观规律的融合统一,将各种变化因素协调于一个方块之内,达到稳定而又不失灵活的美观形态。这是汉民族自古至今所崇尚的"中和美"。对书法美的长期探索和追求所形成的书法美学观念,与传统文化的基本精神是相融相通的。

汉字部件之间的空间摆布是灵活多变的,二维空间的布局可以实现上下、左右的搭配调整;汉字字形繁简差异较大,最简单的只一笔,复杂的有二三十笔;而字的形态又各不相同,就使得整个作品显得疏密有致、虚实相生,这又为书法作品的空间布局提供了变化的条件。

汉字的内部布局有着很强的规律性,但同时又蕴含着诸多变化因素,可以通过部件位置的移易,以造成离与合的变化;通过笔形的曲直变化,以造成刚与柔的效果;通过笔势的稳、险、缓、急,以传达静与动的神态;通过用墨的浓淡、湿燥,以烘托出肥瘦阴阳的境界。

1. 汉字与书法的关系

汉字书写的出发点是为交流,字写得是否好看是在实用过程中产生出来的副产品。书法具有艺术性,体现在其善于表现音乐的旋律,舞蹈的曼妙节奏,绘画的清空与浑涵,建筑的体积重量感,诗的神韵;能恰到好处地显示出人格、性情,也就是书家的人格和性情。书法的源头是人的精神,行如泰山,德如北斗。

书法的艺术性可以从几个方面来看:

首先,从作品的布局来看,横有行,纵有列,严整有序;但同时又可因地制宜地进行各种不同的安排,比如条幅、中堂、横幅、扇面、题画,等等。

其次,从各种字体的书写来看,篆书、隶书、楷书作品可以是规规矩矩、方方整整的,并在规矩、方整中求得各种变化,使作品显得顾盼有姿;行书、草书作品则更是追求淋漓酣畅的尽兴发挥。

再次,从个体字形来看,汉字在整体上是方整的,但在平正安稳之外又富有变化:篆书呈纵势展开,显得修长;隶书呈横势展开,左右舒展;楷书虽然方整,但同样有长有扁,有正有斜,显得错落有致。

2. 空间配置

书法有着高层次的审美观念。书法层面的审美和普通人的书写体是有一定区别的。

书法结构的标准,前人有"结字因时相沿,用笔千古不易"之说。书法中的笔画好比是人脸上的五官,可以组织成许多不同的容貌:可以是显得漂亮、飘逸的;也可以虽好像不美,但却有着自己个性和特色的。书法没有、也不可能有一个绝对的标准。同时,同一面貌也会因思想情绪的变化而产生各种不同的表情,千差万别、变化莫测。

作为艺术,书法上的结构原是没有一定标准的。书法作者通过字体的结构来表达自己的思想感情。如果汉字书体的结构只能有一种标准、一个模式,不能有变化,也就不能灵活地表达作者的思想感情了。

每个书家的字体都体现着各自的好恶标准。所以,不管是欧体、颜体、柳体,字形虽然完全不同,都是好书法。而同一书家因一时的或喜或怒、或哀或乐,字体都会随之发生变化。如同人愉快时面带笑容,哀痛时放出悲声一样。这种内心的情感,在书法艺术中能充分地表现出来,就像表现在诗歌、散文、音乐里一样。

在有钢笔、铅笔、圆珠笔之前,毛笔一直是汉民族的日常书写工具。因此,以往只要是读书人都会用毛笔写字,但拿毛笔写出来的字并不等于就是书法。利用毛笔写字,有一些人写出的是书法艺术品,大部分人却只能算是写字而已。

3. 书法的表达功能

书法属于文字和艺术的边缘学科,书法的艺术美,主要通过线条、结体、用笔、章法以及对它们的综合处理来体现的。

线条。作为书法的汉字点画线条,尽管有时外形不一,但凡是能给人以美感的,都是有力度的线条。这种力度,传统书学上称为"笔力"。它的审美标准有两点:"圆"和"涩"。

"圆",指的是立体的概念。或者说要做到线条"中心有一缕浓墨正当其中"(刘熙载《艺概》)。这样的线条便显得饱满、有立体感;"涩"指线条冲破纸面阻力,挣扎奋进的艺术效果。

"涩"的审美判断,是依据笔锋在纸面上遇到阻碍抵抗,又越过它前进的表现。书学中常用"屋漏痕"来形容这种艺术效果。所谓"屋漏痕",是说雨水从屋顶沿墙漏下,不是很顺带下来的,而是必须克服了墙壁的阻力,缓缓流下而形成的。

结体。结体是汉字间架结构的美学形式,也是线条组合后产生的美。书法家在书写时对点画的疏密、正斜、高低、聚散、走向,以及点画与点画之间、部分与部分之间的呼应、映带等,都必须作出合理和巧妙的安排,使字体的骨架布局具有艺术性。书法的结体美有几个原则必须做到,即重心平稳、疏密匀称、比例适当。

用笔。用笔主要包括执笔、点画形态、笔毫在点画中运动的方法。笔法不同,写出来的点画形态也不同,由此创作出不同的形态美。

章法。章法又称"分间布白",是字与字、行与行以及整幅字之间的布局方法。章法集众字而成篇,以整幅为一体,故往往能够产生一种整体美。不同的章法布局,可以产生风格迥异的艺术效果。

从一个个字来看,所谓章法,就是有笔画的地方是笔画,没有笔画的地方仍然是笔画。这话听上去有点玄,但稍作解释就能明白。比如"三"字三横,如果横的姿态都很漂亮,但它们之间的距离不注意,那么依然是不美观的。这距离就是看无笔画处,也就是白处,有笔画的就是黑处了。写字既要看黑处,也要注意白处,这叫"计白当黑"。从一幅字来看,如果每个字都漂亮,但整体效果不好,同样不美。那就是,有字处是黑处,无字处就是白处;光注意黑处,不注意白处布局,这幅字的整体效果也不会好。

书法要达到美观,首先必须注意线条。线条要达到美感就必须注意用笔,这就是古人所说的"用笔生结构"。书写要快捷就必须做到连笔书写,就必须遵循一定的运笔规则。久而久之,笔画的线条就有了某种共性,这就是大家要遵守的部分了。

用笔最为重要的就是让笔锋常处在笔画的中心。那就要注意中锋运笔。毛笔是个柱体,人们之所以感觉是锥体,是因为它有两种毛构成:一种为短毛,作腰部,用以蓄墨,也用于支撑;一种为长毛,就是锋。锋是非常细的,浸水后聚集在一起,因此,人们看到的笔就呈尖形了。笔毛很软,在运笔时会不断地自动转向。在不同的笔画里,笔毛着纸部分是不同的。比如写横折钩,写横时着纸的是这部分笔毛,到折时就是另外部分笔毛着纸了,到钩起时着纸的笔毛又变了,这就是所谓"八面出锋"。这样写出来的线条就会有立体感。如果总是在一个面上写,就像是在用刷子写字。

第五节 字谜和猜谜文化

字谜是利用汉字来做的文字游戏,也是汉民族特有的语言文化现象,在民间习俗方面产生了很大的影响。通过字谜,人们对楷体汉字进行种种不依照文字学原则方法拆分离合,在变幻莫测的离析过程中,凸显汉字本身所蕴含的形体结构特点。字谜的精华在于制作,立意必须巧,在形体方面有很高要求。

字谜根据汉字有简有繁,偏旁相对独立,结构变化多的特点,用离合、增损、象形、会意等方式创造。字谜流传面广,种类多,变化也多,主要在文人雅士中流行,也曾被权力斗争和一些图谶术数利用。研究字谜,有利于整理民族传统文化,揭示游离于正统文字理论之外的楷体汉字民俗阐释特点。

广义字谜有字类谜、词类谜、句类谜等;狭义字谜则指单个汉字的谜语,注重形体组合及偏旁搭配,从形态、功用和意义上对谜底汉字的各组成部分作描绘。

一、汉字形体和字谜

字谜是汉字文化圈特有的文化现象,与形体结构有密切关系。字谜的创作具有文学作品的外壳,是一种对文字的形体组织有特别要求的文学作品。因此,对古代文学作品也就有了深远的影响。如李白"西风吹古月","古月"就是"胡"的拆分。

除诗歌、对联用拆字外,人们还利用形体结构创作一些益智性的娱乐游戏。例如:"一半儿"字谜用的就是拆字法:

半真半假(值),半粗半细(组),半朋半友(有),半部春秋(秦);
吃一半拿一半(哈),硬一半软一半(砍)。

曾有民间传说:有个赴京考试的书生,住在一家客寓里。寓主女儿很漂亮,且是个才女,爱上了书生,书生当然也喜欢她。女孩要以对联求偶,对出便同意嫁。她的上联为:

氷("冰"的古异体)冷酒,一点、两点、三点

书生想了很久无法对出,非常抑郁,落落寡欢,最后生病死了。

出句真的很难对,因为三个字分别从一点、两点、三点,必须利用拆字法来相应对之,而前面三字又是个合成词,要对得工整、对得好,确属不易。

书生死后一年,又有书生来客寓居住,知道故事后深为感动,但他也无法想出下联。一天,他信步走到客寓后面的书生坟上,只见上面长满丁香花。书生心里豁然一亮,连忙去告知才女:他的坟上只长满丁香花,已经把下联对出了。你看:

氷冷酒,一点、两点、三点,
丁香花,百头、千头、万头。

原来,"丁"字头上是"百"字顶上横,"香"字头上是"千"字顶上的撇,"花"字头刚好是"萬"(万)的"艹"。"丁香花"正是"百头、千头、万头"。

云南蒙自缘狮洞白玉楼岩壁上刻有一首诗,起初人们总也读不通。全诗如下:

此山美景正堪期下岩前论古诗庙巍峨钟鼓便深夜静斗星移少灵根培佛地曾劳苦费心机时修好观音洞与神仙下盘棋

后来终于读懂了,这是首七律,每句最后一字的声旁为下一句的起首字。应是:

此山美景正堪期,月下岩前论古诗。
寺庙巍峨钟鼓便,更深夜静斗星移。
多少灵根培佛地,也曾劳苦费心机。
几时修好观音洞,同与神仙下盘棋。

完整地用汉字"二合结构",后句开头用的是"二合结构"中的二分之一。长期流传在民间的许多谜语,构思精巧,耐人寻味,特别是以诗词为谜面的隐语谜,更是有意有情。

宋代词人朱淑真《断肠集》中有断肠谜一则,构思十分巧妙、有趣,流传至今:

下楼来,金钱卜落;问苍天,人在何方?
恨王孙,一直去了;詈冤家,言去难留;
恨当初,吾错失口;有上交,无下交;
皂白何须问?分开不用刀;
从今莫把仇人靠;千里相思一撇消。

谜底为:"一、二、三、四、五、六、七、八、九、十。"

二、字谜的构成

从语言结构的表现方式看,字谜是由三个部分组成的:谜面、谜底、谜目。

谜面是猜谜时说或写出来给人做猜谜线索的话语、句子;谜底是要人去猜测的本体事物,是谜面意义的真实所指,大多数字谜,谜底就是一个字。谜目隶属于谜面,是对谜底范围和数量起某种限定作用的词语。为使猜谜明确要猜的是哪类谜底,就要使用谜目,规定谜底的范围。在谜面结束时,会用括号说明"打字"或"猜字",以便猜谜者明白。谜目的另一功用是区分一面一底谜和一面多底谜。一面一底是一个谜面只一个谜底,绝大数字谜属这种类型;而一面多底,就是一个谜面有两个或两个以上的谜底。

谜面集中地体现了字谜的精华,通常由简短精炼而寓于形象表达能力的字词、短语、句子或歌谣、诗词等形式组成。一般比较简短,要在三五个字中体现谜面这种相互悖逆的特点,语言要简洁明了,生动形象,通俗易懂。谜面常借助事物形象,将谜底汉字的主要特征表现出来。谜面要对谜底的主要内容,如笔画、形状或这个字的语词意义等特征作高度概括,为寻找和揭示谜底提供依据;要巧妙地隐藏自己对谜底汉字诸种条件的表达。

好的谜面应该是含蓄委婉、隐晦曲折的。因此,谜面的语言通常采用别有所指的、充满暗示意味的话语。表面上是叙说与谜语真实意图无关的事,诱导猜谜者朝与谜底内容完全相反的道路走,同时又与谜底汉字密切贴合,造成谜面中的"别解"。这是增添谜味,完成字谜制作的主要手段。光凭语言能力和修辞技巧还不行,最重要的是作为谜底的汉字必须能适合谜面制作的需求。

谜面既要与谜底的汉字紧密扣合,又要尽可能地偏离真正指称的对象,表现出似乎与谜底汉字无关的内容,这样才能达到游戏的效果。比如:

  鸟落山头不见脚,四处皆水无处找。

这句话描绘了一个场景:一只鸟飞到山头上,停落下来后发现到处是水,连脚也失落找不到了。情景固然奇异,但这不是它要表达的主要意义,在谜面的直接意义外还隐含着另一层含义。在叙说大鸟、山头情景的同时提出了条件或规定,这都与谜底有联系。"鸟"、"落山头"、"不见脚"、"四周是水",这是谜面显示的条件。只有符合这些条件字才是谜底。没有脚的鸟落在"山"头,该是"岛"。而"岛"的语义也正符合"山下四处皆水"的要求。

谜面语言类似于一个充满了暗示性含义的隐语,它是在一种闪烁其词的外表下,准备好了猜谜所需要的各种条件和种种线索。猜谜者要做的是,思考和理解这段"隐语"的真实含义,依据谜面所显示的各种规定和限制,找到符合条件的正确答案。再如:

  只有姐姐妹妹和弟弟。(歌,欠哥。)
  值钱不值钱,全在这两点。(全,金。)
  两个动物并排站,一个游泳,一个吃草。(鲜)
  上面正差一横,下面少丢一点。(步)

三、字谜的历史

"谜"字出现较晚。许慎的《说文解字》中没有,是宋初徐铉补的。他注释为:"隐语也,从言迷。"说明"谜"在当时是个俗称。宋周密在《齐东野语》里讲得较清楚:"古之所谓廋词,即今之隐言也,而俗谓之谜。"隐语和廋词从不同角度给谜命名。出谜人把真意隐去,让猜谜者搜索寻思,因此既叫"隐",又叫"廋"(通"搜")。到汉代,隐语向两个方向分化:一类以特征描写为主的事物谜,传说东方朔曾作"蚊子"谜:"利喙细身,昼匿出昏,嗜肉恶烟,指掌所扪。"另一类是以文字形义为主的文义谜。

字谜产生在汉魏年间。刘勰《文心雕龙·谐隐篇》:"自魏以来,颇非俳优,而君子嘲隐,化为谜语。"谜也者,回互其辞,使昏迷也。或体目文字,或图象品物,纤巧以弄思,浅察以炫辞,义欲婉而正,辞欲隐而显。"孔融有"离合作郡姓名字诗",每句四言,每两句或四句隐射一个字。全文如下:

渔父屈节,水潜匿方;与时进止,出寺驰张。
吕公矶钓,阖口渭旁;九域有圣,无土不王。
好是正直,女回于匡;海外有鼥,隼逝鹰扬。
六翮将奋,羽仪未彰;龙蛇之蛰,俾它可忘。

孔融的这首离合诗已被公认为最早完整而成熟的字谜了。这一时期除诗歌形式外,人们还常借助语言以外的实物来隐曲地表达文字之谜。《三国演义》描写曹操在门上写"活"(阔),就是早期的"实物谜";南朝宋鲍照曾作"井"字谜:"二形一体,四支八头,一八五八,飞泉仰流。"前三句写字形,后一句描绘了吊井水的形象。

到两晋南北朝时期,字谜就非常流行了,制谜和猜谜成了文人斗智的游戏。晋朝的潘岳,南朝宋谢灵运、谢惠连、鲍照,南朝齐王融,南朝梁萧巡之、陈沈炯等人,都制作了许多类似孔融的离合体字谜。在离合文字偏旁之外,还糅合了象形、比说、会意以及名物文化等许多方法,对后世字谜产生了积极影响。

唐朝时,不仅士大夫常以字谜为戏,连唐明皇也以"孚"字扣"爪下子"来嘲笑贺知章。李公佐《谢小娥传》以"车中猴,门东草,禾中走,一日夫"扣"申兰、申春",将字谜编入了小说。到北宋,字谜就更盛了,据郎瑛《七修类稿》记载:"东坡、山谷、秦少游、王安石,辅以隐字唱和者甚众,刊集四册《文戏集》。"宋元时代,编字谜与猜字谜被当做技艺,有人以此为业,赚钱谋生。其中的佼佼者竟能名播四方,流芳百世。宋吴自牧《梦粱录·小说讲经史》:"商谜者,先用鼓儿贺之。然后聚人猜诗谜、字谜、戾谜、社谜,本是隐语……杭之猜谜者,且言一二,如有归和尚及马定斋,记问博洽,厥名传久矣。"说明当时字谜流行的盛况及人们对制谜、猜谜者的尊崇。

宋朝还出现以字谜为基础的猜谜游戏,俗称行酒令。受此影响,元、明以来,正月十五前后一定要组织灯谜活动,这样,迷社、迷集、迷格也就因此而大量产生了。字谜也不再局限于文士之中,而是浸透社会生活的各个角落:童谣歌赋、符瑞图谶、碑额书题、印章绘画、小说笔记、百戏技艺、酒令暗语,从中都可看到字谜留下的种种痕迹。上至帝王将相,下至士民百姓,皆以谜为乐,以谜为戏,竞相猜测,蔚为一时风气。

四、字谜的作用

1. 文艺作品中的体现

谜初起时,歌谣就有了字谜的各种表现形式。六朝乐府的子夜、读曲等民间歌谣中,就多以谐音法隐喻诗字之意。如"雾露隐芙蓉,见莲不分明",以"芙蓉"为"夫容",以"莲"为"怜"(爱)。

南朝宋诗人谢灵运写的离合诗:

古人怨信次,十日眇未央。
加我怀缱绻,口咏情亦伤。
剧哉归游客,处子勿相忘。

每两句中用离合法各隐含"口、力、刀",合成"别"字。像这种诗意(谜面)与谜底同意相承的古诗,具有极高的写作水平。诗歌中字谜隐意别指的方式,能委婉曲折地倾诉诗人的情感,使诗味更加含蓄浓郁,因而多被后代诗人承继。

小说使用字谜常成为整个故事情节的重要环节。唐李公佐的《谢小娥传》,说谢小娥的父亲与她的未婚夫外出被贼人所杀,谢小娥当夜就见其父托梦:"杀我者,车中猴,门东草。"又梦见其未婚夫说:"杀我者,禾中走,一日夫。"隐含凶手"申兰""申春"两人的姓名。谢小娥破谜后,女扮男装,明察暗访,报了杀父杀夫之仇。这种以字谜为主要线索,扣住凶手,帮助破案的故事,构思甚为别致奇特,开后世字谜进入小说故事的先河。

字谜在戏曲中更是大显身手,妙趣横生。董解元《西厢记》写张生与崔莺莺私约相见,有托红娘传递的诗《明月三五夜》,以"三五"暗指"十五"夜晚。

2. 为宣传、外交、军事服务

利用字谜可以为宣传服务。如《古微书》中引《孝经援深契》,有谶语:"宝文出,刘季握。卯金刀,在轸北。字禾子,天下服。""卯金刀"合之为"刘";"禾子"合之为"季"。汉高祖刘邦,字季。这条谶语是刘邦将要统一天下,为帝位神授制造舆论。

字谜可用在外交场合。据《三国志·吴书·薛综传》记:蜀汉张奉出使吴国,在孙权前用字谜嘲笑尚书阚泽的姓名。阚泽不善此道,不能作答。吴大臣薛综对答:有一谜向先生请教:"有犬为独,无犬为蜀;横木苟(句)身,虫入其腹。"谜底处处扣住"蜀"字,张勉强答道:"请再用此法喻吴国。"薛综应声答道:"无口为天,天口为国;君临万邦,天子之都。"张奉很是尴尬。

字谜也常被用来作为军事联络暗号。武则天在位时,徐敬业集合扬州军队谋反,中书令裴炎在朝廷内部策应。谋事不密,反致泄露。朝廷审讯裴炎时见他给徐敬业一信,仅写"青鹅"两字。满朝文武皆不解,武则天说:"此乃隐语。青者,十二月;鹅者,我自与也。""青"可以拆为"十二月";"鹅"可以分离为"我自与"三字。裴炎以此约定徐敬业十二月起义,他内部动手。自此,裴炎伏法,谋反事败。

除此之外,在酒席宴乐等各种聚会场合,人们常以字谜代替酒令歌舞助兴,对猜中的人进行奖赏,对猜不中的人进行惩罚;被用来测字、抽签、相命、圆梦、图谶;还隐藏着古书的著者姓名,古碑古墓的建造重修年月及碑主墓主姓名及形成年代。

第六节　从测字看文化

一、测字的由来

测字可以从《红楼梦》第九十四回看起：

林之孝家的进来说道："姑娘们大喜，林之孝测了字回来说，这玉是丢不了的，将来横竖有人送还来的。"众人听了，也都半信半疑，惟有袭人麝月喜欢的了不得。探春便问："测的是什么字？"林之孝家的道："他的话多，奴才也学不来，记得是拈了个赏人东西的'赏'字。"那刘铁嘴也不问，便说："丢了东西不是？"李纨道："这就算好。"林之孝家的道："他还说，'赏'字上头一个'小'字，底下一个'口'字，这件东西很可嘴里放得，必是个珠子宝石。"众人听了，夸赞道："真是神仙。往下怎么说？"林之孝家的道："他说底下'贝'字，拆开不成一个'见'字，可不是'不见'了？因上头拆了'当'字，叫快到当铺里找去。'赏'字加一'人'字，可不是'偿'字？只要找着当铺就有人，有了人便赎了来，可不是偿还了吗。"

测字，隋代称为"破字"，宋代谓"相字"，又叫"拆字"，被用来占卜人事的未来祸福吉凶。测字术的出现，与汉字的特性密切相关。

汉字有种不同于其他文字的特殊功能，这种特殊功能来源于汉字的特殊结构。汉字作为被感知的对象，它的构造机制、表达系统、表达方式，对认识论上的主体所产生的作用与流线形的拼音文字大不一样。根据汉字的不同形体，或增减笔画，或拆开偏旁，或打乱结构，作出富有神秘色彩的解释。汉字表意、象形和可分可拆的特征，给传统方术预留了无穷的想象和发挥空间。

测字能得到充分发展是庞大而稳定的汉字体系的巨大影响而形成的。测字反映汉民族对汉字的崇拜，在这些符号里头深藏着神秘的密码信息。汉字的会意组合含有造字者的文化观念，也容易引发后人新的思想观念，这就为测字文化奠定了基础。清朝周亮工说："六书之妙，莫妙于会意。"汉字多为形声，不同偏旁组合成各种各样的字。这样，汉字就有了可分拆的特点。汉语音节少，有大量同音，音同字不同，意义也不同。这些同音现象被用来扩大测字的涉及面。这些都使得测字文化兴盛起来。

测字所用的"六法"并非"六书"之法,"六书"的"象形"指字与物相似,测字用为字与字相似;"六书"的"指事"指象形字上作某种标记,以"察而见意",测字用为对求测者"审其情性,察其动静,兼明其踪迹";"六书"的"会意"指合两字以成一义,测字则反其道而行之,将字拆开以解其意,如"烟"拆开后解释为"因风吹火之象,事必借力方成"。测字"六法"虽非"六书"之法,但显然是受"六书"启示而来,这是"创造性"借用,这种借用虽与"六书"不相同,对测字者来说却能"为我所用",具有"实用价值"。

测字是汉字学、社会学、心理学、易学相结合的独特预测术,预测的范围相当广泛,可以运用于现代人生活的方方面面,如求学、婚姻、工作、财运、出行、疾病、经商、升迁、政治等。测字是一字占问一事,求占者要心诚,字要脱口而出,感应天机。

测字与汉字的形态特性相关。汉字大多由构件组成,先由笔画组成部件,再由部件构成整字;反之,整字可以拆解为部件,部件又进而可拆解为笔画。拆解后,有的能单独成字(单独表义),有的则作为形符具有一定的含义。

汉字的结构机制又具有开放性,一个汉字既是字,同时又可作为部件进入组合场,尤其是字的二维方块形有极强的再生能力,是汉字系统中最基本的造字方式。古代的文人术士对这种方式很熟悉,并极善于在文学创作和其他活动中加以利用。

二、测字的历史

汉字的起源透露出汉字具有灵性,有着某种神秘力量——或蕴涵着命运的枢机,或预示着鬼神的意志。《淮南子·本经训》:"昔者仓颉作书,天雨粟,鬼夜哭。"

测字现象早在汉代就初现踪迹,《后汉书》载民谣"千里草,何青青,十日卜,不得生",暗喻董卓之覆亡,是早期的测字实例。古人通过测字来占卜,上到军国大事,下至家庭琐事,举凡科举、官司、命运、出行、疾病、农事等，无所不包。

测字术可能是受两汉时期谶纬术影响而产生的。谶纬本来是统治者玩的政治把戏，在西汉末王莽篡位和东汉末曹魏篡汉的事件中暴露得淋漓尽致。作为谶纬术之一的测字，在这些事件中起了重要作用。谶书《孝经中黄谶》："日载东（曹），绝火光，不横一（丕），圣聪明，四百之外，易姓而王天下。"这是为曹魏夺取天下而造舆论；及至隋唐，《隋书·经籍志》载有《破字要诀》一卷，唐人著《北梦琐言》也载有当时的测字术。

宋朝是世俗文化最昌盛的时期，南宋后测字就迅速蔓延开来，成为古代方术中最重要、流行最广的形式。汉字、易卦、阴阳五行等都变成了具体的占卜形式，而测字又与古代流行的《周易》学说、阴阳五行学说、谶纬符应、天干地支、梦验说、六神说等等有着某种联系。汉字与易的互渗，又增添了其神秘的内涵。自成体系的《神机相字法》（宋人称测为相）就是两宋时期所著，此书《永乐大典》、《四库全书》均收录。

据说东坡被贬儋州，苏辙被贬雷州，黄庭坚则贬至宜州。他们都是名重一时的人物，便有好友去测字代问凶吉。测字先生说：儋州有单立人，此公可重新起立；雷州为雨降田上，承接上天恩泽，可获赦；宜州为棺盖于直字之上，恐有去无回。后东坡获赦免，从海南回，行至昆陵（今江苏常州）卒；苏辙获赦，得享天年；黄庭坚果死于流放地。

测字虽有迷信成分，却也不乏智慧。若指这些都属无稽之谈，则无法解释测字术为何逾数千年而未尝湮灭于岁月的尘沙。

明、清两朝测字风益盛，从朝廷到市井乡陌，人人遇事都喜欢去占卜，看看运势如何，预测未来的命运。人们把对汉字的崇拜转移到拆字者身上，称他们为测字先生。这种职业也被认为是正当营生。《儒林外史》写王冕"盘缠用尽了，只得租个小庵门面屋，卖卜测字……"按说，王冕绝非阴阳先生的门下弟子，可见大凡知书识墨者，对占卜测字多有涉猎。

三、测字法

测字之所以流行，与测士的瞬间领悟、快捷把握的特点有关，这种极具智慧的特点在古代有着极高的声望，高明的测字先生在测字中有很多断辞,常给人一种"亏他想得出"的感觉。测字有以下方法。

1. 字占

字占包括拈字求占、指字求占、书字求占。拈字求占,是求测者随意拈取一字来请求占断;指字求占是求测者或去术士那儿,或将术士请来,随意指出一个字请求占断;书字求占是求测者主动写出一字让术士来占断。

拈字求占随意性大,人们觉得随意中有机遇,有命运的隐微。对占断者来说,不论拈取何字都是事先预想好的,早已"胸有成竹"。因此这种方法使用最多。如:有个人叫王祁,家境贫寒,世代农耕。父母节衣缩食让他读书。天资聪颖的他过目成诵,学业很好。二十二岁赴京赶考,行前,父母催他算命,见测字先生,随手在袋中摸得"田",顿时变脸,心想脱不了农民命。测字先生看"田",又打量这位面貌俊秀、气宇轩昂的后生说:"大吉大利!您有不凡之运,位在人王。"问其原因,道:"田横看、竖看都是'王',所以有王者之相。"

指字求占所指的字对求占双方都属偶然,需术士有很强的应变能力。传宋代测字先生谢石为测字圣手,屡试不爽,宋徽宗对他十分赏识,时常召见他,且给他封了官。一次,徽宗召见谢石闲聊,谈到高兴处,徽宗笑着说:"测字一道,虽你已玩熟透,但只要颖悟聪慧,锦心绣口,也还是可玩玩的。拿我皇上来说,只要动心智、开灵府、有闲心,也可拆字的。"谢石请他一试,徽宗掠了下龙须,笑着说:"你姓的'谢'可拆为'言、身、寸',正所谓'身'在'讨'论中,不过耍嘴上功夫耳。"稍停后,徽宗说:"你叫'石',本有望'右选'(任高官),但可惜'石'像'右'却不出头,可见是高升无望的。"徽宗的话把在坐的人逗乐了,唯谢石悄然无语。他的终身命运是否真的如此?徽宗的话是戏言还是谶言?

书字求占是求测者的主动选择,可精心择一字,也可信手写一字,这对术士来说难度更大些,更需具有相机行事、当机立断的本领。据说徽宗曾让手下人去太子处索取一字让谢石测,太子写"太"。谢石接字一看即断道:"写字者应是太子。"徽宗问有何依据。谢石答:"'太'的点写得有些横,日后把那点移到上面去,不就是天子的'天'?因此写此字的该是天子,只是眼下还不是。"经他一说,连徽宗也不能不佩服谢石拆字确有高妙之处。

2. 物占

为增加测字的"自由度"和神秘性,测字先生往往要求占者随意,任何东西都可拿来占卜。所用之物可以是静物,如瓜子、骰子、棋子、扇子;也可是"动"物,如天上的飞鸟、狂吠的狗;课还可是测字"现场"中的人物。这样,求测者和占断者都显得很随意。

清代浙西陈钟年善于测字,名动一时。《清稗类钞》上载有他一个有名的测例。江苏有吴姓商人,长期在浙江做生意。有天收到家信说老婆病危,要他速回。吴某久闻陈钟年测字灵,就请他测断。找到陈家时大门已关。他叩门很急,刚巧当时有条狗在一旁叫。陈钟年问明来意后说:"你老婆已死。"吴某非常恼火:"尚未测,怎知我老婆已死?"陈钟年说:"适才我俩谈话,是口口相对,加一起便是两口,旁边有狗叫,两口加一犬,成'哭',故此推断。否则为何'哭'?"吴听后十分懊恼,但仍不信。第二天一早改扮而去,想再次验证。他随手拈了"荣",陈问测何事,吴某再告请占。陈不假思索:"你老婆已死。"吴问缘故,回答:"'荣',两'火'代表蜡烛一对,中间像墓台之形,下面是'木',代表棺木。由此推测,你老婆已死。"吴某急忙回家,老婆果然已死。

物占和字占的差别在于,一重字的分析,一重物的属性;一是讲字理,一是究"物理",本质上都是测占者相信文字有"灵力"。

3. 杂占

除分析字形、字迹、字音、字貌、字义外,还有些其他辅助的形式。算命术中的方法也被掺和进来为测字服务。当字内解释不通时,就改走字外门径。比如阴阳五行占断法。

这是利用阴阳五行的理论去解说汉字形体。测字时要"首观阴阳,次寻五行"。测字者认为,汉字的笔画可以分阴阳:粗笔为阳,细笔为阴;重笔为阳,轻笔为阴;直笔为阳,斜笔为阴;腴笔为阳,瘦笔为阴;墨润者为阳,干枯者为阴……,这是以往写字均用毛笔,书写过程中会出现笔画轻重、粗细、墨有浓淡、枯湿的变化的;占断时的天气、氛围也有阴阳,连人自身也有阴阳:男为阳,女为阴。这样,重重迭迭的阴阳关系便又构成了测字先生的说解根据。在五行中也存在着相生相克的关系。如,木生火、火生土、土生金、金生水、水生木,这是相生;木克土、土克水、水克火、火克金、金克木,这是相克。五行又与汉字笔划对应起来,这样,就产生了丰富复杂的相生相克关系。

4. 字梦

梦是人的心理现象,由于它有恍恍惚惚、扑朔迷离等特点,在人类社会的初期,它就和神联系在一起。

汉民族人喜欢说梦、占梦、托梦、解梦,许多人将人的祸福吉凶和梦联系起来,也正因为这样,就出现了有梦说梦,无梦编梦的现象。

字梦是汉民族梦文化的独特产物,也是利用字形的分拆或谐音等方法来圆梦说梦的。

张瑞义在《贵耳集》中记载:一落泊书生一夜做梦,见一根枯木高数寸,上面以篾围箍。后抬头又看到日落西山。梦醒后认为是不祥之兆,找圆梦者为之圆梦。解梦者说:"篾箍枯树,'困'也;日落西山,无多日也。"意思为所困已无多日,书生不久果然应考得中。

第七节　因汉字而产生的文化事象

汉字是汉文化的肌理骨干,是整个汉文化构成的因子。汉字使汉语的每个音节在纸上占有的空间完全相同。汉字本身又是形音义兼顾的,这就更强化了作品的内涵,使作品从字的偏旁排列到词语、句子乃至整个作品更容易达到声情合一的境界。

汉字使中国文学有了特殊的形式美。汉字偏旁除能表示一定意义外,还能使人联想到相应的形象。同偏旁字的集中使用,每每使字句排列与内容相映成趣,给人"见字如面"之感。

利用偏旁的特点,汉民族创造出一系列以字形为本体的、具有文化内涵的文学作品。

一、汉字与文字游戏

语言文字除了对正统文学有莫大影响外,流风所及,文人又喜以文字为游戏,因而发展成一些有趣的游戏文字,只有是汉字文化的汉语才能做到这一点。
1. 联边诗

把相同偏旁的字排列在语词、语句乃至整个作品的组织上,可以造成一种视觉上的气势,形成整齐一律感。如南朝陈沈炯有《和蔡黄门口字咏》:

嚻嚻宫阁路,噩噩穀口間。
誰知名器品,語哩各崎嶇。

诗嘲讽衮衮诸公的昏庸无能:一个个高官显爵,据要路津,以"名器"自诩,说起话来却满口佶屈,不知所云。二十字中竟有41个口,内容与视觉形象表里相济,形象地衬托出尸位素餐者"浑身是口说不清"的尊容,讽刺得既辛辣又具有幽默感。

有某女子自叙身世的上联,使用的都是"宝盖头",给人有身处牢笼无法逃脱的感觉,形象地烘托出独处幽闺的寂寞和压抑:

寄寓客家,牢守寒窗空寂寞

全用"草头"的:

荷花茎藕蓬莲苔,芙蓉芍药蕊芬芳。

有全用"三点水"的:

湛江港清波滚滚,渤海湾浊浪滔滔。

有上联用"木",下联用"水"的:

大木森森,松柏梧桐杨柳;
细水淼淼,江河溪流湖海。

虎门有对联,偏旁为五行"火金水土木",全联字义贯通,意境高远:

烟锁河堤柳,炮镇海城楼。

有"海神庙"对联,上联用"水",下联用"雨",颇具气势:

浩海汪洋波涛涌溪河注满,雷霆霹雳霭雲雾零雨雾霏。

宋黄庭坚曾写过一首《戏题》:

逍遥近边道,憩息慰惫懑。晴晖时晦明,谑语谐说论。
草莱荒蒙茏,室屋壅尘垒。僮仆侍偪侧,泾渭清浊混。

首句写行路,皆从走之;次句写情绪,皆从心;三句写天气,从日;四句写言谈,字皆从言;五句写荒草,字从草头;六句写蜗居,皆从土底;七句写仆僮,字皆从立人;末句写贤愚混杂如泥沙,故字皆从水。在空间排列上,能让人看出整齐一致的形式。

2. 连环诗

连环诗排列成圆圈形,字数在十几到二十几个。一般从圆圈最上面中字起头。然后按顺或逆时针方向读,每五字或七字一断,即可有五言或七言诗若干。如宋代宋庠《寄范仲淹》:"矶滩露荻槁微翠近开花飞萤聚乱麻野阔接平沙。"

可读成五言或七言:

　　　　矶滩露荻槁,微翠近开花。
　　　　飞萤聚乱麻,野阔接平沙。
　　　平沙矶滩露荻槁,荻槁微翠近开花。
　　　开花飞萤聚乱麻,乱麻野阔接平沙。

这种回环反复,显示出汉字单音词独特的语法功能及作者高超的文字技巧。

3. 复字诗

诗歌讲究语言凝练生动,在一首诗中原是最忌重字,即使是字句不限的长诗,也应当尽量避免用字重复,否则就显得呆板枯燥。然技法娴熟的诗人,其诗偏以重字见长,在一首诗里反复运用同一个字,使人耳目一新。例如六朝鲍泉的《奉和湘东五春》全诗十八句,共用"新"字三十一次,不仅无干巴乏味之感,反觉其妙:

> 新莺始新归,新蝶复新飞。新花满新树,新月丽新辉。
> 新光新气早,新望新盈抱。新水浮新绿,新绿新听好。
> 新景自新还,新叶复新攀。新枝虽可结,新愁讵新颜。
> 新思独氤氲,新知不可闻。新扇如新月,新盖学新云。
> 新落连珠泪,新点石榴裙。

唐代诗人吕温是柳宗元的朋友,宗元被贬柳州刺史时,他写《嘲柳州柳子》:

> 柳州柳太守,种柳柳江边。
> 柳管依然在,千秋柳拂天。

诗题虽"嘲",实是赞赏。全诗围绕"柳"字做文章,二十字中重复六次,很是不易。

4. 宝塔诗

宝塔诗是因汉字字体方正,一形一音,便于组合而形成的。虽属文字游戏,但因牢牢依附于汉字字形的特殊表意特点或形体结构才得以成立的。

白居易曾写过这样一首宝塔诗:

> 诗
> 绮美,瓌奇。
> 明月夜,落花时。
> 能助欢笑,也伤别离。
> 调清金石怨,吟苦鬼神悲。
> 王下只应我爱,世间唯有君知。
> 自从都尉别苏句,便到司空送白辞。

宋代的文同有首《咏竹诗》:

>   竹,竹。
>   森寒,洁绿。
>   湘江滨,渭水曲。
>   帷幔翠锦,戈矛苍玉。
> 心虚异众草,节劲逾凡木。
> 化龙杖入仙陂,呼风律鸣神谷。
> 月娥巾帔静苒苒,凤女笙竽清簌簌。
> 林间饮酒啐影摇樽,石上围棋清阴覆局。
> 屈大夫逐去徒悦椒兰,陶先生归来但寻松菊。
> 若论檀栾之操无敌于君,欲图潇洒之姿莫贤二仆。

5. 离合诗

离合是用拆字法写成的诗,这是种古老的文字游戏,早在汉魏六朝时就有了这种诗体。严羽《沧浪诗话·诗体》:"离合,字相析合成文。孔融'渔父屈节'之诗是也。"

离合诗把诗的主题藏匿起来。汉魏南北朝至唐代许多离合诗都无诗题,诗题就隐在"谜"般的诗句里,通过离合手法将"谜底"——诗题呈现出来。

组成诗的主题的每个偏旁部首都表现在诗中,诗的主题就是组合成的字。比如谢灵运《离合诗》头两句离"口",次两句离"力",末两句离"刂",六句诗离合为一个"别",写出了男女离别的场景,匠心独具:

> 古人怨信次,十日眇未央。
> 加我怀缱绻,口脉情亦伤。
> 劇哉归游客,處子忽相忘。

晚唐诗人陆龟蒙写《闲居杂题》五首离合诗,诗为七言四句,离一字之偏旁于一句之首尾,而首尾相续为一字。如《鸣蜩早》:

> 闲来倚杖柴门口,鸟下深枝啄晚虫。
> 周步一池销半日,十年听此鬓如蓬。

第一句最后字"口"和第二句第一字"鸟"合为"鸣",第二句最后一字"虫"和第三句第一字"周"合为"蜩",第三句最后一字"日"和第四句第一字"十"合成"早",这就是诗名了。

6. 顶真诗

顶真又叫顶针,或叫联珠,是指前后几个语句之间,由相同的语言成分衔接上下句,上递下承,使结构紧凑、语意连贯。它气势连贯,句式匀称整齐,读来环环相扣,是一种明快流畅、情趣横生、声韵流畅的修辞格。运用顶真的修辞手法来叙述事理,能更好地反映事物的有机联系,阐明事物相互间的辩证关系。比如李白《送刘十六归山白云歌》:

楚山秦山皆白云,白云处处长随君。长随君,君入楚山里,云亦随君渡湘水。湘水上,女罗衣,白云堪卧君早归。

有些顶真是重复前一句,可使气势连贯而下。如马致远《汉宫秋》:

返咸阳,过宫墙;过宫墙,绕回廊;绕回廊,近椒房;近椒房,月昏黄;月昏黄,夜生凉;夜生凉,泣寒螀;泣寒螀,绿纱窗;绿纱窗,不思量。呀!不思量,除是铁心肠;铁心肠,也愁泪滴千行。

下面这首小诗显得活泼流利、欢转轻快。桃花虽随流水而去,但与小桥、金鱼戏水、小鸟理毛的画面组合,无半点"流水落花春去也"情调,显得清新脱俗、爽心悦目。诗通过飘、桥、水三字顶真,描绘了一幅晚春江南小桥流水图,玲珑剔透,言淡意远:

桃花冷落随风飘,飘落残花过小桥。
桥下金鱼双戏水,水边小鸟理新毛。

通过顶真可以达到以简胜繁、以少胜多的效果。据传古代一书生为一陶姓人家祝寿,偏偏天公不作美,下起了滂沱大雨。这书生灵机一动,写了一首别出机杼的祝寿诗,诗云:

奈何奈何又奈何,奈何今日雨滂沱。
滂沱雨夜祝陶寿,寿比滂沱雨更多。

主人看前三句时,脸色铁青。但诗作结句犹如神来之笔,使全诗满篇生辉。诗通过顶真层层伏笔,最后一句异峰突起,振起全诗,可谓匠心独运。

不同的顶真方法,有时候还可以综合运用。下面的风景联既有句内顶真,又有分句间顶真。随着语意的跳跃,听雨观潮之妙趣尽在联中了。

听雨雨住,住听雨楼边,住听雨声,声滴滴,听、听、听;

观潮潮来,来观潮阁上,来观潮浪,浪涛涛,观、观、观。

清人华广生《白雪遗韵》一书中录有一首无名氏的诗,句句蝉联,且末句结尾字也同首句第字相连:

桃花冷落被风飘,飘落桃花过小桥。
桥下金鱼双戏水,水边小鸟理新毛。
毛衣未温黄梅雨,雨滴红梨分外娇。
娇姿常伴垂杨柳,柳外双飞紫燕高。
高阁佳人吹玉笛,笛边鸾线挂丝绦。
绦结玲珑香佛手,手中有扇望河潮。
潮平两岸风帆稳,稳坐舟中且慢摇。
摇入西河天将晚,晚窗寂寞叹无聊。
聊推纱窗叹冷落,落云渺渺被水敲。
敲门借问天台路,路过西河有断桥——桥边种碧桃。

7. 叠字诗词

叠字是指两个相同的字重叠,也称"重言"。叠字最显著的形式特征是形美,是整一和对称的融合。这种形体特征,在视觉上给人整齐的感受。这是中华民族追求对称、崇尚双数的传统观念和文化心理的集中表现。

叠字最早可溯至《诗经》,至南北朝入唐,便臻于成熟,出现了工整标准的体制。

如唐王建《宛转曲》:

宛宛转转胜上纱,红红绿绿苑中花。
纷纷泊泊夜飞鸦,寂寂寞寞离人家。

以叠字作整诗或整词的很少,明代马钰《西江月》是全词叠字:

物物般般认认,常常战战兢兢。
心心念念恐沉沉,得得来来损损。
日日清清净净,时时湛湛澄澄。
惺惺洒洒这灵灵,灿灿辉辉永永。

元散曲家乔吉《天净沙即事》有四首,第四首全用叠字:

莺莺燕燕春春,花花柳柳真真。事事风风韵韵,娇娇嫩嫩,停停当当人人。

运用类叠的修辞方式发展到极致,即全词均是叠字的情形。这属文字游戏,但在这游戏的背后,仍可看出作者的独具匠心。

二、与汉字有关的修辞方式

1. 连珠

连珠也是回文的一种,更突出"连珠"特点。回文连珠既要顺、倒成文,还须前后句连珠,因此写作要求更高。花月吟效连珠体是明朝唐寅开创的,每一句有"花""月":

花正开时月正明,花如罗绮月如银。
溶溶月里花千朵,灿灿花前月一轮。
月下几般花意思?花间多少月精神?
待看月落花残夜,愁杀花间问月人!

2. 复沓

在句子间更换少数字词,突出人或物的特征,强调语气。如宋程垓的《酷相思》:

月挂霜林寒欲坠。正门外、催人起。奈离别、如今真个是。欲住也、留无计。欲去也、来无计。　　马上离魂衣上泪。各自个、供憔悴。问江路梅花开也未。春到也、须频寄。人到也、须频寄。

上下片同格,且句法结构相同,各自形成了回环复沓的格调。反复歌咏,成一种回环往复、音韵天成的韵致。全词十句六逗,为三字逗,音节短促,造成了哽哽咽咽、如泣如诉的情调。再如林逋的《长相思》:

吴山青,越山青。两岸青山相送迎,谁知离别情?　　君泪盈,妾泪盈。罗带同心结未成,江头潮已平。

3. 借字

借用某个字的形体来代替许多描绘文字。如借汉字"大"字形容某人睡觉的特别姿势,借汉字"品"字形容作战的阵势,借汉字"川"字形容眉心之间的肌肉,借汉字"吕"字形容接吻,等等。

三、其他

1. 汉字与民俗

汉文化民俗和汉字有密切关系。比如"射虎",即猜灯谜,也叫打灯虎。旧时分两类,一类为文人使用的,谜面深奥,谜格复杂多样,谜底多为四书五经原句;一类为市井灯谜,谜面、谜底均很通俗,是元宵节的重要活动。再如合体字:民间常将一些带有吉祥含义的短语合写为一个字,以祈求吉祥,常见的有"招财进宝"、"双喜"等;唐宋时一直流传至今的织物纹样则有"福"字纹、"寿"字纹等。民间装饰文字则多采用刺绣形式,用于幔帐、服饰、节日、庆典、婚庆用品等。

2. 装饰字、鸟字文

装饰字也称汉字图案。取镏文、篆书等书体,按照特定需要提炼、取舍、夸张美化而成,被广泛应用于民俗,如婚礼中喜字花剪纸、寿宴中八仙祝寿中堂等。鸟字文是字的图画或画出的汉字,根据汉字的形意、形体等特征而勾画的。其形成于春秋战国,曾广泛应用于印玺、瓦当中。以鸟为主,兼有瑞兽、花卉、吉祥纹样等,更有装饰情趣。

汉字图案在民间得到了工匠艺人的推动和发扬,融进了很多民间艺术特色。代表了中华民族的文化气质,凝聚了无数的民俗和民情。用于民俗活动的装饰汉字往往借着谐音、影射、寓意、象征等手法来表达大众的审美情趣。唐宋时起一直流传至今的织物纹样有"福"字纹、"寿"字纹等,还有用于幔帐、服饰、节日、庆典、婚庆用品等织品。

3. 汉字与避讳

避讳是汉民族特有的语言禁忌。通过字形进行避讳的有缺笔、拆字、删字等。

缺笔是将讳字的最后一两笔省略,始于唐代。颜真卿《东方朔画赞》中"民"缺斜钩。拆字避讳是将讳字拆开,取部分替代讳字。如北魏孝明帝名诩,尉诩便改名作羽;五代晋君主叫石敬瑭,姓敬就改姓文,删字避讳是指姓或名若是两个字的,就将犯讳字删掉。姓"淳于"为避唐宪宗讳而改姓"于";颜真卿的《元结墓碑》把"张维瑾"写作"张瑾",是避父讳"维贞"。

4. 汉字形体与语汇

汉语中,有部分汉语的笔画名称或汉字形体进入汉语的词汇或熟语中。如词语:横竖、反正,表示肯定。有些方言叫"横直"。短语:井田制、人字形、国字脸、之字形、金字塔、田字格。成语:十字街头、止戈为武、利旁倚刀、亥豕相望、横平竖直、横冲直撞、横七竖八、横眉竖眼、横躺竖卧。

进入歇后语和熟语的有:自大加一点——臭,王字少一横——有点土,王奶奶和玉奶奶——差一点,八字还没一撇,八字缺一撇,忍字头上一把刀。

还有一些民间的口头说法,如"三横一竖:王的写法"。有些方言里"王"和"黄"同音,为了让听话人知道是哪个姓,就用"三横王"、"草头黄"来加以区别;"王字加一点:"主"或"玉",比王多一点;月如弯钩:形容月亮的形状,即弯月;横挑鼻子竖挑眼:比喻多方挑剔。

第八节　从异体字、俗体字看文化

一、异体字

"异体字"又称又体、或体,《说文解字》称为重文,就是跟规定的正体字同音、同义,但写法不同的字,异体字的存在是汉字中较为普遍的现象。

由于汉字特有的造字原则和结构体制,创造它和使用它的人口众多,且分布面十分广阔,加上汉字发展历史又长,异体字类型不少、数量也很大。

汉字是不同时代、不同区域的人在生活中运用多种造字法造出来的。汉字由意符、音符和记号组成,意符选取的角度因人而异。同一个汉字可能有不止一种形体,这几个汉字之间构成了异体关系。人们通常熟悉其中一种,其他的写法则感陌生,或不认识。

汉字系统的音符与拼音文字中的字母是两种不同的概念,因此,一字多形的现象在汉字系统里比比皆是。

异体字分为几种类型:

第一种：为语言中同一语词而造，使用中功能没有分化的。如：覩——睹、徧——遍、羴——膻、剏——办、豔——艳、兂——簪、菊——掬、霤——霽、栽——灾，等等。这在异体字中数量最多。

第二种：造意不同，但在实际使用中用法相同、功能重合的。如：罪——辠、颿——帆，等等。这里，罪、颿等本义都无文献用例，可能是字书的编者根据字形的造意推断出来的。

第三种：同一古文字形体由于传承演变、隶定楷化的方式不同，而在楷书平面上出现了两个或两个以上不同的形体，这些楷书字形之间构成了异体字关系。如：前——歬、煮——羹、春——萅——旾、宜——宐，等等。

另有异写字。这主要是针对早期的楷体而言的。异写字之间的差异主要是书写元素，也就是部件或点画的位置有些差异。它不对构形模式、结构分布和构意产生任何影响。例如：甜——甛、炎——炏、凡——几，等等。它们有的是义符意义相近或相通的。例如：喻——谕、徧——遍、鸡——鷄、善——譱、蚊——蟁——䘉；有的是选用义符的角度不同。例如：雾——氛、涶——唾、婿——壻、嗣——孠、韄——袜、睹——覩、瓶——缾、明——朙，等等。

还有讹字。这是指传抄、书写过程中字形发生了讹变的字。一般的讹字不能看成异体字，但当它积非成是并进入字书后，讹字与相应的正字之间的关系，与一般的异体字之间的关系便没有什么两样了。因此，这类讹字也应该看成是异体字中特殊的一类。

作为交际工具的汉字当然是必须规范的。因此，从规范这个角度讲，应该只能保留一种字体，去除异体字。

汉字除了记录语言外，书法还是一门独特的艺术。通常，艺术是忌雷同的。因此，王羲之在书写《兰亭序》时，中间的"之"要写得无一相同。有时，当同一篇作品中出现了同一个字的时候，还可以通过异体字在形体上的变化书写不同的字。如"鹅"，它有两个部件"我"、"鸟"，在书写书法作品时可根据需要适当进行位置调整，以构成个形体各异的"鹅"。这样，就可以在语义所具有的意境美之外，又增添了一种错落的文字形式美。

二、俗体字

俗体字是指通俗流行而字体不合规范的汉字,也叫俗字。从汉字产生到现如今,民间一直不断地、随心所欲地在创造出各式各样的俗体字。但由于历代统治者从不给俗体字以合法地位,因而保证了汉字系统的基本稳定。

楷书在魏晋时期开始出现,而民间的简体字在南北朝(4-6世纪)的碑刻中已经可以见到。到隋唐时代,民间的简化字逐渐增多,在市民中使用得相当普遍,这种字和官方规范汉字不同,这就是"俗体字"。俗体字一直流传,不绝于缕,生命力相当强,汉朝碑铭、六朝碑铭、唐朝碑铭,甚至连经卷中也出现,在宋元明清的雕版印本中都有它们的身影。

由于书写和辨认都比较方便,因此俗体字在社会上的影响范围也逐步扩大,不但在非正式场合使用,连正式场合也使用了;不但普通百姓用,连学者也在用。这样,就不可避免地对标准书体——正体字造成一定的影响。许慎《说文解字》中已收录了不少,这就宣告俗体字已经正式获得了学术界的承认。今天使用的不少简化字在历代文献资料中早已出现,如"营、寿、尽、敌、继、烛、万、壮、齐、渊、娄、顾、献、变、灯、坟、驴"等。

唐朝俗体字的应用更加广泛。因此,后来的学者如张参、唐元度等人都主张书写要"变通",不必拘泥于"正俗之辩"。唐代颜元孙《干禄字书》和王仁煦《刊谬补缺切韵》里收录了不少俗体字。宋代以后,随着印刷术的发明,俗体字由碑刻和手写转到雕版印刷的书籍上,从而扩大了俗体字的流行范围,数量也大大增多。

根据《宋元以来俗字谱》,宋元明清12种民间刻本中所用俗体多达6240个,与今天使用的简体字完全相同的有"实、宝、听、万、礼、旧、与、庄、梦、虽、医、阳、凤、声、义、乱、台、党、归、办、辞、断、万、罗、会、怜、怀"等,共330多个。

比如"尽",宋代早有这种写法。曾有考生就因写了俗字而最终没被录取。杨万里当时为考官,他说:场屋(考场)里出了个尺二("尽",

古代因竖写而如同"尺"和"二")秀才,要被人耻笑的。应试者在考场里写俗字的原因是:平时早已写惯,习以为常了,考场里洋洋得意,下笔千言,一挥而就,根本就无时间、也没想到要去考虑在文章中是否写了俗字。

到明末,俗体不但在"贩夫走卒"中流行,在文人中也流行开来了,有些学者还有意识地搜集整理并使用俗体字。如明末清初的思想家黄宗羲、顾炎武、吕留良等,都是其中的代表。吕留良在赠给黄宗羲的诗的注中自白:"自喜用俗字抄书,云可省工夫一半。"从保存的黄宗羲手稿中可看到他使用俗体字如"议、当、难"等字。

明朝对汉字的书写要求不严格,汉字的复古现象还不严重。汉字的真正复古是在清朝。清朝把八股文的格式、语气、用词的规定都详细到无以复加的地步。同时,也对用字作了极为严格的规定,明确宣布,只许用"正体",不能用"俗体",违者严办。1874年,龙启瑞奉谕所作的《字字举隅》堪称是清朝字体复古的典型。乾隆为《四库全书》钦作的《辩正通俗文字》说:"俗者,承袭鄙俚……断不可从也!"

清朝在文字上的复古政策,造成了奇特的现象:印刷字体——正体字与手写字体——俗体字的分离,给文化的普及造成很大的障碍。民国钱玄同严厉斥责:"那亡清的什么政府,更大倡其文字复古的论调,雷厉风行地强制执行起来。……这样是正体,那样是俗体,狺狺不休!其实他们全是不认识古字的!"

辛亥革命推翻清朝政府后,语文学者就立即开始着手整理字体的工作了。1930年出版的刘复(半农)、李家瑞编的《宋元以来俗字谱》里共收了1622个各种俗写形式的字,大都是常用字,颇能反映出宋、元以来民间使用汉字的情况。1935年初,上海语文工作者组织了"手头字推行会",正式开始简化汉字的推行工作。他们"主张把手头字用到印刷上去,省掉读书人记忆几种字体的麻烦,使得文字比较容易识、容易写,更能够普及到大众"。手头字推行会选定300余个手头字公布,立即得到了出版界的响应,不久,这些手头字就出现在好多种报纸、杂志上,形成了近代中国第一次简化汉字的高潮。

俗字的产生是由于正字相对复杂,利用汉语多同音,用简单字来改换了本字。唐代颜元孙在《干禄字书》里把汉字分为三体:俗、通、正。俗字是一种不符合官方标准的浅近字体,是区别于正字而言的一种通俗字体。它适用于民间的通俗文书,适合平民百姓使用。

书写快捷是人们的普遍要求,俗体中重文符号也是这样产生的:它来源于草书,在非正式场合或在手写体中经常出现。但作为文字规范的各类字典里通常是不收这个符号的。俗字的产生和存在,对那些官方认可的正字来说,是一种威胁、一种反动,因此,历代政府是一定会干涉,不能放任其自流的。但正字和俗字又是辅车相依的。没有正字,就无所谓俗字。在一定的文字系统中,正字占据主导地位,俗字则作为从属。正字是文字系统的骨干,俗字则是正字的补充和后备力量。矛盾的双方在一定的条件下会相互转换,正字与俗字之间的关系不是一成不变的。俗字对文字的规范化是有着巨大的冲击作用的。假若没有敦煌经卷的发现,也许我们会以为古人写字十分规范。

汉字的书写受到书写者文化和修养程度的制约。文化水准相对高的就能比较注意文字规范,写俗字的情况相对少;文化水平较低的社会底层平民,对汉字的形、音、义理解相对低,哪个简单写哪个,只要音同,能懂就行,写俗字的也就多些。俗体字虽不登大雅之堂,却生生不息,代代相传。如果去上海市场买东西,猪肉摊位上有"(肽)肉",这是"腿肉";在食堂或市场上可看到"冲"(葱)、"九(韭)菜"、"平(苹)果"、"香交(蕉)"、"六(绿)豆汤"等。这是上海民间使用的俗字。

俗体字一般不会出现在出版物上,因此,想要阻止它、消灭它也是不可能的事。

文字是语言的符号系统,应当遵守一定的规范。按说,俗体字干扰了规范字,应该属于剔除之列的。但文字是人文现象,俗字是市民文化的产物,它的产生和利用是不以文字学家的意志为转移的。在某种情况下,正字还可能俗用。如文学作品要表现地方特色,就可用些俗字来为方言语音服务。

如:上海是大都市,上海话属强势方言,外地人、外国人都希望学点上海话。各式上海话教材应运而生。上海话中"侪"是"都"的意思,但识这个字的人太少,同音的"才"大家都认识,于是,"才"被利用,做

"都"解,正字俗用。

通过俗字还能了解古代的人文情况。正因为有俗字,古代不少语言文化现象便可以解释,古今语音的演变在字中间也有一定的反映。

通过各地产生的不同俗字,还可以了解当地方言的一些语音面貌。比如,上海人为什么写"葱"为"冲"、"绿豆"为何成了"六豆",从简只是一个方面,另一方面说明这两字在上海话里是同音,造字者采用的是同音替代的法则。

字体本来就是一种约定俗成,就俗体字本身来说,实在不能说它是一无是处的。"万",早在六朝时就有这样的书写方式了,唐朝书法家、朝廷大臣柳公权在《玄秘塔碑铭》里也用了。说明唐朝民间早已盛行这种写法,以至于连柳公权也深受影响而从俗。如果当时就被遏制住了,那么,今天的简化汉字"万"又将从哪里来呢?

应该感谢先人,感谢古往今来的凡夫俗子们,是他们为后人留下了如此丰富的文化遗产,包括留下了这些俗体字!

复习思考题

1. 由于新的科技文化的发展,使得汉字出现了新的组合,比如,由于电气的使用,有了"电影、电脑、电视、电话、电台、电扇、电话、电脑……",请再举出些由于新科技文化的影响而组成的类似词语群。

2. 为什么中国人称写文章为"爬格子"?

3. 在汉字的造字系统中,带有"犬"旁的字词大多具有贬义,请研究英语中带有"dog"的语言意义,比较中外文化的不同之处。

4. 试分析"男""女"两个字的文化含义。

5. 古人有"书如其人",为什么这样说呢?其中是否有文化的意蕴呢?

6. 为什么中国人十分注重书法,注重学生书写的姿势,而西方人却对此不以为然?

7. "测字"文化的前提是什么?如果你想了解婚姻是否成功,测"哥"字,将如何分析?如果你想知道去远方工作的朋友是否平安,测"到"字,你又将如何分析?

8. 试试分析:谁、休、采、鲜、美、尘,看看它们属于怎样的构字方式?如果是形声字,又是属于哪一类形?

9. 过年贴的春联中,请找一对去分析它的汉字使用特点。

10. 请去菜市场或小饭店,看看其中的俗字,并挑出两个字来分析它们的造字理念。

第二章　汉语语音与文化

　　语音是语言文化重要的信息载体,是社会文化的表现形式之一,语音的变化和发展是受文化的影响和制约的。语音系统本身就是一种认知方式,一种价值系统,一种文化形态。不同地区的人对同一种语音现象会具有不同的感受,这种感受往往是语音与意义之间的某种固定的或不固定的联系造成的,因此,选取的语音及其组合绝不是偶然的,会显示出很强的民族性。

　　汉民族喜欢吟诵诗文,在听人朗读诗词时那种高低错落的语音美感,与看传统书法中的狂草书相类似,虽然有可能读不懂其中所书写的内容,却实实在在地感受到了那种龙飞凤舞、狂澜一泻的气势与豪迈。因此,声韵构成了抒情形象的必不可少的组成部分,在写诗作文时,人们总要讲究行文气势,追求语音高低疾徐、抑扬顿挫的变化。而这些变化又都可以通过句子的短长、字句的骈散等体现出来。

　　杰出的汉语大师总是如同在调兵遣将,指挥着笔下的方块字,组合排列出一系列语音节奏和谐的词句,创造出精粹、凝练又含蓄、蕴藉的段落、文章。而成语"咬文嚼字"就是对这些语言大师在字词的选用、推敲上的最好写照,也只有使用汉语的作家才最能体会其中的奥妙与甘苦了。

　　清沈德潜《说诗晬语》:

　　诗以声为用者也。其微妙在抑扬抗坠之间,读者静气按节,密咏恬吟,觉前人声中难写、响外别传之外,一齐俱出。朱子云:"讽咏以倡之,涵濡以体之",真得读诗趣味。

　　林语堂先生认为,中国文学的特性在很大程度上"源自汉语的单音节性"。这种极端的单音节性造就了极为凝练的风格,无论是诗歌

还是散文,每个字的运用都经过作者的反复斟酌,体现了最微妙的语音价值,且意味无穷。他曾作具体阐述:

  汉语具有分明的四声,且缺乏末尾辅音,读起来声调铿锵,洪亮可唱,殊非那些缺乏四声的语言可比拟……四声分成两组:一种是"软"声调(称为平声),幽长游越;另一种是"硬"声调(称为仄声),包括上声、去声和入声。……中国人要自己的耳朵训练有素,使之有节奏感,能够辨别平仄的交替。这种声调的节奏甚至可见于散文佳品之中,这一点也恰好可以用来解释中国散文的"可吟唱性"。

  (林语堂《中国人》,浙江人民出版社1988年版,第214页)

  文学作品在语音上追求音节美。分开看,有双声、叠韵、押韵、平仄,合起来看,则声、韵、调又是个有机整体。诗歌发展为五言、七言,在内容表现上具有了更大的容量,每句字数由偶数变为奇数,双音、单音词的相互配合,吟唱时就能从错综里得到和谐,在韵律上也显得灵活多变。先人对文学的声、韵、调、节奏之美的探索,揭示了音韵美的一个规律,那就是"中和"。

  《北京晚报》曾载文谈及,当前流行的"时尚"手机短信息中,最受欢迎的往往是些模仿诗、词、曲,甚至诗经的作品,可见汉民族传统文化影响之大之深。

  这,就是这部分的主题:语音和文化。

第一节 声母的表情达意作用

一、声母的形象特征

  汉语声母是有一定的形象感觉的。

  b、p及浊音b属爆裂音,给人有迫切、急促之感,如"破、蹦、笨、并、霸、罢、半"等;d、t及浊音d显得较为重实,如"大、动、当、腾、同、套、听、提、踏"等;m类给人带来朦胧之感,如"茫、瞒、闷、梦、蒙、萌、昧、抿、冥、幕、没、美、媚、妙、密、觅、弥、谧、绵、眠"等。

  塞音声母多用来模拟碰撞之声。比如:"劈劈啪啪"、"滴滴答答"、"叮叮当当"、"镗"、"砰"、"叭"、"乓"、"嘡"、"铛"、"咚""叮咚"等;擦音、塞擦音声母常用来模拟摩擦声。如"唑"、"沙"、"嘘"、"喊"、"哧"、"呲"、"嘻"、"嗖"、"呵"、"哈"等。

g、k类发音位置靠后,声音要用力顶,描写或表达的都是沉重的声音,比如雷声,器物的撞击、震动声,如"哐、咣、哐啷"等;j、q、z、c类则宜表现凄楚或艰涩的情绪,如"叫、及、记、起、巧、旧、秋、尖、晶、清、焦、琴、赃、藏、仓、参、窜"等;s、x类宜表现凄清、轻倩的情绪,如"小、星、心、西、死、三、沙、森、桑、新、性、辛、送、素、所、酸、选、宣、许"等。

声母的选用在诗文创作中起着十分重要的作用。文学批评中常有"侯类、幽类、宵类之字均含诘屈卷束之义"的说法。很多作家在写作文章、创作诗歌时,对音节的选用都十分考究,特别重视音节中的声母。比如唐杜甫的《画鹰》:

素练风霜起,苍鹰画作殊。㧐身思狡兔,侧目似愁胡。
绦镟光堪摘,轩楹势可呼。何当击凡鸟,毛血洒平芜!

场面描写十分逼真。与此同时,在语音上也透出了风霜凛凛的肃杀之气,似能使人感到苍鹰冲刺的呼呼风声。之所以能给人有如闻其声之感,就是选用了一系列擦音声母,像"素(su)、风(feng)、霜(shuang)、画(hua)、殊(shu)、身(shen)、思(si)、似(si)、胡(hu)、镟(xuan)、轩(xuan)、势(shi)、呼(hu)、何(he)、凡(fan)、血(xue)、洒(sa)"等,声母都是磨擦成声的,与风声极为相似,于是,鹰与画、画与诗、诗与声形成了同构关系,给人以身临其境之感。

再看韩愈的《听颖师弹琴》:
昵昵儿女语,恩怨相尔汝。
划然变轩昂,勇士赴敌场。
浮云柳絮无根蒂,天地阔远随飞扬。
喧啾百鸟群,忽见孤凤凰。
跻攀分寸不可上,失势一落千丈强。
嗟余有两耳,未省听丝篁。自闻颖师弹,起坐在一旁。
推手遽止之,湿衣泪滂滂。
颖乎尔诚能,无以冰炭置我肠!

"昵昵儿女语",古代为浊音泥母,读来圆滑柔细,宜表达儿女私语亲昵之情;"浮云柳絮无根蒂,天地阔远随飞扬"则是擦音、边音多,显得幽忽广远、浮泛轻盈。

　　白居易《琵琶行》"嘈嘈切切错杂弹",连用六个擦音、塞擦音,形成琴音潺潺的音律形象,可见诗人在调遣词音上的功力。

　　李清照《声声慢》,七组叠字声母都是舌尖音,其凄冷之感,借声音传递而流露无遗:

　　　寻寻觅觅,冷冷清清,凄凄惨惨戚戚。乍暖还寒时候,最难将息。三杯两盏淡酒,怎敌他、晚来风急。雁过也,正伤心,却是旧时相识。
　　　满地黄花堆积。憔悴损,如今有谁堪摘。守著窗儿,独自怎生得黑。梧桐更兼细雨,到黄昏、点点滴滴。这次第,怎一个愁字了得。

　　明代徐兴公的《口吃诗》是刻意追求语音的游戏形式,声母用"l":

　　　绿柳龙楼老,林萝岭路凉。
　　　露来莲漏冷,两泪落刘郎。

　　现代人写诗同样非常注意对字音的选择。比如徐志摩的《沪杭道中》:

　　　匆匆匆!催催催!
　　　一卷烟,一片山,几点云影,
　　　一道水,一条桥,一支橹声,
　　　一林松,一丛竹,红叶纷纷:
　　　艳色的田野,艳色的秋景,
　　　梦境似的分明,模糊,消隐,——
　　　催催催!是车轮还是光阴?
　　　催老了秋容,催老了人生!

　　这里的"匆匆匆(cong)、催催催(cui)",都是舌尖送气塞擦音,诵读时,其匆促之状宛如在眼前。

　　这种声情并茂的文学现象,充分说明了汉语语音具有的独特艺术气质。

二、清声母、浊声母的不同功用

　　声母有清浊之分。阴声为清音;阳声为浊音。发音颤者为浊,其音重;不颤者为清,其音轻。清声和浊声有着不同的表情达意作用:清音在语感上显得纯净、明快,能营造出轻盈飘逸之境,常表现愉悦、轻逸的情绪;浊音在发音时气流受阻,在语感上显得厚重、阻滞,适合表现沉重、郁闷的心情,能勾勒出凝重深沉之感。

优秀的诗歌要做到清浊相间,吟诵起来才会有轻有重,琅琅上口。由浊音声母组成的词语,如:"同伴、繁华、强健、郑重"等,都是送气的全浊音。

理论上普通话浊音有四个:m、n、l、r,实际上不止,阳平声的声母也是发浊音的。比如"鼻、不、敌、达、读、急、及"等,和上海话浊声发音相似。如"皮包"的"皮",上海话读如"鼻";"土地"的"地",上海话读如"敌";"大小"的"大",上海话读如"读"。

李清照擅长音律,她的词风因生活的变故而前后有异。

前期作词朴实无华,清丽灵秀,显得清新活泼。或格调清新,或妩媚秀丽,或细腻婉转,描绘少女情怀、初恋生活、山水美景及思念丈夫的离情别绪。如《如梦令》,使用的字除"昨、浓、道、肥"外,均为清音。音感上与她的生活也相合:

昨夜雨疏风骤,浓睡不消残酒。试问卷帘人,却道"海棠依旧"。知否?知否?应是绿肥红瘦。

再如《如梦令》,除"常、亭、暮、沉、路、渡、鹭"外,均为清音。与她的当时的心境相合:

常记溪亭日暮,沉醉不知归路。兴尽晚回舟,误入藕花深处。争渡,争渡,惊起一滩鸥鹭。

在《点绛唇》里,少女兴奋、喜悦心情跃然纸上,用的字除"罢、浓、汗、入、袜、划"外,均为清音:

蹴罢秋千,起来慵整纤纤手。露浓花瘦,薄汗轻衣透。见客入来,袜划金钗溜。和羞走,倚门回首,却把青梅嗅。

后期词作则以凄怆深沉,苍凉悲楚为主调,多写离别、相思、怀旧,显得沉郁凄苍。比如《醉花阴》:

薄雾浓云愁永昼,瑞脑消金兽。佳节又重阳,玉枕纱厨,半夜凉初透。东篱把酒黄昏后,有暗香盈袖。莫道不消魂,帘卷西风,人比黄花瘦。

字里行间流露出的是悲凉之情,浊音字的使用明显增多,有:"薄、雾、浓、云、愁、瑞、脑、兽、重、阳、厨、黄、昏、后、袖、莫、道、魂"。

从词风看:前期清丽爽朗,后期沉郁凄苍。从用字看,前期清声多,后期浊声多,与情感非常合拍。

三、尖音、团音的特殊美感

汉语自古分"尖团"。声母的清浊、尖团交织在一起构成了汉语的语音美,这种对语音美的追求与说事讲究对称的民族文化心理是一致的。

尖音与团音的区别在于发音位置:在舌尖部位发的是尖音,在舌面部位发的是团音。

尖、团音的概念,最早出自清人《圆音正考》的序言。此书成书于乾隆八年(1743),是专为纠正尖音舌面化(尖团合流)语病,分辨尖、团音而写的。

普通话 j、q、x 有两个来源:一个从齿音来,一个从牙、喉音来。从齿音来的属尖音,即 z、c、s 和"衣"拼合后读出来的音;从牙喉音来的属团音,即 j、q、x 和"衣"拼合后读出来的音。现在拉丁字母的 ji、qi、xi 和 zi、ci、si,读音不相同。它们的声母在现代普通话里已完全相同,但在古音里是不同的。

这种古今声母不一致,可以在不少方言里找到例证。比如"祭"和"计"、"妻"和"期"、"西"和"希",北京话读没差别,苏州话就不同,"祭祀"苏州话是同声母。

尖团合流的原因要从尖音舌面化的历史谈起。

清朝满洲贵族成了中华民族的统治者后,为统治需要学习汉民族语言。他们原居北方,发音特点是舌位后缩,舌尖上翘(卷舌)。汉语精系声母 z 类的发音为舌尖平伸抵下齿背,和齐、撮(i、ü)韵母相拼(尖音),满族人把汉语语音中尖音后移,近似于发舌面音(团音)。借清初推行官话的森严政令,满洲官员又把他们学得的汉语语音传给汉族官员和读书人,这样,就使尖音舌面化扩大了:凡满族官吏管辖或满汉杂居的城市,尖音舌面化程度就重,如北京、天津一带;而满族官员不去的乡村、山区或边远地区,尖音舌面化的程度就轻或完全没有,这在山东、河南、四川、云南等地的不少方言里都可以找到例证。普通话以北方方言为基础方言,以北京话为标准语音,尖团音也就不分了。

事实上,团音和尖音表示的物象是很不同的。"剑"、"箭",都是造字时期的常用兵器,意思不同,发音也不一样:前者团音,后者尖音。凡表示尖、细、小等意象的音节汉语原都用尖音来表示,如"纤、线"有细意,"箭"有尖意,"星"有小意,都是尖音。尖音纤细轻软,犹如小提琴演奏。比如《游园》:

原来姹紫嫣红开遍,似这般都付与断井颓垣,良辰美景奈何天,便赏心乐事谁家院。朝飞暮卷,云霞翠轩,雨丝风片,烟波画船,锦屏人忒看的这韶光贱。

"断井颓垣"的"井"和"良辰美景"的"景",前尖后团,具有参差错落的美感。

再看红楼梦《葬花吟》歌词尖团音对照(只标尖、团,后面带"k"者为入声)

花谢/sie/花飞飞满天,红消/siao/香/xiang/断有谁怜。
游丝软系飘春榭/sie/,落絮/sü/轻/qing/沾扑绣/siu/帘。
一年三百六十日,风刀霜剑/zian/严相/siang/逼。
明媚鲜/sian/妍能几/ji/时,一朝漂泊难寻/sün/觅。

花开易见/jian/落难寻/sün/,阶/jie/前/cian/愁杀葬花人。
独把花锄偷洒泪,洒上空枝见/jian/血/xük/痕。
愿侬胁/xik/下生双翼,随花飞到天尽/zin/头。

天尽/zin/头,何处有香/xiang/丘/qiu/,
未若锦/jin/囊收艳骨,一抔净土掩风流。
质本洁/jik/来还洁/jik/去/qü/,恰/qiak/如污淖陷/yan/渠/qü/沟。

尔今/jin/思去/qü/侬收葬,未卜侬身何日葬。
侬今/jin/葬花人笑/siao/痴,他年葬侬知是谁。

天尽/zin/头,何处有香/xiang/丘/qiu/,
试看春残花渐/zian/落,便是红颜老死时。
一朝春尽/zin/红颜老,花落人亡两不知。

上海市区话原来是分尖团音的,像"祭"和"计"、"妻"和"期"、"西"和"希",老派上海话声母都是不同的,显得柔和、儒雅,现在受普通话影响都不分了。比如:"七小姐"以往念 cik siao zia,现在读为 qik xiao jie,雅致的味道大大缺失。

京剧也有新老派之分。老派唱念时要分尖团。这是因为京剧前身是徽调和汉调,演唱者向昆曲取法,根据韵书把来源不同的字按不同读音去唱念而形成的。新派则不分,全归为团音。

第二节　押韵及韵部的选择

一、押韵

按照规律在一定位置上重复出现相同或相似的韵母,以形成韵脚就是押韵。韵脚的重复可以把涣散的声音组成一个整体,使声音和谐悦耳。押韵通常在句尾,而句尾一般都是声音有较大的停顿之处,再配上重复的韵脚,造成的节奏感就更为强烈了。同一韵母的有规律的重复,犹如乐曲中反复出现的一个主音,整首乐曲便由它贯穿起来。

押韵是大有深意的,押哪个韵部不是随意的,须受到思想情绪的限制。音律的形成,来自于声母、韵母以及韵脚等的合理搭配,这种搭配使得一定的位置上相同音色反复出现,造成应和的效果。

押韵形式的出现可以上溯到先秦,在《老子》和《庄子》里就可以查找到它的痕迹。押韵是汉语语音的重要特点,不押韵则不能成为诗词、曲赋,这是各类诗歌创作的必要条件,也是诗文语音美的魅力所在,深深打上了汉文化的烙印,体现了汉民族在语音上的寓变化于整一的美学追求,是汉民族语音文化中不可或缺的组成部分。

刘勰《文心雕龙·声律》：

夫音律所始,本于人声者也。声含宫商,肇自血气,先王因之,以制乐歌……故言语者,文章关键,神明枢机;吐纳律吕,唇吻而已。

朱光潜曾谈到押韵的奥妙：

就一般诗来说,韵的最大功用在把涣散的声音贯穿起来,成为一个完整的曲调。它好比贯珠的串子,在中国诗里这串子尤不可少。

(朱光潜《诗论》,选自《朱光潜美学文集》第二卷,上海文艺出版社1982年版,第175页)

律诗、古体诗常在第一、二句连用韵,此后隔句用韵。后来,在长诗中又出现了转韵,这表明人们是以错综而协调的音韵为美的。

用韵位置疏密均匀,声情就较平和宽舒;用韵过疏或过密,声情则不是迟缓,便是急促;多用三、五、七言句法相间的,声情较为舒畅;多用六字、六字句排偶的,声情则较为稳重。连句押韵,音节紧促,声声相迫,句句相催,赶着人的情绪走,适宜表达急切压抑的心情。比如张若虚的《春江花月夜》,每四句换一韵,由平而仄,由仄转平,回环不已,形成推波助澜之势,象征着感情的曲折与回荡。再如冯延巳的《谒金门》：风乍起,吹绉一池春水。闲引鸳鸯香径里,手挼红杏蕊。斗鸭阑干独倚,碧玉搔头斜坠。终日望君君不至,举头闻鹊喜。

中间换韵跟连句押韵相似,不同之处在于中间有个喘息之机。换的韵脚如同滔滔不绝的急切诉说中,加进来一声长叹,起到一定的调节作用。

古诗常要求下句押韵,有些诗词句句都押,给人以特殊美感。唐代章碣《变体诗》各句都押言前韵,一浪接一浪,给人一种似乎喘不过气的震撼感觉：

东南路尽吴江畔,正是穷愁暮雨天。
鸥鹭不嫌斜雨岸,波涛欺得逆风船。
偶逢岛寺停帆看,深羡渔翁下钓眠。
今古若论英达算,鸱夷高兴固无边。

人们常把通俗、诙谐、不拘格律的旧体诗叫打油诗。所用语言都是俚俗,顺手拈来,通俗、诙谐、幽默,但依然十分注重押韵。现代许多手机短信都用打油诗形式写,读来有滋有味,语言俏皮,押韵顺嘴,令人陶醉。特别是表示爱情的信息,往往有声有色,有情有意,十分娇媚。譬如:

床前明月光,人影一双双;惟我独徘徊,心里憋得慌。

你是风儿我是沙,你是哈密我是瓜。你是牙膏我是刷,你是丹青我是画。

散文适当地押韵,同样会产生一种和谐悦耳的音韵美。例如,唐代刘禹锡的散文《陋室铭》的韵脚为"名"、"灵"、"青"、"丁"、"经"、"形"、"亭",押 ing 韵:

山不在高,有仙则名。水不在深,有龙则灵,斯是陋室,唯吾德馨。苔痕上阶绿,草色入帘青。谈笑有鸿儒,往来无白丁。可以调素琴,阅金经。无丝竹之乱耳,无案牍之劳形。南阳诸葛庐,西蜀子云亭。孔子云:何陋之有。

张歧散文《信念——看帆板表演》也很注意让韵脚协调,使韵散相间:

幽蓝的大海给了它那么些自由,又给了它那么多惊险,于是它一会儿腾跃,一会儿打旋,一会儿倾斜。腾跃时,模样像是欢乐;打旋时,模样像是眩晕;倾斜时,模样像是胆怯……

"板、帆、箭、险、旋"和"斜、怯",这些相同或相近的韵脚在文章中有规律地出现,在声韵上前后呼应,使文章产生一种音律美,读起来韵味十足。

二、开口音、闭口音和阴声、阳声、入声韵

开、闭口音的不同排列组合可表达作者的情绪变化。以 a、e、o 为韵腹的音叫开口音,宜表现情绪明朗的诗文;以 i、u、ü 为韵腹的音叫闭口音,宜表现情绪比较低回的。开、闭口音的组合是声音的节奏单位,几个开口音或闭口音在一起可使节奏拉长,比较细腻抒情;开、闭口音间隔排列会使节奏单位缩短。声音变化多,用以表达明朗或起伏的情绪。

韵尾带鼻音的是阳声韵,不带鼻音为阴声韵。阳声韵多用来表达开朗、高旷的风情;阴声韵常用来抒发幽怨、哀思的抑郁之情。以塞音p、t、k收尾的是入声韵,表达痛苦、坚韧、压抑、决绝、感慨、愤懑等情绪或顿挫凝滞之感。如:"局、绝、特、独、敌、急"等,犹如乐器演奏戛然而止。

汉语语音又有长、中、短音之分。吟诵时,韵字和偶位的平声为长音,入声为短音,其余则为中音。以李白《宣州谢朓楼饯别校书叔云》为例,这是首歌行,讲究以气韵流动来传情达意,押尤韵,显得悠长、低回:

弃我去者,昨日之日不可留。乱我心者,今日之日多烦忧。长风万里送秋雁,对此可以酣高楼。蓬莱文章建安骨,中间小谢又清发。俱怀逸兴壮思飞,欲上青天揽明月。抽刀断水水更流,举杯销愁愁更愁。人生在世不称意,明朝散发弄扁舟。

情绪变化发展通过声韵表现:"弃"声母为"q",发音与"抛弃"感觉一致。"乱"有"纷乱"感。三、四句情绪转平静,开口音多。整首诗闭口音多于开口音,整体色彩是忧郁的。"昨日之日不可留"用了三个入声,可见情绪之激烈;"今日之日"虽仍用"日",但后面"多烦忧"三个平声连用,情绪就平复了。且在非押韵位置用了好几个"尤"韵,以加强忧郁的感觉,最后以顿挫的入声插在中间,以悠长的"尤"韵结尾,表达了作者不甘心、无奈和悠悠恨意。

苏轼《大风留金山两日》有"塔上一铃独自语,明日颠风当断渡"句,清代学者查慎行曰:"下句即铃音也。""颠、当、断、渡"的声母是爆破音"d",接近铃声;而"明、颠、风、当、断"是鼻音韵尾,轻清、重浊相同,又接近铃韵;"日、渡"为可延长的单元音,似铃声之余响。因"铃音"与语音相似,因声寓义,传达"明日风大,阻断济渡"之意。

三、韵部选择

为使所表达的思想感情与声音的表现形式一致,作者往往会根据感情的需要来选择韵部,使所需表现的思想情绪与韵脚的响亮度合拍。韵辙的响亮度是由口腔、鼻腔等共鸣的强度决定的。

立意后须定调、选韵。定调是确定作品的感情色彩,欣快轻松还是悲伤沉郁,前后情调要一致,以达意境的统一。韵辙的响亮度则和作品的感情密切相关。通常,人们把十三辙从响亮到细微分为三级:洪声韵、柔和韵、细声韵。高亢奔放宜用洪声韵,优美欢快或者沉郁悲凉用柔和或细声韵。

1. 洪声韵

开口度大,声音也较响亮,能传得远的韵母。宜表现明朗、强烈、激昂、雄壮的感情。包括江阳辙、中东辙、言前辙、人辰辙、发花辙。

(1) 江阳辙

a 开口大,ng 有很强的鼻腔共鸣,给人以洪亮、浑厚的感觉,可表现豪放、昂扬、亢奋、激动的心情。如杜甫的《闻官军收河南河北》:

剑外忽传收蓟北,初闻涕泪满衣裳。
却看妻子愁何在,漫卷诗书喜欲狂。
白日放歌须纵酒,青春作伴好还乡。
即从巴峡穿巫峡,便下襄阳向洛阳。

(2) 中东辙

发音时舌头与上颚的距离比较大,鼻音韵尾,能给人以浑厚、镇静的感觉,用来表现庄严、浑厚或雄壮、沉着、镇静的感觉。如明杨慎《临江仙》,读来一气贯之,显得苍凉大气,气脉流畅,有豁达、沧桑之象,余韵悠长,适合高声吟诵:

滚滚长江东逝水,浪花淘尽英雄。是非成败转头空。青山依旧在,几度夕阳红。白发渔樵江渚上,惯看秋月春风。一壶浊酒喜相逢。古今多少事,都付笑谈中。

(3) 言前辙

a 开口大,鼻音收尾,口、鼻腔双重共鸣,整个音节响亮,给人以悠扬、稳重的感觉,可用来表现欣喜、深沉、平静、安稳或哀惋怜悯的情绪。如北宋林逋《山园小梅》,虽气脉无阻,但较轻柔,类似细雨蒙蒙之象,宜低声自唱:

众芳摇落独喧妍,占尽风情向小园。
疏影横斜水清浅,暗香浮动月黄昏。

霜禽欲下先偷眼,粉蝶如知合断魂。
　　幸有微吟可相狎,不须檀板共金樽。

（4）人辰辙

舌头与上颚距离较小,收音时舌尖又抵住了上齿龈,开口度小,给人以平稳、沉静的感觉,可表现深沉、忧伤、怜悯的情感。如孟浩然《宿建德江》:

　　移舟泊烟渚,日暮客愁新。
　　野旷天低树,江清月近人。

这首诗以闭口音为主,押 in、en 韵。一、二、四行用了短促、哽咽的入声字,抒发着难以言喻的愁思,表达悲愁、痛苦、细腻的情感。第一、三行的尾字韵腹都是 u,压抑、忧伤的情怀自然荡涤在心间。

（5）发花辙

开口度大,发音浅,声音响亮,为直喉音,读来爽快明白,给人清朗的感觉,适合表达喜悦的、欢快的情绪。如元白朴的《天净沙》:

　　孤村落日残霞,轻烟老树寒鸦,一点飞鸿影下。青山绿水,白草红叶黄花。

此曲本有萧瑟之意,但因用"麻"韵,则将萧瑟之意冲淡了不少,使得悲中有达,沉中有出,很见作者胸襟。

2. 柔和韵

韵母开口度稍小,声音相对较轻柔,也不易传远,宜表现轻快、欢畅、风趣的内容。柔和韵包括怀来辙、遥条辙、梭波辙、油求辙。

（1）怀来辙

a 开口度大,但收尾的 i 开口很小,可用来表现伤感的情怀。如白居易《大林寺桃花》,用桃花替代春光,具体可感,形象逼真,韵与表达的情绪合拍:

　　人间四月芳菲尽,山寺桃花始盛开。
　　长恨春归无觅处,不知转入此中来。

（2）遥条辙

嘴型变化大,声音由短而轻开始到长而重,再转为轻,开口度则由小到大再收小,在语音上有种流利、飘荡的感觉,适合表现潇洒的、风流倜傥的情感。例如江夔《过垂虹》：

> 自做新词韵最娇,小红低唱我吹箫。
> 曲终过尽松陵路,回首烟波十四桥。

（3）梭波辙

开口度小,气息和声波传出时给人有种缠绵的、欲说还休的感觉。例如杜甫《天末怀李白》：

> 凉风起天末,君子意如何？鸿雁几时到,江湖秋水多。
> 文章憎命达,魑魅喜人过。应共冤魂语,投诗赠汨罗。

（4）油求辙

开口度小,适合表现辽阔的境界、深沉、感慨的情绪或别绪离愁。例如柳永的《八声甘洲》,显得悠长而徐缓：

> 对潇潇暮雨洒江天,一番洗清秋。渐霜风凄紧,关河冷落,残照当楼。是处红衰翠减,苒苒物华休。惟有长江水,无语东流。不忍登高临远,望故乡渺邈,归思难收。叹年来踪迹,何事苦淹留？想佳人妆楼望,误几回、天际识归舟。争知我,倚阑干处,正恁闲愁。

徐志摩的《沙扬娜拉》,"温柔"、"娇羞"、"忧愁",声调徐缓悠长,含蓄柔和,韵部与诗的情调十分融合：

> 最是那一低头的温柔,
> 像一朵水仙花不胜凉风的娇羞,
> 道一声珍重,
> 那一声珍重里有甜蜜的忧愁
> ——沙扬娜拉!

3. 细声韵

细声韵韵母开口度很小,声音传不远,收音不响亮,显得低沉、迫促,气息须从很窄的通道中流出来,给人以细声慢气的感觉,适宜表达隐晦的心曲或细腻的情思,或苦闷、悲痛、哀怨、凝重的感情,也便于倾吐哀婉和沉痛的心绪,或抒发追怀的深情。细声韵包括乜斜辙、灰堆辙、一七辙、姑苏辙。

（1）乜斜辙

古代为入声韵,收音十分短促。北方方言入声已消失,用粤、吴方言去念则韵脚相谐。常用来抒发内心的沉痛、悲痛、怀念、惋惜的情绪。例如元姚燧《普天乐·别友》：

浙江秋,吴山夜,愁随潮去,恨与山叠。寒雁来,芙蓉谢,冷雨青灯读书舍。待离别怎忍离别？今宵醉也,明朝去也,宁耐些些。

(2) 灰堆辙、姑苏辙

适合表达悲伤、忧郁或者缠绵、感叹的情绪,或用来抒发内心的忧愁和苦闷。杜甫《羌村三首》之二押姑苏辙：

晚岁迫偷生,还家少欢趣。娇儿不离膝,畏我复却去。
忆夕好追凉,故绕池边树。萧萧北风劲,抚事煎百虑。
赖知黍秋收,已觉糟床注。如今足斟酌,且用慰迟暮。

现代歌词用灰堆辙：

你的心情总在飞,什么事都要去追。想抓住一点安慰,你总是喜欢在人群中徘徊。你最害怕孤单的滋味。

(3) 一七辙

收音哑滞、不响亮,常用来表现沉郁之情。例如刘禹锡《杨柳枝词》：

城外春风吹酒旗,行人挥袂日西时。
长安陌上无穷树,惟有垂杨管别离。

第三节 平仄、舒促

汉语在音高上的变化莫测是独具魅力的。南朝时沈约等用"平、上、去、入"作为各类声调之名。平声平调,上声升调,去声降调,入声短调。四声起伏,声音上就有了抑扬顿挫等变化。而声调是可以让人从语音上辨出语意的。

声调与语言意义相结合后会产生奇妙的声音作用。在表现热烈、欢快的情调时往往选择高昂、响亮的声调,在表现忧愁、苦闷时又常会选择低沉、抑制声调,以便两者和谐统一。

文人学者都讲究文章词句上的声调变化,把做诗称为"吟诗"。这就形成了汉民族所独有的语音文化现象。

一、平仄

"奇偶相生"是汉民族所特有的对称观念,暗合了汉文化的审美特征。

平调声长为"扬",长中求稳,宜于慢声吟唱,表达不尽的情意和盎然的韵味;仄调声短为"抑",短中带升降,寄寓奇拗不平的感慨,令人激动。平仄相间均匀的,情感必安祥;多作拗句,情感必郁劲。两者相互递用,便错落有致,变化鲜明。

平仄是对偶、对称关系,平仄安排不同可表现不同情感。行文时若能遵循声调配合原则,讲究平仄相重(相同)和相拗(相反),就可使诗文的音韵和谐,产生抑扬顿挫的音乐美。音节的平仄和谐,结构的奇偶相生,适合表达一种舒缓、悱恻的情绪。若连用仄声,"沉则响发而断",连用平声则"飞则声飏不还"。在句子间、韵律间平仄递推能抑扬起伏,朗朗上口,铿锵动听。

诗词素有律句与拗句之别,句子谐或拗在于平仄搭配。多用仄声会使句子产生拗怒,把语调提高就显得振作有力。如辛弃疾《破阵子》:

醉里挑灯看剑,梦回吹角连营。八百里分麾下炙,五十弦翻塞外声,沙场秋点兵。 马作的卢飞快,弓如霹雳弦惊。了却君王天下事,赢得生前身后名。可怜白发生!

两个六言,两个七言构成了句子的对称。六言句平仄相对,七言句平仄拗怒。前者舒缓,后者激烈,恰如其分地表现出作者慷慨激昂的情绪。

再如秦观《满庭芳》:

山抹微云,天连衰草,画角声断谯门。暂停征棹,聊共引离尊。多少蓬莱旧事,空回首、烟霭纷纷。斜阳外,寒鸦万点,流水绕孤村。销魂!当此际,香囊暗解,罗带轻分。谩赢得青楼,薄幸名存。此去何时见也?襟袖上、空惹啼痕。伤情处,高城望断,灯火已黄昏。

"山抹微云,天连衰草"和"香囊暗解,罗带轻分"及"赢得青楼,薄幸名存",对偶句平仄相对,平仄交替使用,形成和谐,作者婉约、温柔的情感表现无遗。

仄声倘若运用自如,就如山峰起落,彼长此消,有气势跌宕之美。同是仄声,三声的感觉也很不同。上声显得舒缓轻和,腔调较低;去声利落激越,腔调较高;入声则短促急切。

汉字的声调虽是固定的,但在语句中进行排列组合时,就会产生无穷无尽的变化,给人丰富、复杂的音调美感。汉语四字成语形式简洁明了,音节整齐,其根是深深地扎在汉语文化的土壤中的。特征为:

第一,"以偶为佳"是古人崇尚对偶的美学观,也是哲学观。"四字格"具有汉文化庄重典雅形式,符合审美要求。

第二,灵活多变,多于四字的成语、谚语被压缩,如"有志者事竟成"成"有志竟成";少于四字的可添字,如"短兵接"成"短兵相接"等等。

第三,四字遇四声可形成多种排列组合,语音上有各类抑扬顿挫、平仄相间、高低起落等无穷尽的排列组合,使汉语的语音有许许多多的变化。

"倒文"为同素逆序词,词中汉字相同,但前后顺序不同。这是祖先追求语句韵律和谐,调节声调,为押韵突出不同的重点而形成的,先秦时期的《尚书·洪范》、《周易·蒙》等文献中都可找到它们的身影。例如:"离别"、"别离",柳永的《雨霖铃》"多情自古伤离别,更那堪冷落清秋节"。

"倒文"的目的是为了调平仄。比如"当我与友朋阔论时",如果是"朋友阔论",后三个仄声,听感不美,"朋"为平声,"友朋阔论"构成仄平仄仄,就美了。

同素逆序词还可消除语句的呆板。若同一语境中常有需重复使用的语词,同一词形有单调、枯燥感。如鲁迅《魏晋风度及文章与药及酒之关系》:

到东晋,风气变了,社会思想平静得多,各处都夹入了佛教的思想。再至晋末,乱也看惯了,篡也看惯了,文章便更和平,代表平和的文章的人有陶潜,所以现在有人称他为"田园诗人",是个非常和平的田园诗人。

文中交替使用"和平"、"平和",为的是在同义中追求语音上的变化。

二、舒促

舒促也是对偶关系,在句之间、韵之间舒促递推,可形成语音对称。舒声是平、上、去声,为长音,宽缓舒展,辽远娴静;促音是入声,为短音,急促剧烈,烦杂激动。若把舒声作音乐中的全拍,则促声占半拍。舒促相间,语音就具有了类似切分音的节奏感。平静的舒声和短促的入声夹杂,舒促相形,长短相间,押入声韵的诗词音节短促,时舒时促的诵读极显韵味,构成了汉语的音韵美。

词调的舒促、抑扬与四声的短长、升降如能配合得当,就能增强文字表情达意的效果。普通话声调为"三声四调",无入声。以往符合平仄、舒促规律的诗词若用普通话去念常不合,在语音美感上就有缺失,音韵结构的承继也显不足,今人对古诗文的赏析就大受影响。如范仲淹《岳阳楼记》有"朝晖夕阴"句,用普通话念全为阴平,很是不美;可其实"夕"为入声,在舒促上是有变化的。

词牌规定限用或宜用入声韵的有不少,入声韵压抑的声腔与情绪表达合拍。这些词牌表达的情感都为凄恻、哀婉、激越、惨厉的,若换成押上、去声韵,在声情上就会发生很大改变。如《满江红》多押入声,以寄寓磊落不平之感。但姜夔《满江红》(仙姥来时)换押平声,声情就变得缓和舒徐,富有潇洒优游的情趣了。

近体诗须押平声,因此最后都有归于平静之感。若要表现大开大阖、情绪激烈的情绪,则多采用歌行、古体。杜甫诗世称"沉郁顿挫",很大程度上和他爱用入声有关。《自京赴奉先咏怀五百字》押五十个入声,短促顿挫之音淋漓尽致地表达了悲愤沉痛。岳飞《满江红》押入声,急促、压抑、愤懑难当的心情传达得很充分。若按普通话念则意思全拧了。苏轼《念奴娇·赤壁怀古》,朗诵者常满怀豪情。倘若知道押的是入声韵,该是句句哽咽,就可从韵上了解苏轼的悲伤心情了。

柳宗元《江雪》以拗峭的入声韵配合苍茫中孤独的意境,刻画主人翁被贬永州时的失意及孤傲不屈的精神。《江雪》更被苏东坡称为"殆

天所赋,不可及也"的神品:

　　　　　千山鸟飞绝,万径人踪灭。
　　　　　孤舟蓑笠翁,独钓寒江雪。

　　李清照《声声慢》七个叠字词犹如巍峨的七层宝塔,塔基是入声韵"戚、息、急、识、积、摘、滴、得",互相呼应,互相映衬,烘托词的主题,淋漓尽致地表达女主人翁在战乱中失去亲人后孤苦凄冷的情绪。

　　再看《竹室吟》:

　　　　　山溪飞幽鸽,云霞游闲蝶。
　　　　　海水涌远雪,雾气宕静月。

　　从共同语声调的音值来看:第一句全为阴平,第二句全为阳平,第三句全为上声,第四句全为去声,听上去十分单调,不具美感。实际上在第五个字的位置上的字都是入声,因此,舒促效果是十分明显的。

　　诗词换韵也有讲究,不同声调间的换韵更是一种情感传达。陆游《钗头凤》:"红酥手,黄滕酒,满城春色宫墙柳。"用上声韵,婉转、细腻,说不尽的珍爱。笔调一转:"东风恶,欢情薄。一怀愁绪,几年离索。错!错!错!"改用入声,满腔压抑与愤懑便跃然纸上。下阕前几句用去声:"春如旧,人空瘦,泪痕红浥鲛绡透。"是怨恨、发泄。接下去转入声:"桃花落,闲池阁。山盟虽在,锦书难托。莫!莫!莫!"还是归于压抑和痛苦。

　　粤语、吴语目前入声依然保留。如:吴语的"勿晓得","勿"、"得"为促声,是半拍入声,中间"晓"是全拍舒声,形成了切分音节。再如"风雪百年",从平仄看,北方话、粤语、吴语都相谐;但北方话全为舒声,粤语、吴语则是舒促促舒,因此更具语音美。

三、各类声调的作用

　　诗文的音调是由音节与音节在声音上的关系构成的,而声音的组合又受审美规律的支配,符合规律为和谐,违背则是拗口的。

　　陈望道认为汉语声调本身就具有形象表现力:

　　　辞的声调是利用语言文字的声音以增饰语辞的情趣所形成的现象。语辞的声调,也和语辞的风味一样,——甚或在语辞的风味之上,为过去执笔者所留心。

（陈望道《修辞学发凡》，上海教育出版社1997年版，第234页）

1. 平声

平声为长调，有悠柔之美。阴平和阳平的使用则要根据场合而定。元稹在《乐府古题序》中强调"句度长短之数，声韵平上之差"，都以音乐为准度，不仅词的字数要和音乐的"音数"一样，且每个字的声调也要符合音调的抑扬高低。

张炎《词源》中有段记载："又作《惜话春·起早》云：'琐窗深'。'深'字不协，改为'幽'字；又不协，改为'明'字，歌之始协。""深、幽"同"窗"均阴平，连用无抑扬感；"明"为阳平，与"窗"连用，就有了抑扬的音调。其实，"深、幽"与"明"的形象并不同，也许"深、幽"比"明"更适合情境，但为了让音调有抑扬起伏，宁舍"深、幽"而用"明"，可知声调在文人心目中的地位。

宋柳永十分注意字声与曲调旋律的配合。在他的"多情自古伤离别"句中可以看到，"多"，阴平；"情"，阳平；"自"，去声；"古"，上声；"伤"，阴平；"离"，阳平；"别"，入声。不仅四声兼备，而且阴阳声交错使用，声情并茂，音韵丰富而又多变化，很能拨动人的心弦。

现代作者在进行小说、散文创造中同样注意对声调的使用。比如张爱玲《金锁记》：

七巧似睡非睡横在烟铺上。……她摸索着腕上的翠玉镯子，徐徐将那镯子顺着骨瘦如柴的手臂往上推，一直推到腋下。她自己也不能相信她年轻的时候有过滚圆的胳膊……十八九岁做姑娘的时候，……露出一双雪白的手腕，上街买菜去。喜欢她的有……还有……。如果她挑中他们之中的一个，……男人多少对她有点真心。七巧挪了挪头底下的荷叶边小洋枕，凑上脸去揉擦了一下，那一面的一滴眼泪她就懒怠去揩拭，由它挂在腮上，渐渐自己干了。

这是七巧临终前的绝望景象。其中的淡淡怨恨、淡淡悔痛，被张爱玲使用"声长而少波动"的平声调的字词所烘托而出，与现实境遇中的苍凉、凄婉融为一体。

2. 上声

上声在古代虽有"上声高呼猛烈强"之说,然不可靠。且看押上声的诗词:

春眠不觉晓,处处闻啼鸟。夜来风雨声,花落知多少?

春花秋月何时了?往事知多少?

枝上柳绵吹又少,天涯何处无芳草?

从上面诗歌所表达的意境来看,应该都不能去"高呼猛烈强"的。

其实,上声发音在大部分情况下该是低沉的,只略降,不上升。从记录人体器官的词语如"首、脑、脸、眼、耳、齿、口、嘴、手、脚"等看,都为上声,因此,上声应有亲密、细腻、喜爱之意。

有关上声的使用,李渔在《窥词管见》中说得极为详尽:

四声之内,平止得一,而仄居其三。人但知上去入三声,皆丽乎仄,而不知上之为声,虽与去入无异,而实可介乎平仄之间。以其另有一种声音,杂之去入之中,大有泾渭,且若平声未远者。古人造字审音,使居平仄之介,明明是一过文,由平至仄,从此始也。譬之四方乡音,随地各别,吴有吴音,越有越语,相去不啻河汉。而一到接壤之处,则吴越之音相半,吴人听之觉其同,越人听之亦不觉其异。九州八极,无一不然。此即声音之过文,犹上声介乎平去入之间也。词家当明是理,凡遇一句之中,当连用数仄者,须以上声字间之,则似可以代平,拗而不觉其拗矣。若连用数平者,虽不可以之代平,亦于此句仄声字内,用一上声字间之,即与纯用去入者有别,亦似可以代平。最忌连用数去声或入声,并去入亦不相间,则是期期艾艾之文,读其词者,与听口吃之人说话无异矣。

李渔在他的《闲情偶寄·词曲部·音律第三》"慎用上声"条上说得很清楚:

平上去入四声,惟上声一音最别。用之词曲,较他音独低;用之宾白,又较他音独高。填词者每用此声,最宜斟酌。此声利于幽静之词,不利于发扬之曲;即幽静之词,亦宜偶用、间用,切忌一句之中连用二三四字。盖曲到上声字,不求低而自低,不低则此字唱不出口。如十数字高而忽有一字之低,亦觉抑扬有致;若重复数字皆低,则不特无音,且无曲矣。

且以柳永《八声甘州》作分析：

对潇潇、暮雨洒江天，一番洗清秋。渐霜风凄紧，关河冷落，残照当楼。是处红衰翠减，苒苒物华休。惟有长江水，无语东流。不忍登高临远，望故乡渺邈，归思难收。叹年来踪迹，何事苦淹留？想佳人、妆楼颙望，误几回、天际识归舟。争知我，倚栏杆处，正恁凝愁。

雨后江天澄澈如洗。"雨、洒、洗"循声高诵，定觉素秋清爽。"渐霜风凄紧"用"紧"，气氛、声韵写尽悲秋之气。"冷"层层逼紧，"凄紧"、"冷落"，又皆双声叠响，具有很强的艺术感染力。"红衰翠减、苒苒、无语、不忍"，思归之苦、怀人之情的表达更为曲折动人。

3. 去声

在词中，去声有着特殊地位和作用。去声语音通达顺畅，掷地有声，显得铿锵有力或旷远明亮。一调中音律吃紧的地方，大都须用去声。领字、结句常用去声。领字用去声能使全句振奋有力。这是为加强语气，使较长的慢词在内容上显得完整、紧凑，易于引起读者的注意。宋沈义父《乐府指迷》："句中用去声字，最为紧要。"作词应该"将古知音人曲，一腔三两只参订，如都用去声，亦必用去声"。万树《词律》认为："有一要诀曰：名词转折跌宕处多用去声。"因为"三声之中上、入二者可以代平，去则独异。故余尝窃谓论声虽以一平对三仄，论歌则当以去对平、上、入也。当用去者，非去则激不起，用入且不可，断断勿用平、上也"。

上、去二声连用以周邦彦和姜夔的词尤为突出，遇到抑扬高下之处，去、上二声常会连用。《词律》也特别强调去、上声连用："上声舒徐和软，其腔低。去声激厉劲远，其腔高。相配用之，方能抑扬有致。"词中换韵处、承上启下的领句或上下相呼应的都要用去声，方能振起有力。

宋代文人还喜以"响"论诗，这同样是为了追求韵律的抑扬顿挫。如有诗曰"卧听急雨打芭蕉"，朱熹认为"此句不响"，"不若作'卧听急雨到芭蕉'"。"打、到"都属开口，应都"响"，但"打、雨"，上声叠用，音节上缺少变化，因此"不响"；"到"为去声，"雨、到"上、去声相间，有了高低和抑扬。一字之差考究如此，对声调的重视可想而知。

再如张爱玲《金锁记》：

七巧高声叫道："他要有点人气倒又好了！"

七巧啐了一声道："我靠你帮忙，我也倒了霉了！……"

七巧猛地顿脚道："走罢，走罢，你们来一趟，就容得我把前因后果重新在心里过一过。我禁不起这么掀腾！你快给我走！"

"叫道、啐道、顿脚道"……这些描述语言都是去声，光从这些发出的声响和语调中，读者也能充分感受到了七巧的恶毒与凶狠。

4. 入声

入声短促，像发了一半的音突被噎住，常用以表达痛苦、愤怒、压抑、决绝等激烈情绪。诗句中有无入声在表达的美感上差别是非常大的。因此入声在汉语中应该是个不可或缺的成分。

不在押韵位置上的入声字有何作用？且以王维《鸟鸣涧》为例：

人闲桂花落，夜静春山空。

月出惊山鸟，时鸣春涧中。

"落"很形象，"月出"两个入声连一起，顿挫感十分强烈，有突然而来之感，后面用"惊"。前面若不是入声，月亮似慢慢出来，就不会"惊山鸟"了。

杜牧《江南春》：

千里莺啼绿映红，水村山郭酒旗风。

南朝四百八十寺，多少楼台烟雨中。

"百、八、十"连一起以顿挫表示强调，像在一个个数过去，加上前后"四、寺"，把寺庙数量之多、令人惊叹之意凸显出来。"多少楼台烟雨中"在律字位置上用舒缓的上声"少、雨"，五个平声舒缓悠然，与前面的急促形成了鲜明的对比。

第四节 语词的语音特征

汉语言的生成机制与汉字一样，是先祖"仰观于天文，俯察于地理"的认识成果，是以不脱离具体对象为特征的具象思维的产物。不同之处是，汉字用事物外形特征的视觉符号来表征所指，而语音则是用事物自然音响的听觉符号指称对象。汉语词语音韵的象征功能在赋予汉语更多的意韵和音乐美的同时，又赋予了它一种实实在在的音乐形象美的特质。这是汉语所独具的民族文化特质。

汉语语词有象征功能。这种象征功能是由它的生成机制——象声表意——预设铸就的。人们通常把汉语诗文音韵美的形成原因归为单音节及节奏、押韵、平仄、双声、叠韵、叠音等的运用安排。实际上，它们只是构成诗文音韵美的表层结构，象声表意的生成机制才是构成这一系列美感的深层结构。

诗文的音韵美，不仅表现在它具有回环往复、整齐而铿锵的优美节奏和朗朗上口、和谐悦耳的韵律，更在于它有种自然的音韵，用以象征客观事物形象及其情感意蕴的功能，以至于人们在诵读诗歌或散文时，即使脱离语词的概念，仅凭音韵特征，也可以把握住诗句的情感韵味。

汉族先人在造字法上有深邃的构思，不仅形、音、意之间相结合，而且形音意又和发音部位、方法、态势、气流等声学原理有密切的联系，词语的意象和发声学保持着和谐的统一。譬如：前后的"前"（cian），是在舌的最前部发音；前后的"后"（hou），是在舌的最后部发音。再看用来描写声音的洪、细、圆、尖，"洪（hong）"声道宽阔，气流洪大；"细（si）"声道狭窄，气流细小；"圆（yan）"零声母，圆形口型；"尖（zian）"发音部位在舌尖。

汉字90%为形声字，"但声符的选择也并非任意的，有很多是在音义关系基础上，挑选具有示源功能的声符"（李国英《小篆形声字研究》，第31页）。所选声符蕴含的意义会在形声字里再现。如"扦、钎、阡、纤"，声旁都是"千"，用"千"作声旁的都有尖、细的源意素。如"阡"，田间小路（陌宽阡窄）；"扦、钎"是一端有尖的细杆；"纤"sian，有细意。尖、团音合流后，原为团音的"纖绳"的"纖"简化后声旁为"纤"，这是绳中较粗者，无尖、细之意。因此，简体字有时是破坏了声旁示源功能的。

一、以声象意

汉语语词的音韵兼具象征情景、物象的功能，因此，由付诸听觉的词音也会引起人们对特定情景物象、表情神态和诗情画意的联想、体验。

音韵的象征功能最鲜明、直接地表现在对自然界和生活中各种音响效果的描绘表现方面。即使是一般语词的音韵也都具有象征的功能,举凡情景物象、人物情态、情感意蕴,几乎无不从语言的音韵中投射出来。

如《诗经·关雎》中"关关雎鸠,在河之洲"的鸟叫声,杜甫《兵车行》的"车辚辚,马萧萧,行人弓箭各在腰"中的拟声词,因为直接表现了描写对象的声响特征,使读者可以越过语词的概念意义,仅凭其语音就获得对诗句意蕴的理解。

汉语的以声表意现象并非只局限于拟声词范围之内。除了用"以声象声"的方式来给事物命名外,对一切具有声响特征的事物,汉语同样可以用摹仿其声响特征的语音来给事物命名,有不少词语的声音本身就是拟摹事物的音响而发出的。

汉语的象声表意使语音系统具浓郁鲜明的音韵美。《诗经·小雅·采薇》:"昔我往矣,杨柳依依。今我来思,雨雪霏霏。""昔(sik)"的音从合并的两齿间向外发出,入声非常短促,表示时间早已过去;"今"舌面前塞擦,归音到前鼻,驻留口腔不外延,恰似"今"的意义;"往"由撮而微闭再逐渐张开,气息随之一拥而出,恰似门由闭而开,人走出离去;"来"先张开,舌尖离上颚而下落,恰如将门打开,人进屋内;"杨"a发音洪亮,ng韵尾的鼻腔共鸣,声调上扬,恰如杨树高大、挺拔;"柳"发音清澈、婉转、细腻、柔美,类似低平的半上声,正如垂柳的柔条细枝。"依依、霏霏",前者气息往外流受阻,只能发出细声,像恋人相互依恋,难分难舍;后者上齿抵下唇继而在气息的暴破中抬升,声音虚而飘,恰如细雨迷朦、雪花飞扬。

不单是往昔离开和今日归来的情态、环境气氛、心情的不同在音韵上获得了奇妙的象征,连时间这样的抽象概念也有着恰如其意的音韵特征。如岳飞的《满江红》,词音综合象征人物情态、环境特点,有抽象的情感:

怒发冲冠,凭阑处,潇潇雨歇。抬望眼,仰天长啸,壮怀激烈。三十功名尘与土,八千里路云和月。莫等闲,白了少年头,空悲切。　　靖康耻,犹未雪;臣子恨,何时灭!驾长车,踏破贺兰山缺,壮志饥餐胡虏肉,笑谈渴饮匈奴血。待从头,收拾旧山河,朝天阙。

表现人物情感意志的语词"怒(nu)、壮怀(huai)、恨(hen)",从口腔后部发出,与忧愁、悲愤的情感相符;"激烈(jiklik)"入声短促,突出情感强烈,发音须用力挤出;"潇潇(siao)"状风雨交加,"歇(xik)"则语音微弱而短暂,描写出事物运动渐趋停息。由"潇潇"到"歇",词音流动,使人感受到风雨交加到渐渐停息的过程。"悲(bei)"先阻塞,再挤出,开口小,正如人因悲痛而说不出话来;"切(ciek)",戛然而止,无法再继续说。最能表现音象征功能的是人物情态动作的语词:"冲(chong)"气流从口中用力喷出,使人感到怒气冲天;"凭(pin)"轻盈;"抬、仰"向上动作,音量宏大,声调上扬;"望(wang)"视野辽阔,大口型,带浓重的鼻腔共鸣。诗人所处的骤雨初歇后的亭台环境、凭栏远望、仰天长啸的情态形象,以及重愁迭恨、悲愤交加的浓郁情绪,诵读定会比阅读有更为深刻的声音体验。

语词的音韵特征不仅恰如其分地投射出对应语词所表征的情境物象和情感意蕴,而且往往由众多语词的音韵共同形成一种具有统一风格的音韵旋律,从而对整个作品或局部作品所表现的整体情境物象和感情意蕴起到有力的烘托作用。唐张若虚《春江花月夜》,描写春天浩月当空的夜晚,辽阔、空旷,江岸在月光下宁静、空灵、朦胧、优美而令人神往的境界。其中描写春江月夜的景色:

江流宛转绕芳甸,月照花林皆似霰。
空里流霜不觉飞,汀上白沙看不见。
江天一色无纤尘,皎皎空中孤月轮。

仔细品读可体味到,"江、绕、月、照、霰、空、流、霜、飞、沙、天、尘、皎、轮"的语音风格与所代表的事物特征吻合,"甸、霰、飞、见"的韵尾及"林、皆、里、流、觉、汀、天、纤"等发音都有轻巧、细微、空灵的特点,从而形成鲜明而统一的音韵风格,构成了诗韵的主旋律,与诗中所描写的宁静、空灵、朦胧、优美意境浑然一致。

二、以声表意

以声表意是汉语词语生成的普遍法则。不具有声响特征的事物或是抽象意义的词语，汉语同样可以通过各种曲折途径去寻找不同的理据。这种基于相同或相近的语词音韵而形成的具有不同风格的音韵主旋律，与音乐中的不同调式和曲式具有相似的风格和功能。洪亮、强劲、欢快的语音，恰如 C 大调，象征诗人激昂、蓬发、达观的思想情感；舒缓、沉郁、幽深的语音，宛如降 b 小调，象征思古的幽情和缠绵悱恻的情思；轻柔、细微、空灵的语音，犹如小夜曲，象征清新、明丽的环境和诗人恬淡的情趣；雄浑、开阔、悠长的语音，则如交响曲，象征阔大的气象或迷朦深远的境界。汉语词语以这种音义同构的音律形象，声情并茂地阐发着诗文的意韵。

词语的以声寄意按说会有很大局限。有些事物虽有声音，但音响具有多种形态，不能用单一恒定的语音形式来名之；有些事物虽具有物质实体，但又常以无声的状态存在；尤其是些抽象的、不具备象声表意条件的词语。但即便如此，汉民族先民在使用语言时仍会通过各种途径去寻找不同的物音理据。因此，即使不在诗歌或抒情散文里，也能体会到汉语声音的形象色彩。长音宽缓，显得辽远闲静；短音急促，因此烦杂激动。清音明快，因此显得愉悦轻快；浊音厚重，因此粗劣慢乱。这样，汉语语音就具有了双重的表意功能：既可通过语言的一般概念意义写物抒情，又能够通过对词语音韵的直接感知而获得声音的感受。这种词语一般通过发音时特定的口形或气流在口腔中的不同运动方式来模拟事物的运动状态，以此实现对事物的指称。在汉语中，由这种方法产生的词汇也最为丰富。

比如："气"是种轻盈运动着的东西，用自然的口形让气流从口中轻轻溢出，"杀"发音时上下齿由合而分，口形由小变大；"吐"用有力的爆破音。"升"是由低到高的运动，舌头由低而抬高；"降"指由高落下的快速运动，发音时舌尖由上颚快速落到下颚。"闭"为合拢，口型狭小，气流从缝隙里出来；而"开"则由小到大，逐渐开启。"噗"模拟漏气声，而"暴"则恰似暴裂之音，"跳"有上下跳腾的感觉，"唱"鼻腔共鸣，有余音缭绕之感。"扬"是阳平调,给人升腾的感觉;而"落"则是往下降抑又直接收音的入声,让人感觉沉到了深奥莫测之处。

"敲、打、击、钉、顶、碰、撞、啪、抨、拍、冲"等有冲撞声或是强有力的动作,故发音也用力,且声音洪亮;"撕、嘶、切、怯、错、搓、锯"表示切磋,"洒、散、碎、酒、数、筛、蓄"等则表示细碎。"滚、轮、臀、果、棍、瓜、管、捆、笼、转、碾"等都有圆转的感觉,有后鼻韵尾的音节用来模拟共鸣,如:"轰、隆隆、嗵、哐、镗、砰、浪、锵、蒙"等。这些都是通过特定的发声方式来模拟事物的运动特征,用来指称对象的。

由于发音方式不一样,音调的风格也迥然相异。特定的发音方式往往伴随着相应的面部表情。通过特定的发音方式与表情、神态以及音调风格的结合,可以使某些抽象的、概念性的词语也能够通过象声表意的方法来表现,这是汉语的象声表意方式最为曲尽其妙的地方。清代陈澧《东塾读书记》卷十一:

大字之声大,小字之声小,长字之声长,短字之声短。

酸字口如食酸之形,苦字口如食苦之形,辛字口如食辛之形,甘字口如食甘之形……

意象和发声学和谐统一的词语不是特例,而是古人创造语音的一个重要方面。例如"愁"是人的心理状态,是隐藏于心灵深处的一种情绪。人有愁,一定表情呆滞,眉头紧缩。汉语的"愁"音正是发自喉头深处,且发音时表情恰如罹愁之态。"乐"是人的主观情绪,心喜,其发音轻松且呈喜笑颜开之表情。"阳"显刚而"阴"呈柔,因此"阳"之音调显得雄壮、嘹亮,"阴"之音调则显得轻柔而晦暗。"天"在上"地"在下,"天"用阴平声,给人感觉高高在,有气流飘升之感;"地"用去声沉在下面,且有气流急速下沉之感。"慢"用带拖音特征的M,感觉缓慢;"快"用急促爆破特征的声母,恰如其义。"恶"发音时一脸苦相,音调呜咽;"好"发音时有欣喜之表情,声音洪亮。"笑、甜"发音时脸型呈愉悦状。"涩"为舌感到不光滑,且有刺激味,发音时舌尖抵齿,气流受阻而不顺畅。另外,像"多、少、粗、细、胖、瘦、正、反、动、静、饱、饿、凸、凹"等表示事物抽象属性的词,仔细分析,都可从发音方式及其伴随的面部表情和音调的风格特征里找到恰如其音的意义踪迹。

三、感叹行为的语言指称

感叹词是直接以人在生活实践中的感叹声为语音符号,用来传达感叹所系的情感意向。"啊"表示惊喜或心情舒畅,"唉"表示失望或无可奈何,其表意最具有直接性。感叹词的语音与语义之间似有一种天然联系,是人类本能的外在体现。

在某种情状下,人们会本能发出某种声音。感叹行为通常用以声拟声方法,表达不同环境下的人的不同心理反应。它既是一种内在的心理活动,又是一种语音现象的行为表现。

感叹词同表示自然事物声音现象的词语不同。其表现在:首先,表示自然事物声音词语的语音形式经概括、提炼后,与自然事物的声响虽有相似处,但尚有不同;感叹词的语音形式与原始人慨叹、感喟声的发声基本一致。其次,表示自然事物声音现象的词语是纯粹的以声象声,除指称声音现象外无任何意味。

感叹词除指称感叹声外,还可指称人的感叹行为。从更深层次看,感叹词语分别指称人的各种心理特征,表现人的喜怒哀乐和对人事、物象所作的判断。无论是"噫、呀、啊、嗨、哇",还是"唉、嗯、噢、嘿、吁",无论从说话者,还是从听话者来看,关注的都不是语音形式本身和感叹行为的对象,而是隐藏于感叹行为背后的某种情感或意向。

汉语的语音形式虽已经过抽象、变形,但万变不离其宗,由其符号的语音特征人们仍可觉察到事物及其意义的原始的鲜活形态特征和属性。诗歌、散文的音韵之所以能将特定情景物象、表情神态、诗情画意表现得惟妙惟肖,正是基于汉语表意的直接性和形象性。

第五节 节奏与民族文化心理

先祖对"节奏"的解释是:"作则奏之,节则止之。"均衡与对称是汉语修辞原则之一。反映在音节节奏上就表现出强烈的双音节化倾向。古汉语单音节多,音节间界限明显;现代语言双音节多,节奏倾向是双音节化。单双音的并存为人们巧妙安排音节提供了很好的物质基础,非常有利于表现节奏。

汉语音节以元音结尾多,便于延长和押韵,在行文时讲求节拍数的匀称和均衡,既要注意语词关系的疏密,又要照顾节拍数的匀称,以增强文章的节奏感。平仄相间和相对,形成声音的抑扬顿挫、轻重缓急,产生节奏感,具备音乐美。

一、具有乐感的节奏

从生理角度看,具有节奏感的和谐悦耳的语音诉诸听觉器官,会产生美感。在创作时往往强调在自然朴实的语言中见出诗意、情趣,安排节奏和声调时要特别注重"因声求气",而语音的清浊、声调的低昂、节奏的促缓都会影响文体的效果。

汉语的节奏旋律主要体现在韵脚和平仄、舒促上。韵脚给人带来回环美,平仄、舒促的相互间隔、交替,则使声调的抑扬、长短协调融洽。朱光潜说:

领悟文字的声音节奏,是一件极有趣的事。普通人以为这要耳朵灵敏,因为声音要用耳朵听才生感觉。就我个人的经验来说,耳朵固然要紧,但是还不如周身肌肉。我读音调铿锵,节奏流畅的文章,周身筋肉仿佛有同样有节奏的运动;紧张或是舒缓,都产生出极愉快的感觉。如果音调节奏上有毛病,我的周身筋肉都感觉局促不安,好像听厨子刮锅烟似的。我自己在作文时,如果碰上兴会,筋肉方面也仿佛在奏乐,在跑马,在荡舟,想停也停不住。如果意兴不佳,思路枯涩,这种内在筋肉节奏就不存在,尽管费力写,写出来的文章总是吱咯吱咯的,像没有调好的弦子。我因此深信声音节奏对于文章是第一件要事。

声音节奏在科文里可不深究,在文学文里却是一个最主要的成分,因为文学须表现情趣,而情趣就大半要靠声音节奏来表现。

既然是文章,无论古今中外,都离不掉声音节奏。古文和语体文的不同,不在声音节奏的有无,而在声音节奏形式化的程度大小。

(朱光潜《散文的声音节奏》,《艺文杂谈》,
安徽人民出版社1981年版,第82页)

魏晋民歌《木兰诗》有"将军百战死,壮士十年归"和"同行十二年,不知木兰是女郎"两句。木兰从军到底多少年?为何前后表现不一致?其实,这是为了符合节奏的美感要求。前句说成"壮士十二年归"不好听,后句说成"同行十年"同样不具美感。所有句子都是五字。说"十二年"成六字,说"十年"成四字,节奏就被打乱了。这里的"十年"、"十二年"其实是"多"意,无需掰着手指数时间。

古典诗词讲究声调平仄错落有致,是为追求抑扬顿挫的节律。声调的变化能产生音顿节律美。一句中平仄相间,一联中平仄相对,音节均衡、排列严整,音节数量相等、词性相同且语义相联,就能使语音具有音顿美感,使语句富于音乐性。

汉语连生活用语也重视调平仄。老舍说:"'张三李四'好听,'张三王八'就不好听。前者二平二仄,有起有落;后者四字皆平,缺乏抑扬。四字尚且如此,那么连说几句话就更该好好安排一下了。"确是这样。像"吹拉弹唱"、"琴棋书画"等也是声调的优化组合,因而顺口、悦耳。三平一仄,以仄收尾,因仄声下抑短促、脆快利落,适合于收尾。倘若更换次序,仄声放在前面任何位置上都会不顺口。如果一句话全都是一个声调,就不好听。

语调在表情达意时具有重要的作用。语调调配适当,可使文句语气连贯、音节流转,产生往复回环的音韵节律美感。语调调配体现在重音和停顿上。重音调配得当,可使语意表达更加准确、鲜明。

强调重音通常用加大音量、拖长音节、放慢语速或重音轻吐等处理方法。例如"太坏了",按正常的表意,语法重音当在"太"上,显示被修饰语"坏"的程度,表达否定态度。用强调重音把"太"重读并且拖长,读成"太——坏了",就大大加深了被修饰语"坏"的程度,且还流露出十分厌恶的感情色彩,修辞效果大大增强;如"太"重音轻吐,读得又轻又短,则可用在朋友和情人之间,透露出亲昵的感情色彩。

二、音步、逗

音步是依据汉语语音趋于双音节的特点来建构的。四言诗四字,五言诗五字,七言诗七字,在每句中字数是固定的。汉语诗歌的语音节奏主要以音步的回旋、韵脚的和谐、平仄的变化等为特征。音步的划分既要考虑到音节是否整齐,又要注意到语意是否完整。

音步又称为节拍,是指每隔一定的时间重复出现的、有一定强弱差别的一系列拍子。这是汉民族在诗文语句中表现出来的习惯,并以此构成节奏规律。一句中,字之间的关系是组合的。通常是两个、两个组合。四言为两个音步,每音步两个字。例如曹操的《龟虽寿》:

神龟/虽寿,犹有/竟时。腾蛇/乘雾,终为/土灰。

老骥/伏枥,志在/千里;烈士/暮年,壮心/不已。……

五言五个字,其中一个必须独立为一个音步,因此它有三个音步。例如唐王勃的《送杜少府之任蜀州》:

海内/存/知己,天涯/若/比邻。无为/在/歧路,儿女/共/沾巾。

七言诗是四个音步。例如曹丕的《燕歌行》:

秋风/萧瑟/天气/凉,草木/摇落/露/为霜,

群燕/辞归/雁/南翔。念君/客游/思/断肠,

慊慊/思归/恋/故乡,君何/淹留/寄/他方?……

"逗",就是诗句中最为显著的那个音步。古、近体诗建立诗句的基本规则是:一句诗里必须有个"逗","逗"把诗句分成前后两半。分配规律是:四言二二,五言二三,七言四三。这是在语音形式上极富汉民族文化特征的一条基本规律,称为"半逗律"。有些句子虽在形式上也是四、五、七言,却不是诗句,因为组合不符合"半逗律"。

了解"半逗律",就可知道汉民族少"六言诗"的原因了。因为二、二、二音节组合无法形成半逗,不符合汉语的节奏习惯。四言逗,前后音节数均等切分,韵律的表现不够充分;而五、七言因在逗的前后音节数不同而显得活泼生动、富有变化。

《诗经·关雎》四言:

关关/雎鸠,在河/之洲。窈窕/淑女,君子/好逑。

参差/荇菜,左右/流之。窈窕/淑女,寤寐/求之。……

《行行重行行》五言:

行行/重行行,与君/生别离。相去/万余里,各在/天一涯。

道路/阻且长,会面/安可知。胡马/依北风,越鸟/巢南枝。……

白居易《钱塘湖春行》七言:

孤山寺北/贾亭西,水面初平/云脚低。几处早莺/争暖树,谁家新燕/啄春泥。乱花渐欲/迷人眼,浅草才能/没马蹄。最爱湖东/行不足,绿杨阴里/白沙堤。

词的节奏依据诗歌。四言二二格,五言二三格,七言四三格。在朗读时节奏也是十分清楚的。如李煜《浪淘沙》:

帘外/雨潺潺,春意/阑珊;罗衾不耐/五更寒。梦里不知/身是客,一晌/贪欢。独自/莫凭栏! 无限/江山;别时容易/见时难。流水落花/春去也,天上/人间。

四言二二,五言二三,七言四三是构成诗文的基本格律。只要符合了这条格律,就好像为一座建筑物树起了可支撑的柱子。

新诗在格律上虽比较自由,但同样不能缺少必要的节奏。如闻一多的《死水》:

这是——一沟——绝望的——死水,
清风——吹不起——半点——漪沦。
不如——多扔些——破铜——烂铁,
爽性——泼你的——剩菜——残羹。

每句都有四顿,虽然每个顿的字数不完全对等,但大致长短间隔是均衡的,使人感觉节奏鲜明,读来琅琅上口,渲染出一种诗意氛围。

三、散文、小说的节奏

散文、小说、论说文同样需要讲究节奏。使用汉语者都会有意无意地寻找节奏感,使自己的文章句子显得平稳、妥帖,这同样是汉语的文化现象。

人们在阅读时,不仅仅是语言的字义在发生作用,潜在语音节奏也以其"抑扬顿挫"的声韵,让人感到作品的魅力。老舍说:"我写文章,不仅要考虑每一个字的意义,还要考虑到每一个字的声音。"(老舍《出口成章》,人民文学出版社1984年版,第24页)

看余光中的《听听那冷雨》:

听听,那冷雨,看看,那冷雨。嗅嗅闻闻,那冷雨,舔舔吧,那冷雨。雨在他的伞上这城市百万人的伞上雨衣上屋上天线上雨下在基隆港在防波堤在海峡的船上,清明这季雨。雨是女性,应该最富于感性。雨气空濛而迷幻,细细嗅嗅,清清爽爽新新,有一点点薄荷的香味,浓的时候,竟发出草和树沐发后特有的淡淡土腥气,也许那竟是蚯蚓蜗牛的腥气吧,毕竟是惊蛰了啊。也许地上的地下的生命也许古中国层层叠叠的记忆皆蠢蠢而蠕,也许是植物的潜意识和梦吧,那腥气。

采用长、短句相结合方式,显得灵活多变。少则二三字,多则超过20个字。甚至不加标点,有意形成长句,长短错落的句式与叠字叠句结合,造成回环往复、连绵不绝的语势和耐人寻味的效果;而长短句的参差跳跃则产生出珠落玉盘的特殊效果。

小说节奏体现在语言本身是"流转有韵"的活的形象。作品的语言是个有机的整体,必须依靠作家熟练地掌握各种句式及变化、运用的规律,来组成长短有别的句段、句群。只有根据情节、形象塑造的需要,采取多种表达手段,组织不同的句式,行文才会如流水波澜跌宕,富有节奏美。汪曾祺认为"一篇小说,要有一个贯穿全篇的节奏"(《关于小说语言札记》),他说"语言像树、枝干、树叶,汁液流转,一枝摇,百枝摇,它是'活'的。"(《中国文学的语言问题》)看刘绍棠《大河小镇》一段:

鼻子下有嘴,逢人便问路;但是三拐四弯,五盘六绕,七出八进,九曲十环,我就像进入诸葛亮的八阵图,没有黄承彦指识迷津便找不到出路。

(载《钟山》1985年第2期,第21页)

开头两小句五字,有节奏;在"但是"后的四小句都为四字。既匀整,又有变化,这也是节奏。特别妙的是连用数字"三"到"十",最后还有个"八阵图",这种语句表现,把人被弄得晕头转向的情景描述得活灵活现,读者好似也被拉进了那个地方了。最后一句若写成"没有黄承彦指迷津便找不到出路"读者定会觉得不熨贴,有点"翘脚"。

汉民族人早已习惯了使用双音节这个节奏形式。只要是使用汉语的人,都会有意无意地找节奏,让文章句子显得平稳,表现出一种对文化的认同。如汪曾祺的《故里杂记》:

庞家——这三个——妯娌,一个——赛似——一个的——漂亮,一个——赛似——一个的——能干。她们都——非常——勤快。天——不亮——就起来,烧——水,煮——猪食,喂——猪。白天——就坐在——穿堂里——做针线。都是——光梳头,净洗脸,穿得——整整——齐齐,头上——戴着——金簪子,手上——戴着——麻花银镯。人们——走到——庞家——门前,就觉得——眼前——一亮。

在这段叙述里,各句的停顿间隔虽有短长,不如诗词整齐一律,但正是由于这种长短的参差变化,突出了小说语言特有的更为灵活的节奏,使读者从零散中见到有规律的起伏感。

对于节奏,朱光潜论述得十分到位:

从前人做古文,对声音节奏却也很讲究。朱子说:"韩退之、苏明允作文,敝一生之精力,皆从古人声响处学。"韩退之自己也说:"气盛则言之短长,声之高下,皆宜。"清朝"桐城派"文家学古文,特重朗诵,用意就在揣摩声音节奏。刘海峰谈文,说:"学者求神气而得之音节,求音节而得之字句,思过半矣。"姚姬传甚至谓:"文章之精妙不出字句声色之间,舍此便无可窥寻。"

(朱光潜《散文的声音节奏》,《艺文杂谈》,
安徽人民出版社1981年版,第80页)

第六节 双声、叠韵、叠音

双声、叠韵、叠音词的存在是语音富有审美表现力的前提条件。在同句中,双声、叠韵音节与非双声叠韵常交错在一起,不同的双声、叠韵相对,声韵协调与不协调的交错组成了和谐的音响美,叠音的声美表现在抑扬复沓、节奏鲜明和铿锵婉转、音韵和谐。

一、双声、叠韵

汉文化是一种重情感、尚含蓄的伦理文化,强调融洽、和谐。这种伦理文化,必然使文学创作以传递情感为主,并以曲折为贵。音韵美的要素是节奏、和谐。

汉民族先祖创造了大量读来琅琅上口、和谐悦耳、富有韵律美的双声、叠韵词,并将它们广泛地运用在诗文中。双声词、叠韵词在语言意境的营造上,有将无限旖旎的难以言述的情怀用温文尔雅的方式表达的独特意味,虽温和从容,读来却让人低徊悱恻。

从语音效果看,双声词多激越,显得高亢干脆,有铿锵之美;叠韵词则显悠扬,低沉圆润,有婉转之美。叠韵句用在句中似音乐中的和声,不仅音调和谐,且有承上启下之用。刘勰《文心雕龙·声律》:"双声隔字而每舛,叠韵杂句而必暌。"李重华《贞一斋诗说》:"叠韵如两玉相叩,取其铿锵;双声如贯珠相联,取其宛转。"王国维《人间词话》:"余谓苟于词之荡漾处多用叠韵,促节处用双声,则其铿锵可诵,必有过于前人者。"

双声词、叠韵词在《诗经》中就已经常见,比如《诗经·豳风·东山》:

我徂东山,慆慆不归。我来自东,零雨其蒙。我东曰归,我心西悲。制彼裳衣,勿士行枚。蜎蜎者蠋,烝在桑野。敦彼独宿,亦在车下。……

楚辞中同样有大量双声叠韵词,比如屈原的《离骚》:

扈江离与辟芷兮,纫秋兰以为佩;惟草木之零落兮,恐美人之迟暮;乘骐骥以驰骋兮,来吾道夫先路;擥木根以结茝兮,贯薜荔之落蕊;……

但那时的双声叠韵处于自然存在的状况,还没有从理论上搞清楚。汉朝人接触梵文后,回过头留意汉字,悟出汉语发音可以切分为前后两半,于是,前半叫"声",后半叫"韵"。到六朝,反切注音风靡一时,大多数的书都采用了反切注音,例如《尔雅音义》、《毛诗音》等。《南史·谢庄传》记载:"王玄谟问谢庄:'何谓双声叠韵?'答曰:'玄护为双声,璅碽为叠韵'。"王玄谟和桓护曾率兵北伐,在璅碽打过败仗,谢庄用解释什么叫双声叠韵来跟他们开玩笑,说明当时士大夫生活中已常用双声叠韵。

双声诗又称吃语诗,要求一句或整首诗都采用声母相同的字,以期造成绕口令般的效果,读来诘屈聱牙,别有风趣。双声诗创自南北朝,以南朝齐王融的五言诗为最早:

园蘅眩红叙,湖荇烨黄华。
　　回鹤横淮翰,远越合云霞。
　　南北朝诗人庾信有《示封中录》,全诗均为见母 g(古今语音变化,官话区部分到 j):
　　贵馆居金谷,关扃隔稿街。
　　冀君见果顾,郊间光景佳。
　　温庭筠有《望僧舍宝刹》:
　　栖息消心象,檐楹溢艳阳。帘拢兰露落,邻里柳林凉。
　　高阁过空谷,孤竿隔古岗。潭庭同淡荡,仿佛复芬芳。
　　苏轼七律双声诗所用声母都属于牙音"见、溪、群"母,读来特别拗口、费力,但十分热闹。中间穿插着笳鼓声、鸡狗叫、妻子唠叨、刮锅子音响,很有趣味。颈联、颔联不单是双声,对仗也是十分工整。可见东坡在声韵方面纯熟的程度。
　　江干高居坚关扃,犍耕躬稼角挂经。
　　篙竿系舸菰茭隔,笳鼓过军鸡狗惊。
　　解襟顾景各箕踞,击剑赓歌几举觥。
　　荆笋供脍愧搅聒,干锅更戛(jiā)甘瓜羹。
　　一首诗兼用双声叠韵的称"双声叠韵诗"。双声叠韵使汉语的声韵平添了几分绚丽与神秘。有不少文人别出心裁,创作了特殊的诗词——双声叠韵诗,正如赵翼《陔馀丛考》说:"皆词人翻新斗巧之作,虽不足语于大方,要亦一格也。"虽属于游戏,却充分体现了汉民族语音文化的风貌。陆龟蒙、皮日休曾以双声叠韵诗唱和,温庭筠也有这类作品。比如:陆龟蒙《溪上思》:
　　溪空唯容云,木密不隙雨。
　　迎渔隐映间,安问讴雅橹。
　　叠韵诗用两个或几个韵母相同的字相押,以南朝梁武帝萧衍的五言联句为最早:
　　后牖有榴柳。梁王长康强。偏眠船舷边。载匕每碍埭。六斛熟鹿肉。嗟苏姑枯卢。
　　《韵语阳秋》引陆龟蒙诗序说:"叠韵起自梁武帝云'后牖有榴柳'。

111

当时侍从之臣皆倡和:刘孝绰云'梁王长康强',沈休文(约)云'偏眠船舷边',庾肩吾云'载碓每碍埭'。自后用此体作为小诗者多矣。"

词调对叠韵的句数和位置都有一定要求。词谱中规定有叠韵的词牌不少,常见的有《如梦令》、《长相思》、《调笑令》、《醉花间》、《采桑子》、《钗头凤》等。

柳永十分注意对双声叠韵的运用,尽量让词的字音与曲律的配合达到完美。如《雨霖铃》中"寒蝉凄切","寒蝉"叠韵,"凄切"双声;四个字连读,给人以突兀而拗怒的感觉。

元人乔吉用散曲作"双声叠韵曲",如《折桂令》:

至当时处士山祠,渐次南枝。春事些儿,枫渍殷脂。蕉撕故纸,柳死荒丝。目寒涩雄雌鹭鸶,翅参差母子鸬鹚。再四嗟咨,拈此吟髭,弹指歌诗。

利用汉语同音特点,还有不少复杂有趣的对联。清代梁章钜曾写过对联:

客来醉,客去睡,老无所事呼可愧;
论学粗,论政疏,诗不成家聊自娱。

在民间,人们常利用同声母、韵母的音节创作些饶有趣味的绕口令。比如,有同声母的绕口令《做豆腐》:

夫妇做豆腐,夫妇卖豆腐。夫富妇也富,富妇也富夫。

有同韵母的绕口令《娃挖瓦》:

娃挖瓦,娃挖蛙,娃挖蛙挖瓦。挖蛙挖出瓦。
娃挖蛙,娃挖瓦,娃挖瓦挖蛙。挖瓦挖出蛙。

二、叠音

叠音词是两个相同汉字重叠构成的词语,也称"重言"或"叠字"。将形、音、义完全相同的词紧紧相连,可以造成形式上的整齐、声调上的回应,调制出余味深长的节奏。

同一音节叠用,其势似穿珠成串,使汉语四声增添曲折、悠扬之美,在节奏上可产生明显的音律效果。

刘勰《文心雕龙·物色》:

是以诗人感物,联类不穷,流连万象之际,沈吟视听之区;写气图貌,既随物以宛转;属采附声,亦与心而徘徊。故灼灼状桃花之鲜,依依尽杨柳之貌,杲杲为日出之容,瀌瀌拟雨雪之状,喈喈逐黄鸟之声,喓喓学草虫之韵。

据统计,《诗经》共有305篇诗,使用"重言"的有198篇,通过叠音来表现人物的复杂心理和感情。有表示忧伤状况和程度的:忧心烈烈、忧心忡忡、忧心愈愈、忧心钦钦、忧心殷殷、忧心京京、忧心惨惨、忧心悄悄;有表现各种情感活动的:战战兢兢、惴惴其栗、耿耿不寐、心焉惕惕、劳心忉忉、劳心怛怛、中心摇摇、中心养养,等等。

楚辞中也有大量的叠音词。如宋玉的《九辩》:

忠昭昭而愿见兮,然霠曀而莫达。愿皓日之显行兮,云蒙蒙而蔽之。……

古诗十九首《迢迢牵牛星》:

迢迢牵牛星,皎皎河汉女。纤纤擢素手,札札弄机杼。终日不成章,泣涕零如雨。河汉清且浅,相去复几许?盈盈一水间,脉脉不得语。

叠音词的运用,不仅有利于情感的抒发,还增强了语言的音乐美。如白居易《琵琶行》:

浔阳江头夜送客,枫叶荻花秋瑟瑟。
主人下马客在船,举酒欲饮无管弦。
醉不成欢惨将别,别时茫茫江浸月。
……
弦弦掩抑声声思,似诉平生不得意。
低眉信手续续弹,说尽心中无限事。
……
感我此言良久立,却坐促弦弦转急。
凄凄不似向前声,满座重闻皆掩泣。
座中泣下谁最多,江州司马青衫湿。

叠音具有象征功能,它使词音单位潜在的感情内涵凸显了出来,给诵读者留下极为深刻的印象。如李清照《声声慢》,全词连用七对叠音词,强烈地渲染了词中寂寞凄凉的情绪,在这里,叠音造成了缓缓的音律效果。"寻、觅、冷、清、凄、惨、戚"的内涵情感和形象色彩一经重叠，便撞击着读者的心灵，诗人那种无限绵延的哀愁从语音层面自然流溢而出，让人直接从声音上就领略到了。

从声音原理分析，高而短者健、有力，低而长者柔弱、缠绵。铿锵之声属阳刚之美，婉转之音属阴柔之美。叠音合阴阳于一词，声韵含刚柔于一体，就显得特别和谐。从表达内容看，叠音既是景语，又是情语，情景难分，似乳水融合。从表面来看，叠音大多形容客观事物，但实际上塑造的是人格化的事物，化情感为景物，情感外移于景物，物我合一。

有类叠音形式专门用在形容词或名词、动词后，为该词抹上重重的声情色彩，使该词的意象骤然地丰满起来，并获得某种通感。如在"硬"后加上"帮帮"，在"毛"后加上"茸茸"，就会获得不同的感情效果，汉语词音的象征功能就得到了充分的体现。

王实甫《十二月过尧民歌》：

自别后遥山隐隐，更那堪远水粼粼；见杨柳飞绵滚滚，对桃花醉脸醺醺；透内阁香风阵阵，掩重门暮雨纷纷。……

元代乔梦符《天净沙》：

莺莺燕燕春春，花花柳柳真真，事事风风韵韵，娇娇嫩嫩，停停当当人人。

用叠音作的楹联，音感上和谐悦耳，节奏明朗，韵律协调，以获得特殊的表达效果。如苏州网师园的叠音联：

风风雨雨，暖暖寒寒，处处寻寻觅觅；
莺莺燕燕，花花叶叶，卿卿暮暮朝朝。

全联从纵横角度描写该园山重水复、鸟语花香的美景和游客流连忘返、恋人们卿卿我我的境况，读来声韵铿锵，语句含义丰富深长，为游人增添了无限情趣。

俞樾撰写的杭州九洞十八溪联：

重重叠叠山，曲曲环环路；
高高下下树，叮叮咚咚泉。

将"重叠、曲环、高下、叮咚"进行特殊处理，显得清澈，情景宜人。

浙江奉化休休亭有叠音联，联语声情并茂，富有节奏感：

行,行,行,行行且止;
坐,坐,坐,坐坐何妨?

现当代文人也喜欢用叠音来创造诗文,如徐志摩《月下雷峰影片》:

我送你一个雷峰塔影,
满天稠密的黑云与白云;
我送你一个雷峰塔顶,
明月泻影在眠熟的波心。
深深的黑夜,依依的塔影,
团团的月彩,纤纤的波鳞——
假如你我荡一支无遮的小艇,
假如你我创一个完全的梦境!

具有荡船波心的音乐美感,其中叠音词起了很大的作用。

朱自清爱用叠音,如《匆匆》:

去的尽管去了,来的尽管来着;去来的中间,又怎样地匆匆呢?早上我起来的时候,小屋里射进两三方斜斜的太阳。太阳他有脚啊,轻轻悄悄地挪移了;我也茫茫然跟着旋转。于是——洗手的时候,日子从水盆里过去;吃饭的时候,日子从饭碗里过去;默默时,便从凝然的双眼前过去。我觉察他去的匆匆了,伸出手遮挽时,他又从遮挽着的手边过去,天黑时,我躺在床上,他便伶伶俐俐地从我身上跨过,从我脚边飞去了。

阳光是"斜斜"的,它"轻轻悄悄"地移动,"我""茫茫然"旋转,时间去得"匆匆",它"伶伶俐俐"跨过,这一系列叠字的运用,使文章不仅达有视觉感,而且有听觉感。通过语言的音响表现,情景自然融合。叠字在这里自然匀称地分布,显出它疏隐绵远的节奏,和作者幽微情绪的波动相和。

第七节 摹 音

摹音也叫象声、拟音,是指摹绘自然界事物的声响。汉语摹音的产生年代很早,主要体现在摹声、传情、映衬环境和增强语言音乐美、形成感觉移借等方面,是汉语的重要组成部分,深深打上了汉文化的印记。

巧妙运用摹音词能增强作品的写景、状物、叙事、抒情的艺术感染力,生动形象地表现事物的特点、人物的心情、动作的状态等,从而如闻其声,如临其境,如见其人。

摹音词的象征功能最鲜明,最直接地表现在对自然和生活中各种声响的描绘,使读者可越过语词的概念意义,仅凭其语音感受就获得了对诗句全部或局部意蕴的理解。摹声词以声音刻画人物,给读者以具体真实的感觉。

一、摹音词种类

1. 叠音摹音

叠字摹音有 AA 式:唧唧、朗朗、萧萧、丫丫、等;AAA 式:匆匆匆、呀呀呀、哈哈哈、等;AAAA 式:冬冬冬冬、乍乍乍乍等;ABB 式:淅零零、忽喇喇、古都都、等;AABB 式:扑扑通通、挤挤擦擦、滴滴答答、淅淅零零,等;ABBC 式:忒楞楞腾、疏剌剌沙、吉丁丁铛,等;ABCB 式:罗连里连,等。这些摹音词与描写场面及与其他辞格密切配合,在写人、叙事、绘景及在表现形式上,都会收到良好效果。

行家高手常常象声、写声兼用,多种叠音相映成趣。如白居易《琵琶行》对琵琶女高超的演奏技艺的描写:

大弦嘈嘈如急雨,小弦切切如私语。嘈嘈切切错杂弹,大珠小珠落玉盘。

大弦粗,为低音弦,用"嘈嘈"描摹声音的粗壮急促;小弦细,为高声弦,用"切切"来描摹声音的轻细急促,显得十分形象生动。

再看苏轼《前赤壁赋》描写洞箫声:

客有吹洞箫者,依歌而和之。其声呜呜然,如怨,如慕,如泣,如诉,余音嫋嫋,不绝如缕。

"呜呜"摹拟哀怨之音;"嫋嫋"描绘悲切之声绵绵不止。声情并出,配合得当,塑造出凄惨、低沉的听觉形象。

2. 音像

《诗经》有 50 余种叠音是摹音词。摹拟马啸、凤鸣、雁叫、鸡啼、虫吟和车声、鼓声、风声、雷声、伐木声、金玉撞击声等。比如：

呼,风吹声;隆隆、轰轰,形容雷声;滴沥,雨水下滴的声音;哗啦啦,形容雨大;咕嘟,液体沸腾、水流涌出或大口喝水的声音;潺潺、淙淙、哗哗,流水声;滴答,水滴落下的声音;咕噜、汩汩,水流动声。

虫声:唧唧,虫叫;呱呱,蛙叫;嗡嗡,蜂飞声;禽声:喔喔,公鸡叫;咕咕,母鸡叫;嘎嘎、呷呷,鸭子叫;扑棱,翅膀抖动声。动物叫:吱吱,鼠叫;喵喵、咪咪,猫叫;汪汪,狗叫;咩咩,羊叫;哞哞,牛叫。树声:喀嚓、咔嚓、嘎巴,树枝折断;淅沥,细微的落叶;簌簌:风吹树叶。人声:噗,吹气声;怦怦,心跳声;唧咕、唧哝、喳喳、喊喊喳喳,小声说话;吁吁,出气声;呼哧、呼蛊,喘息声;喃喃、咕哝,连续不断地小声说话;叽里咕噜,因小声而听不清楚;琅琅、朗朗,读书声;喀喀,咳嗽声;嗷嗷,哀号声;咿哑、咿呀、哑哑、牙牙,小孩学话声;吁,吆喝牲口声;咕嘟、咕噜,喝水声;呼噜,打鼾声;扑哧、噗嗤、格格、呵呵、嘿嘿、嚯嚯、哈哈,各种笑声。

呜、呜呜,汽车飞驰;嗖,快速通过;辘辘,车轮声;嘟、嘟嘟、喇叭声;嘎,刹车声;突突,摩托车响声;哗,拉门;嘭、咚咚,敲门;乓,关门;呀,开门;咣,撞击振动;扑通、砰,重物落地;哐嘟,器物撞击;嘎吱,物件受压;哗啦、轰,物体倒下;劈里啪啦,连续爆裂。

琅琅,金石相击声;玎玲,玉石撞击声;铮铮、锵锵、当、铛,金属撞击;丁当、叮当、丁东、丁冬,金属、瓷器等撞击;哐,器物撞击震动;格格、嗒嗒,机关枪射击声;咝,炮弹、枪弹等在空中飞过声;乒、乓、啪,枪响声;劈啪、噼啪,拍打或爆裂。

嗵嗵,脚踏地;橐橐,皮鞋声;咯噔,皮靴声;拨剌,鱼在水里跳跃;咿哑、咿呀,摇桨;扑哧、噗嗤,气挤出;喀哒、咔哒,放电话筒;喀吧、咔吧,棍子折断;哧哧,撕布;滴答、嘀答,钟表摆动;霍霍,磨刀;咕嘟,液体沸腾、水流涌出。

二、摹音的作用

摹音可加强描绘的形象性,增加汉语言的音乐性。在特定的心境和语境之中,人们会把一些特定的意义,按照音义约定关系,比附在人类语音相近或相似的自然声响上。摹音与作品环境、人物性格、情感活动相吻合,用来绘声绘色地描写景物,以渲染环境气氛。

如《红楼梦》二十八回,宴会上作诗行"令"取乐,薛蟠腹中空空,于是用蚊子"哼哼"、苍蝇"嗡嗡"来乱说,致使众人一齐"罢罢罢",让他赶快停下:

薛蟠便唱道:"一个蚊子哼哼哼。"众人都怔了,说,"这是个什么曲儿?"薛蟠还唱道:"两个苍蝇嗡嗡嗡。"众人都道:"罢,罢,罢!"薛蟠道:"爱听不听!——这是新鲜曲儿,叫做哼哼韵,你们要懒待听,连酒底都免了,我就不唱。"

无名氏《小尉迟将斗将认父归朝》:

[柳青娘]到来日扑冬冬的征鼙慢凯,韵悠悠的画角声哀,响铛铛的铜锣款筛。忽刺刺的绣旗开,黑漫漫杀气遮了日色,恶狠狠的人离了寨栅。扑腾腾的马践尘埃,碜磕磕的镫相磨,乱纷纷的枪相截,密匝匝的甲相挨。

"扑冬冬"战鼓缓缓敲响,"韵悠悠"角声悠远凄凉,"响铛铛"绣旗展开,"扑腾腾"战马踏起尘埃,"碜磕磕"镫磨响,战斗进入紧张场面。

摹音词还可以描绘环境,反衬烘托人物的心情。如马致远《汉宫秋》第四折,以声写静,静寓于声。从孤雁"呀呀"哀鸣,檐间铁马"丁丁",树叶"萧萧"落下,到寒更声传,形象地突出了汉宫秋月的空寂冷落,衬托了汉元帝悲凉的心境:

呀呀的飞过蓼花汀,孤雁儿不离了凤凰城。画檐间铁马响丁丁,宝殿中御榻冷清清,寒也波更,萧萧落叶声,烛暗长门静。

再如白朴《梧桐雨》第四折,巧妙地选用了几个叠字摹音词形容直觉事物:飘叶"滴溜溜"转,落叶"疏剌剌"响,殿铎"厮朗朗"鸣,再加上"忽鲁鲁"的灯爆声,"扑簌簌"的朱箔声,"吉丁当"的上马声,读者耳旁似响起喇叭音响,造成凄凉、阴惨、焦灼的气氛,衬托出孤寂、忧郁、烦躁的心绪。

通过摹音来叙述事件,描绘场面,使人如历其中。如洪升《长生殿》第三十八出:

恰正好、呕呕哑哑霓裳歌舞,不提防、扑扑突突渔阳战鼓,划地里出出律律、纷纷攘攘奏边书,急得个上上下下都无措,早则是喧喧嗾嗾,惊惊遽遽,仓仓卒卒,挨挨拶拶出延秋西路,銮舆后携着个娇娇滴滴贵妃同去。又只见,密密匝匝的兵、恶恶狠狠的语,闹闹炒炒、轰轰,四下喧呼,生逼散恩恩爱爱、疼疼热热帝王夫妇。

摹音词概括了从安禄山造反到马嵬兵变的历史:"呕呕哑哑",写尽唐明皇沉溺声色,逐日欢歌曼舞,不理朝政的情景,导致安禄山造反;"扑扑突突"写渔阳起兵,边关一片混乱;"出出律律"奏边书急送朝廷,但都束手无策;于是"喧喧嗾嗾"一片惊慌。马嵬坡前战士们"闹闹炒炒"、"轰轰"逼唐明皇勒死贵妃,演成一场历史悲剧。所有的声音竟如同在人们的耳边一般。

用叠字摹音词描绘自然景色,显得声色交融,声情并茂。周文质《叨叨令·悲秋》是以摹音及其他叠音构成的小曲,以声写景寓情于景,情景交融。秋风吹来,檐间铁马发出"叮叮当当"和"乞留玎琅",声声入耳;促织的"啾啾唧唧",秋天已到;"浙零浙留"的细雨点点滴滴地飘,梧桐叶"潇潇洒洒、失流疏剌"地落,将秋景描绘得淋漓尽致:

叮叮铛铛铁马儿乞留玎琅闹,啾啾唧唧促织儿依柔依然叫。滴滴点点细雨儿浙零留哨,潇潇洒洒桐叶儿失流疏剌落。睡不着也么哥,睡不着也么哥,孤孤零零单枕上迷风模登靠。

"萧萧"有不少意象。如"车辚辚,马萧萧","风萧萧兮易水寒","无边落木萧萧下","听寒蛩夜泣,乱雨萧萧"。这里的"萧萧"是描写声音的;"白发萧萧","寒日萧萧上锁窗","风长日短星萧萧","无媒径路草萧萧",这里的"萧萧"则是描写了疏落、杂乱、衰杀的情景。"悠悠"同样也有不同的意象。"思悠悠,恨悠悠","悠悠我心忧,苍天曷有极",描写的是心情;"斜晖脉脉水悠悠","闲云潭影日悠悠",白露霭悠悠、"白云千载空悠悠",描写的是自然景象"水、日、露、云"的状况。

摹音词或与其他叠音词在句中处于同一位置往往构成排比,使句式整齐有序,音韵铿锵,节奏鲜明。如无名氏《风雨象生货郎旦》第四折有三十个叠、摹音字,读来节奏鲜明,让人感觉已置身于暴风骤雨之中:

（货郎旦）唱[六转]我只见那黑暗暗大涯云布，更那堪湿渌渌倾盆骤雨。早是那窄窄狭狭，沟沟堑堑路崎岖，知奔向何方所？犹喜的潇潇洒洒、断断续续、出出律律、忽忽鲁鲁阴云开处，我只见霍霍闪闪电光星柱。怎禁那萧萧瑟瑟风，点点滴滴雨，送的来高高下下、凹凹凸凸、一搭模糊？早做了扑扑簌簌湿湿渌渌疏林人物，倒与他妆就了一幅昏昏惨惨潇湘水墨图。

摹音词还可引发音乐的美感。切景入情地运用摹音词，不仅可以栩栩如生地摹绘自然万物的纷繁音响，而且可以传情达意，烘云托月，收到娱耳悦神的艺术效果。如朱自清《绿》："仙台有三个瀑布，梅雨瀑最低，走到山边，便听见花花花花的声音。"摹拟瀑布声音，不仅写出梅雨潭水声连绵不断的特点，还给人清晰明朗的音响感觉；富于音乐美。

三、鸟鸣与象声

汉民族先民早就注意到某些鸟的叫声听上去像汉语的中某个词或短语，如《山海经》中就有"有鸟焉，其名曰鹒，其名自号也"之类的话；《关雎》起笔就是"关关雎鸠"，"关关"是雎鸠叫声。鸟虽没语言，但人的想象给千奇百怪、千变万化的鸟鸣声赋予了某种意义。对鸟鸣声，古人有精细的模拟和描写，且有美妙的联想。

章太炎《语言缘起说》谈鸟名的"物音"：

何以言"鹊"？谓其音"即促"也；何以言"雀"？谓其音"错错"也；何以言"鸦"？谓其音"亚亚"也；何以言"雁"？谓其音"岸岸"也……此皆以音为表者也。

自然界各种鸟的鸣叫是千差万别的，人们常用不同的摹音词来描写不同的鸟鸣。听着这些叫声，可以想象出这些小生命或惊慌，或焦急，或哀切的神态。如：雀叫"啾啾"、"唧唧"，如"啾啾雀隐树"（何逊），"唧唧复若何"（王维）；鹊鸣"喳喳"、"楂楂"，如"喳喳护儿鹊"（白居易），"鹊鸣声楂楂"（韩愈）；莺歌"间关"、"绵蛮"，如"间关莺语花底滑"（白居易），"绵绵蛮蛮如有情"（韦应物）；燕语"呢喃"、"劳劳"，如"呢喃燕子语梁间"（刘季孙），"劳劳胡燕怨春酣"（李贺）。鸟类不同"情感"的叫声也不同。例：王逸的"孤雏惊号鸣呴呴"，"呴响",幼鸟惊叫;贾岛的"一夕皆不归,晓晓遗众雏","晓晓",小燕子哀鸣;陈陶的"嗷嗷黄口诉朝饥","嗷嗷"为幼雀待哺的呼声。

禽言诗用拟人化的笔法,把鸟鸣当做人语,立意造型融为一体,具有诙谐含蓄、妙趣横生的艺术效果。北宋梅尧臣的《四禽言》分别模仿杜鹃、提壶、婆饼焦、竹鸡的叫声,化入作者要叙述的事和想抒发的情;再如苏东坡的《五禽言》之一:

> 南山昨夜雨,西溪不可渡。
> 溪边布谷儿,劝我脱破袴。
> 不辞脱袴溪水寒,水中照见催租瘢。

"脱却破袴"是人对杜鹃叫声的想象,诗人把它嵌入诗中,构成一幅画面。写出了农民凄苦的外貌和悲凉的心境。布谷与脱却布裤本是一鸟,称前名为劝农,称后名为悯农。心随境转,诗人措辞也就各自不同了。

陆游的禽言诗生活气息较浓厚。《禽言》四首是借"架犁"、"拔笋"、"打麦作饭"、"堂前捉绩子"等鸟鸣声描写农事活动,显得有声有色,有景有情,展示了生活的生动画面:

> 堂前捉绩子,力作忘朝餐。
> 鹅黄雪白相照耀,插茅作簇高如山。
> 蚕女采桑至煮茧,何暇膏沐梳髻鬟?
> 缫成蜀锦与楚縠,舞妹缠头不论束。

四、摹音联

山东济南千佛山趵突泉的摹音联栩栩如生地摹拟出泉飘水冒的动态美和色彩美:

> 佛脚清泉,飘飘飘飘飘下两条玉带;
> 源头活水,冒冒冒冒冒出一串珍珠。

下面的写景联,细心品读可发现上联是乐谱"哆"到"西"的谐音;下联谐数字一到七,不过这属浙江地区的吴方言:

> 独揽梅花扫腊雪,细睨山势舞流溪。

有讽刺袁世凯称帝的对联,上下联均模拟锣鼓敲击声:

> 普天同庆,当庆当庆当当庆;
> 举国情狂,情狂情狂情情狂。

"当"拟小锣,"庆"拟小钹,"情"拟大钹,"狂"拟大锣。从内容看,"普天同庆"应是"当庆","举国情狂""情狂"也理所当然。但"情狂"带贬,用在袁世凯及其追随者身上也合乎情理。

有模拟动物之声的对联。"谷多谷多"仿母鸡叫声,"酒醉酒醉"仿小鸟叫声。联语意境含蓄,生活气息犹浓,读之情趣盎然:

> 母鸡下蛋,谷多谷多只一个;
> 小鸟上树,酒醉酒醉无半杯。

有人写嘲讽"妻管严",以漫画手法刻画对母逆、对妻纵的嘴脸,可谓绘形绘声,语言生动、形象、含蓄、幽默:

> 老母任磕头:哎哎哎,嗳嗳嗳;
> 娇妻只呶嘴:哦哦哦,噢噢噢。

第八节　对偶、排比

对称句式是汉民族诗文、小说作者施展才华的一种有效手段,是汉语独特的艺术形式和文化形式。古人通过对这种句式的排列组合,来发挥汉语形式美的功能。

对偶的作用是形成整齐美,它语言整饬,便于吟诵,易于记忆,表意凝练,抒情酣畅,是汉民族的对称美在语言艺术里的体现;排比可产生语言的节奏感,琅琅上口,增强语势,以强化文章的表达效果。对偶、排比的使用是汉民族追求对称、和谐的表现。

一、对偶

对偶句看去整齐醒目,听来铿锵悦耳,读来朗朗上口,便于记忆传诵。

语音对称平衡的关键不是形式,而是内容,在于互为对称的两个语句中,内容相同、相似和相对同样具有平衡的整齐之美。律诗的对偶从词性、句式来看属均匀对称,从音韵角度来分析又是平衡对称。律诗的颈联、额联要求对仗,但平仄、声调的性质则完全相反,这就在不一致中产生了一致。

对偶的产生与汉语的特殊形态有关。单音节词多,显得匀称,因此词语也对偶了。汉字形状及表意功能丰富,单音、双音、三音节、同义、近义、反义词语的大量存在,平仄、舒促关系分明等,都为对偶的出现奠定了基础。这是一个方面。

从另一方面看,生活本身就有许多对偶,语词本身就有许多对偶。男人、女人站一起就成对偶了,因此是"配偶";抬头望天,低头看地也对偶了!于是"天地"便也对偶了;厨房里有锅碗瓢盆,四个音节两两分开,这,又是对偶了。

对偶句在《易经》、《书经》与其他诸子散文中都有,且为数甚多。如《尚书·洪范》:"无偏无颇,遵王之义,无有作好,尊主之道。"《周易》:"乾道成男,坤道成女。"《左传·宣公二年》:"贼民之主,不忠;弃君之命,不信。"《荀子·劝学》:"不积跬步,无以至千里;不积小流,无以成江海。"《老子》:"见其生,不忍见其死;闻其声,不忍食其肉。"李斯《谏逐客书》、西汉贾谊《过秦论》、司马迁《报任安书》和扬雄《解嘲》中都有。

魏晋时期的骈文除了讲求语意相对外,还讲求骈句间"平仄"调和。通过这些手段、方法,从而使文章琅琅上口,铿锵有声,便于记忆及增加音韵的艺术价值。有四对四,六对六的,如:陶渊明《归去来兮辞并序》:"或命巾车,或棹孤舟;既窈窕以寻壑,亦崎岖而经丘。"也有上四下六对上四下六的,比如庾信《哀江南赋序》:"钟仪君子,入就南冠之囚;季孙行人,留守西河之饱。"

隋唐以降,骈文、骈赋盛行不衰,又有了律诗、律赋等文学样式。宋以后,对偶不仅在词曲中花样翻新,还被广泛地运用于戏剧、小说、散文、新体赋、通俗讲唱文学中。如果说讲求对偶在六朝以前还只是反映上层贵族和文人雅士的审美情趣,那么隋唐以后,这种审美情趣已深入到民间,成为中华民族最广泛、最普遍的审美趋向之一了。

在汉语的诗歌创作中,对偶是个非常重要的艺术表现手法。在长期的创作实践中,人们还总结了不少对格,如《声律启蒙》:"云对雨,雪对风,晚照对晴空,来鸿对去燕,宿鸟对鸣虫。……"

从语音上看,对偶文字此开彼和、此收彼放,声音上有抑扬、顿挫感,节奏鲜明,音调和谐悦耳;从意义来看,对偶的文字互相衬托、互相照应,表达的意思就可以显得更加丰富、更加精练、更加确切;从表达效果看,对偶的使用增强了语言的表现力。当表达内容刚好包含两个方面时,可使两者紧密结合,互相衬托,突出于其他事物之上;而如果表达内容可以归结为两个相对的方面时,可使意思更为鲜明。

如杜甫《绝句》:
     两个黄鹂鸣翠柳,一行白鹭上青天。
     窗含西岭千秋雪,门泊东吴万里船。

上联:"两个"对"一行",数量对数量,仄对平;"黄鹂"对"白鹭",名对名,平对仄;"鸣"对"上",动对动,平对仄;"翠柳"对"青天",仄对平。下联:"窗"对"门",名对名;"含"对"泊",动对动,平对仄;"西岭"对"东吴",仄对平;"千秋"对"万里"既是数量对,又是纵向(历史)对横向(疆域)平对仄;"雪"对"船",名对名,仄对平。整首诗二十八个字,不但是赏心悦目的山水风景画,且还综观了历史进程。

对偶两部分量虽一致,质却不同。这种质的差异不再保持彼此间的单纯对立,而转化为协调一致。比如《红楼梦》第一回甄士隐为跛足道人《好了歌》所作的注:
  陋室空堂,当年笏满床。衰草枯杨,曾为歌舞场。
  珠丝儿结满雕梁,绿纱今在蓬窗上。
  说甚么脂正浓、粉正香!如何两鬓又成霜?
  昨日黄土陇头埋白骨,今宵红绡帐底卧鸳鸯。
  金满箱、银满箱,转眼乞丐人皆谤。
  正叹他人命不长,那知自己归来丧?
  训有方,保不定日后作强梁。择膏粱,谁承望流落在烟花巷。
  因嫌纱帽小,致使锁枷扛。昨怜破袄寒,今嫌紫蟒长。
  乱哄哄,你方唱罢我登场,反认他乡是故乡。
  甚荒唐,到头来,都是为他人作嫁衣裳。

每句话都是复句,由字数、结构、语法都不太一致的两部分组成。

这两部分像一头长一头短而质量不同的翘翘板,外在量的不一致由于内在质的调节,实现了相对平衡,给人以深层的整齐一律的美感。

二、排比

排比是用结构平行排列的、均衡的、相同或相似、语气一致、字数大致相等的三个或三个以上的语句,用来加强语势、强调内容、加重感情的特殊句子。排比可产生语言的节奏感、旋律美,琅琅上口,增强语势,以增强文章的表达效果。

文章中恰当使用排比,不仅能使文意纵横捭阖,气势恢宏,而且可以使文章和谐,让人感到文采斐然,摇曳生辉。

汉民族早已用排比句来创作散文句子了。如《论语·学而》:"学而时习之,不亦说乎;有朋自远方来,不亦乐乎;人不知而不愠,不亦君子乎?"《为政》:"子曰:视其所以,观其所由,察其所安,人焉廋哉,人焉廋哉。"《庄子》:"水行不避蛟龙者,渔父之勇也;陆行不避兕虎者,猎夫之勇也;白刃交于前,视死若生者,烈士之勇也;知穷之有命,知通之有时,临大难而不惧者,圣人之勇也。"《老子》:"合抱之木,生于毫末;九层之台,起于垒土;千里之行,始于足下。"最早的排比诗出现在《诗经》的《邶风·柏舟》:"我心匪石,不可转也。我心匪席,不可卷也。"

陶渊明《闲情赋》使用了大量排比:

愿在衣而为领,承华首之余芳;悲罗襟之宵离,怨秋夜之未央!……愿在木而为桐,作膝上之鸣琴;悲乐极而哀来,终推我而辍音。

唐代使用排比也非常多。如杨敬之《华山赋》:"见若咫尺,田千亩矣。见若环堵,城千雉矣。见若杯水,池百里矣。见若蚁垤,台九层矣……"杜牧《阿房宫赋》:"明星荧荧,开妆镜也。绿云扰扰,梳晓鬟也。渭流涨腻,弃脂水也。烟斜雾横,焚椒兰也。雷霆乍惊,宫车过也……"

梁启超喜欢排比,《少年中国说》就用了大量形象化排比句:

欲言国之老少,请先言人之老少……老年人如夕阳,少年人如朝阳;老年人如瘠牛,少年人如乳虎;老年人如僧,少年人如侠;老年人如字典,少年人如戏文;……老年人如别行星之陨石;少年人如大海洋之珊瑚岛；……老年人如秋后之柳，少年人如春前之草；老年人如死海之潴为泽，少年人如长江之初发源。

清易顺鼎《天童山中月夜独坐》前两句和后两句都是排比，颇具禅趣：

青山无一尘，青天无一云。
天上惟一月，山中惟一人。

用排比写人，可将人物刻画细致。如：

他的品质是那样的纯洁和高尚，他的意志是那样坚韧和刚强，他的气质是那样的淳朴和谦逊，他的胸怀是那样的美丽和宽广。

用排比写景，可将景物描写得细致入微，能起到层次清楚、描写细腻、形象生动之效。如郭风《松坊溪的冬天》，很好地表现出了景物的细微特征：

像柳絮一般的雪，像芦花一般的雪，像蒲公英的带绒毛的种子一般的雪，在风中飞舞。

用排比来说理，显得文脉清晰、论述深刻、感情激昂、语气豪迈，可以将道理阐述得深刻透彻，鲜明有力。如：

爱心是一缕照射在冬日的阳光，使贫病交迫的人感到人间的温暖；爱心是一泓出现在沙漠里的清泉，使濒临绝境的人重新看到生活的希望；爱心是一首飘荡在夜空的歌谣，使孤苦无依的人获得心灵的慰藉。

排比用于抒情，显得语义畅达、层次清楚、节奏和谐、感情奔放，如行云流水、一气呵成。比如：

啊，月亮，她从来也没有离开过我，倒是我，有时却忘记了她。当我夜读沉思时，当我高枕酣睡时，当我与友朋阔论时，当我与妻儿私语时。

排比可列举事例。议论文中用排比列举多个事实论据，能使立论大气磅礴，无懈可击；反驳则如摧枯拉朽，势不可挡。比如：

我们只是觉得自然是意味着开阔的天地，意味着自由自在，意味着舒展和任意，意味着对所有生命的热爱，意味着平等，意味着丰富，意味着独特，诸如此类，最起码也意味着可以把文章写得生动好看让人感动。

前三句构成排比，每句最后字为去声，有一泻千里之感。接着"意味着平等"，在形式上有变化，诵读时仿佛汹涌澎湃的洪涛突遇礁石，喷薄的情感突然一顿,接着又用两个与此一致的句子,仿佛情感的闸门豁然打开,短促有力,且更加激情荡漾、气势磅礴。

排比可写感觉与认知,如老舍《在烈日和暴雨下》:

处处干燥,处处烫手,处处憋闷,整个老城像烧透了的砖窑,使人喘不过气来。

前三句构成排比,写出酷热难耐的烈日下人的内心感受——燥热而憋闷,表现了祥子的悲惨生活和命运。

排比可写声音,如陆定一《老山界》:

耳朵里不可捉摸的声响,极远的又是极近的,极洪大的又是极细切的,像春蚕在咀嚼桑叶,像野马在平原上奔驰,像山泉在呜咽,像波涛在澎湃。

排比还可绘神情,如吕锦华的《根雕》:

树根,用它甘甜的乳汁,塑造了大自然千姿百态的绿色群雕。有的顶天立地,有的婀娜婆娑,有的拥拥簇簇,有的亭亭玉立。

第九节 谐　　音

一、谐音的特点

谐音的生成源于汉语特殊的语音结构,而谐音为汉民族的思维方式,则是其背后文化的大力推动。谐音在汉语里有特殊功用,它给汉民族带来了另一种文化情趣,是在民族心理推动下形成的具有民族特色的语音文化。

从事物这一面联想到另一面,是汉民族文化传统的心理习惯。从形式看,汉语的谐音决定于汉语的语音结构,音节少而同音多,为谐音提供了语音条件;从内容看,则跟汉民族的传统思想有着密切的关系。谐音所具有的双关隐语、意义关联的功能是极其符合汉民族含蓄、幽默的文化底蕴的。只有透彻了解汉民族的民族心理、风俗习惯、乡土人情、历史地理及文学传统,才能全面了解汉语中的大量谐音现象。

谐音是利用音同或音近条件,有意使语句在特定环境中产生明暗双重意义,表面说甲义,实际指乙义,言在此而意在彼。汉民族许多笑话的元素就是谐音。生活中也常运用此法表达感情，往往曲情达意，含而不露，从而产生幽默、风趣的艺术效果。

由于汉语音节少，常用音节只 400 多个，加上声调也不过 1000 余个，词语却多，这就必然造成多同音。同音字最多的是"yi"，有 159 个；语言学家赵元任曾经用 85 个同音字编写了一则内容虽荒诞，但却非常有趣的故事：

石室诗士施氏，嗜狮，誓食十狮。施氏时时适市视狮。十时，适十狮适市。是时，适施氏适市。氏视十狮，恃矢势，使十狮逝。氏拾是十狮尸，适石室。石室湿，氏使侍拭石室，氏始试食十狮尸。食时，始识是狮尸，实十石狮尸。试释是事。

林语堂认为：

音节形式的极端缺乏，是汉语的特点。其结果是出现了大量的同音字。比如"bao"包括超过一打的意思："包"、"抱"、"饱"等等。由于形象原则运用到具体的事物或行为的时候受到限制，而且它也比较复杂，原来的"包"字就纯粹作为一种语音的符号被借去指事其他的同音字。于是就发生了一场很大的混乱。直到汉代书写体多少确定下来之前，我们有不少这样的借以指示其他词语的假借字。于是就产生了一种需要，迫使中国人不得不给"包"字加一个符号（称部首）来表示各种不同意义的"包"。

音符的使用不是很确定的。于是就产生了以下这些字，它们的发音都是"bao"或"pao"，在现代汉语里语调不同。每个字都含有"包"，然而各自加上了不同的部首：抱、跑、袍、饱、泡、炮、鲍、胞、砲、咆、刨、苞、雹，这样，"包"加上"手"表示"围抱"，加上"足"表示"奔跑"，加上"衣"表示"长袍"，加上"食"表示"吃饱"，加上"水"表示"水泡"，加上"火"表示"鞭炮"，加上"鱼"表示一种"鱼"的名称，加上"肉"表示"子宫"，加上"石"表示"大砲"，加上"口"表示"吼叫"，加上"刀"表示"切削"，加上"草"表示"花蕾"，加上"雨"表示"冰雹"。这就是为解决同音字问题所进行的调整。

（林语堂《中国人》，浙江人民出版社 1988 年版，第 191～192 页）

最能显示谐音艺术魅力的生活言语当属歇后语、谚语、俗语。它们是流传于民间,历经风雨一路走来的独具特色的语类。谐音歇后语不仅能带来俏皮、幽默的语言特色,它所构成的双关修辞更是为其带来了浓厚的艺术效果。如"钉鞋不用锥子——针(真)好","泥菩萨洗脸——湿(失)面子","孔夫子搬家——尽是书(输)"等等。

二、谐音与审美情趣

"气韵生动"是汉民族整体艺术的风范。这种风范的具体表现就是各种艺术个体的整体性、含蓄性、和谐性。从唐诗到宋词,从书法到绘画,从建筑到雕塑,汉民族追求的是虚实相生的境界。以虚化实,以气润韵,谐音构成的恰是避单一意义表达的直白与单调,借所谐之音虚实相生,使所表之义含蓄雅致。诗词、歌赋,戏剧、小说,楹联、谜语,相声、小品,都与谐音有着不解之缘。

谐音最大特点是在特定环境中本音和谐音建立了稳固的并行关系,造成一个语形中并存两种意义的结果。互相对应、映衬、对称,极显和谐。"乘月采芙蓉,夜夜得莲子",以"莲"谐"怜","莲子"即"怜子"。生动活泼的生活场景——月夜采莲子,情真意切的情思流动——恋你在月夜,真可谓是"无字处皆其意"。

南朝乐府民歌常运用谐音双关语来喻指爱情。如"柳"与"情"。"柳""留"谐音,以代表不舍和思念;"晴""情"谐音,比喻男女间爱情。再如"莲"与"藕"。"莲"谐"怜",爱怜之意;"藕"谐"偶",成双配对。"采莲"在乐府民歌中经常出现,如《读曲歌》之一,借莲藕双关表示爱情需经过曲折辛苦的磨炼:

种莲长江边,藕生黄蘖浦。必得莲子时,流离经辛苦。

《红楼梦》将文学对谐音的运用推至巅峰。曹雪芹利用谐音造成种种音趣,表达语言的机锋,形成诙谐、讽刺、幽默等效果,他大量运用谐音寓意,创造出绘声绘色、声情并茂的艺术境界。如以"青埂峰"谐"情根",表达儿女之情;以谐声描绘环境,如"甄士隐住十里(势力)街,任清(人情)巷,葫芦庙隔壁",暗示甄家生活在尘世中;以谐声暗示人物性格,如"贾政"谐"假正(经)";"贾"宝玉谐"假","甄"宝玉谐真,而假亦真,真亦假,双关兼反语,别增情趣;以谐声点名职务,如荣府买办名"钱华(钱花)",仓库头目叫"戴良(大量)",多有调侃之意;以谐声预示人物命运,如甄士隐女儿"英莲","应怜"也;以谐声寓含作者的爱憎,"卜世仁"——"不是人"、"单聘人"——"善骗人"等;而"元春"、"迎春"、"探春"、"惜春"四字连读,则谐了"原应叹惜",寄托着作者对这些女子的叹息与同情。"四大家族"的"俗谚口碑"全由谐音双关构成:

贾不假,白玉为堂金作马。阿房宫,三百里,住不下金陵一个史。东海缺少白玉床,龙王来请金陵王。丰年好大'雪',珍珠如土金如铁。

通俗文学也常使用谐音进行创作,特别是一些笑话、独角戏等口头文学艺术,多用一语双关的手法,来增强作品的幽默感。百听不厌的相声、小品都是凭借谐音来"抖包袱",让人们开口大笑的。

三、谐音与民俗

只要考察汉民族的民风、民俗就会发现,生活中的所作所为、所关涉的器物、人体的某种动作等都或多或少地与谐音有某种关系。这种谐音取义的语音形式,反映了汉民族的求吉利、避凶邪,重含蓄、忌直言的文化心态。

比附联想是汉民族展开思维活动的一种方式。汉民族认知世界往往从直觉体悟切入,以比附联想展开。直觉体悟是一种观物取象、立象得意的思维方式。这种思维具有穿透语言领略语言背后之意蕴的特点。谐音的实现需要直觉体悟和比附联想的参与。从"筷子"这个词语的演变过程足以说明汉民族的认知方式。

汉民族一直使用筷子。以前,筷子叫"箸",改称"筷"是在明代。"箸"与"住"谐音,因它容易引起"停滞"的联想意思而犯忌,转而反其意而称"快"。筷子多为竹制,便在"快"上加竹头,于是成了"筷子"。明《推篷寐语》记载:"世有误恶字而呼为美字者,如立箸讳滞呼为快子,今因流传之久,至有士大夫间,亦呼箸为快子者,忘其始也。"

汉民族会从"猴骑马图"读出"马上封侯";"枣栗子"成了"早立子";桂林特产"迷你馆材","官、财"同音,而买者甚众。这些都是比附联想的产物。

用比附联想观察现今普通话的"帆",审音后规范音读如"翻"。这样,"帆船、翻船"就成了谐音,从语言文化角度来说是犯大忌的。渔家就餐时连鱼身都不能翻,船"翻"了怎么行驶?从各地方言来看,"帆"也大多念"凡"音。因此,"帆"在规范普通话的声调上是有问题的。

人们相信语言的力量,他们赋予语言以生命。古人把语音同人心密切联系在一起:"凡音者,生人心者也。情动于中,故形于声,声成文谓之音。"受中国传统文化的影响,浸润着儒家思想的汉民族有着含蓄内敛的民族特性,在语言交际中追求话语的含蓄,钟情于"指鹿为马"式的表达,沉醉于"言外之意"里的意蕴。谐音能够化直露为含蓄,可以达到一语双关的目的,而含蓄、隐讳的方式又和汉民族文人的心理特征符合。

诗词中人们常可看到,作者的某些表达是通过谐音一语双关来完成的。如梁武帝的《子夜歌》:"今昔已欢别,合会在何时。明灯照空局,悠然未有棋。"诗中"棋"和"期"谐音,以空局无棋,暗示相会无期,写出了情人之间生离死别的悲伤之情,令人感动;古典诗词常以"柳"入文,《诗经·小雅·采薇》有:"昔我往矣,杨柳依依;今我来思,雨雪霏霏。"李白吟:"春风知别苦,不遣杨柳青。""柳""留"相谐,暗示惜别情怀。含蓄隽永之意,跃然纸上。

金圣叹被判死刑时给儿子口念一联:"莲子心中苦,梨儿腹内酸。""莲子、梨儿"实是"怜子、离儿",婉转含蓄地表达出父子生离死别时的无限悲恸。

谐音同文化的关系是多方面的,但最为重要的是趋吉避凶。汉民族认为,吉祥语有逢凶化吉、神秘莫测的力量。利用谐音手段,从普通意思词语联想到好词语,以取得吉祥或驱除某些不吉祥,来创造作为幸福、长寿、发财和多子多孙的象征词语。

受儒家思想影响,汉民族重视传宗接代,这也突出地表现在各种物征的吉祥语中。传统婚礼常运用谐音"图吉利"。结婚时,贺喜者把红枣、花生、莲子、栗子、核桃、百合等干果作贺礼,这些干果被放在洞房被褥下:以"枣、花生、桂圆、莲子"谐"早生贵子"。莲子和花生谐"连生子",枣和栗子谐"早立子"。"花生"谐"花着生",既要生男,也要生女。

日常食物也有谐音,节庆日做客须递上谐音吉祥、幸福的果品,如:给"汤圆、桂圆"取"祥贵圆满"义;送"发糕、年糕"是"年年高升"、"发家高升"义;过年门上倒贴福,取"福到"("到""倒"谐音)之意;除夕鱼不能吃完,以喻"岁岁有余";"蝠""福"谐音,图案中常有蝙蝠,取"五福临门"、"福从天降"或"五福献寿"之意;"福橘"是"幸福吉利";画鱼和莲花,因"莲""连"同音,取"连年有余";有鲫鱼戏水,因"鲫""吉"同音,取"吉庆有鱼"的意思;有鲤鱼跳龙门,因"鲤""利"音近,龙门是高升,取其"有利有余,步步高升"的意思。给新娘吃面或饺子不能做熟,因她要"生"子嗣。如此例子可谓不胜枚举。

使用谐音来避凶更是汉民族一贯的做法。生老病死是人生必然现象,但人总想多活几年,因此"死"是最忌讳的字眼,有些方言因"四""死"同音,"四"成了不吉利的数字,会尽量避免使用;商人怕生意折本,忌讳说"折","舌""折"谐音,因此,北京称舌头"口条儿";新娘上门禁吃瓜,因"瓜""寡"谐音;送礼忌送"伞"和"钟",因"伞""散","送钟""送终"谐音;和亲友吃梨不能分吃一个,因"分梨""分离"谐音;新年打碎器物心中虽不快,嘴里却要说:"碎碎平安(岁岁平安)。"谐音避凶在日常生活、交际中的例子比比皆是。

四、谐音与现代生活

1. 谐音与商业活动

把谐音巧妙地融入到广告语中,对加深消费者的记忆,增加产品的销售量是极其有帮助的。上海人早有这种广告意识。20世纪40年代上海"蝴蝶"牌缝纫机是民族资产阶级与帝国主义竞争的产物。上海话"蝴蝶""无敌"同音,取谐音宣传爱国,抵制"洋货",深得人心。

在现代广告语中,有成语与谐音的巧妙配合,用联想谐音替代,突出表现商品本身的优势和特点,也不失去成语本身的含义。比如:食用油广告——"月季花油,肴肴领鲜。""肴肴"谐"遥遥","鲜"谐"先",用于煎炒烹炸,且味道鲜美,突出表明商品的定位。时装广告——"大维制衣,百衣百顺"。"衣"谐"依",可以感受到名牌在身的挺括、熨贴、舒坦、自得;"百依百顺",还是种谦恭而又自信的承诺:视消费者为衣食父母,与热心、周到、不厌其烦地服务顾客的经营理念相关联。

商家命名也存在利用谐音来避凶趋吉的现象。商家特别留心所取之名是否谐音。若有谐,则要看所谐的含义。如"蜜蜂"牌保险箱,"蜜蜂"谐"密封",婉转地告诉了产品的性能。曾有领带品牌叫"金狮",卖不出去,从谐音看,粤语"金狮"与"净输"谐,领带自然无人要了。后将改成"金利来"就大受欢迎了。

2. 谐音与网络

语言在发展、演化过程中并不是消极的。汉文化对语言中的词汇往往采取比较宽容的态度,这给语言留下了更多的活动空间。网络语言是符合汉语及语言发展规律和趋势的。尽管不够规范,但这是时代的反映。在某种意义上,网络语言起到了丰富汉语语言的作用。

网络语言的产生与其说是为迎合新一代的需要,还不如说是语言发展的必然。随着电脑网络的日益普及,网络交流已成为现代人生活中的一部分,新兴的网络语言正逐步影响人们的生活。网络语言形形色色、五花八门,词语的构成方式也有多种,谐音是其中最主要的构成方式。谐音型"网络流行语",可分为数字型谐音和文字型谐音两种。

(1)数字型谐音。根据数字的发音,组合成一系列简单易记、输入便捷的词。比如:【3166】:"撒优那拉"(日本语)再见;【55555~】:呜呜地哭;【584】:我发誓;【6868】:溜吧溜吧;【8147】:不要生气;【7758】:亲亲我吧;【7456】:气死我了;【94】:就是;【5201314】:我爱你一生一世。

(2)汉字型谐音。这里除了考虑输入便捷外,更多则是具有调侃、幽默的意味。比如:【班主】【斑竹】【版猪】【版竹】:指聊天室、论坛的管理人员,"版主"的谐音;【大虾】:已长时间在网上、对网络非常熟悉的超级网虫,谐音"大侠",有戏谑意。【瘟到】:Windows 谐音,有极强的戏谑色彩,夸张形容电脑像瘟疫一样传播迅速;【瘟酒吧】:英语 Windows98 的谐音,带有谐趣色彩;【酱紫】:"这样子"的谐音。【伊妹儿】:英语 E-mail 的谐音。

由于网络文化影响的不断扩大,谐音型"网络流行语"也进入了生活口语。如用"886"替代"拜拜了",用"美妹"替代"妹妹",用"青唇无眉"代替"清纯妩媚"。这些网语形象、通俗易懂,反映了当今的社会时尚,体现了大众情绪,特别是新新人类崇尚简单、快捷、新奇、另类的文化心态,代表着一种文化现象。

复习思考题

1. 为什么赵本山在念一些调皮的韵文台词时,特别容易博得掌声?
2. 请诵读各种歌谣、童谣、民谣、顺口溜,体会押韵在其中的作用。
3. 请比较各地不同版"月亮走,我也走"儿歌的内容,辨析其中不同版本的文化差异。
4. 诵读陆游《钗头凤》,通过声音的对比,理解不同韵部的感情色彩。
5. 为什么薛蟠的诗"女儿愁,床底下钻出个大马猴"、"女儿乐,一根鸡巴往里戳"等等,人们一听就特别想笑,而单纯的骂人话,如"娘的X!"却不可笑,倒是觉得可憎?
6. 现今网络电脑时代,谐音有更大规模的发展和创新,请就科技、商业和语言文字的关系,谈谈当今谐音文字大量产生的文化原因。
7. 谐音有哪些类型?它体现了汉民族人的什么文化心理?
8. 试析崔颢《黄鹤楼》:

    昔人已乘黄鹤去,此地空余黄鹤楼。
    黄鹤一去不复返,白云千载空悠悠。
    晴川历历汉阳树,芳草萋萋鹦鹉洲。
    日暮乡关何处是,烟波江上使人愁。

第三章　汉语语词与文化

　　每种语言都有其特别的文化语词,这是在表层词义后的深层词义。
　　汉语有许多语言现象和词语的语义内涵,都直接或间接地和特定的文化背景相联系。有的是该文化的直接反映,如"龙、凤、华表"等;有的是间接反映,如汉语中"松、竹、梅"等象征词语;有的则和各种文化存在着渊源关系,有来自文化典籍的词语或来自宗教的词语等。
　　比如:"莲",概念意义是:多年生草本植物,生浅水中;叶子大而圆,叫荷叶。花有粉红、白色两种;种子叫莲子,包在倒圆锥形的花托内,合称莲蓬;地下茎叫藕;种子和地下茎都可以吃;也叫"荷"、"芙蕖"或"菡萏"。周敦颐有《爱莲说》:"予独爱莲之出淤泥而不染,濯清涟而不妖,中通外直,不蔓不枝。香远益清,亭亭净植,可远观而不可亵玩焉。"此后,人们便以"莲"比喻"清正廉明,不同流合污"。这个义项就是在特定社会文化背景下获得的文化意义。
　　汉民族对数字赋予了特定的意义,数字里有着丰富的文化内涵。人们认为数字中包含着吉、凶、褒、贬等各种神秘的色彩。有些数字能给人带来吉祥和财富,有些数字则会给人带来灾难和不幸,这种观念同时又受阴阳五行理论的影响。
　　颜色词同样蕴含着深厚的汉民族文化心态和感情色彩,五行学说又以五行与五色——青、赤、黄、白、黑相对应,因此具有着丰富的文化象征意义。
　　中国以"吃"闻名世界,任何地方,只要有华人在,就一定会有中国餐馆。所以,饮食文化就成为汉文化中非常重要的一个方面。中国的饮食烹调技术独特,菜肴种类繁多,新奇别致,由食文化而产生的饮食词语影响到了社会生活的方方面面,蕴含着丰富的文化内容。

茶,发乎神农,闻于鲁周公,兴盛于唐宋。唐朝是种茶、饮茶以及茶文化发展的鼎盛时期,中国的茶香、茶艺,远播至海外,因此出现了大量的和茶有关的谚语、歇后语、俚语。

汉民族的酒文化则以道家哲学为源头,主张物我合一,天人合一,齐一生死。它的精神精髓是庄周倡导的"乘物而游"、"游乎四海之外"、"无何有之乡",追求绝对自由、忘却生死、利禄及荣辱等。饮酒讲究意境,最佳状态是似醉非醉,通体舒畅,忧烦尽消,其乐陶陶。其时不仅话多,还常妙语连珠,诗如泉涌,"李白斗酒诗百篇"就是最好的例证。由此引发的有关酒与人生的词语、成语、谚语、歇后语更是琳琅满目。

道家与道教思想长期影响着中国的历史文化。有道之士大都在深山老林里修炼,道教名观胜刹也都建在名山深林中,与自然山川与隐逸生活结下了不解之缘,汉民族不少文人墨客笃信道教,写下了大量与道教有关的感悟诗词。

佛教起源于古印度,在两汉之际传入中国,并与中国文化相融合,对汉语言的演变发展产生了广泛而深远的影响。佛教精神渗透进了汉民族的词汇、绘画、诗歌、音乐、雕刻、说唱,以及建筑、医药、历算等各领域。遍布在名山胜地的佛寺,更是汉民族宝贵的文化遗产。

这,就是这一部分的主题:语词和文化。

第一节　语词中的传统思想

汉民族有着强烈的伦理观念,包括尊卑有序、男尊女卑、官本位、重等级、重血统、重亲疏、重乡土等传统观念意识。这些心理文化的重要组成部分在语言上必然会有反映。

一、语词中的哲学观

1. 对立、对称的观念

对偶是汉民族的文化心理特点:汉字是这样排列的,语音是这样构成的,语词是这样生成的,短语是这样组合的,句式依然是在这个基础上形成的,审美情趣都在"对称"上。

成双成对的词语格式为汉民族所钟爱,因此,原先的单音节词语也就逐渐向双音节方向发展。古汉语中的单音节词,如"桌、椅、石、木、虎、鼠"等就成了现在的双音节:"桌子、椅子、石头、木头、老虎、老鼠"。"对偶"在短语中的反映为成语多四字格,两两相对、平仄交替。

在汉语词汇中有对立统一辩证哲学和相对主义思想反映,这就有意义相反、相对的词语、成语、俗语、谚语、格言。例如:

真假、黑白、厚薄、甘苦、恩怨、爱憎、喜怒、安危;节约、浪费、炎热、寒冷、聪明、蠢笨、君子、小人、冷淡、热情、是非、然否、利弊、荣辱、优劣、甘苦、真伪、恩怨、恩仇、爱憎、盛衰、兴亡、安危、缓急、生死、赏罚、奖惩、功过、成败、胜败、盈亏、吉凶、祸福、休戚……

破旧立新、古往今来、冷嘲热讽、生离死别、因祸得福、否极泰来、因祸得福、物极必反、生离死别……

欲速则不达;一阴一阳谓之道;欲将取之,必先与之……

2. 有关"气"和"天"

《说文解字》:"气,云气也,象形。"因此"气"的本义只是云气。汉民族古代哲学认为"气"是生命的本源,春秋时代就有六气之说。如《左传·昭公元年》:"天有六气……曰阴、阳、风、雨、晦、明也。"到汉代又有元气的说法。东汉王充《论衡·论死》:"人之生,在元气中;既死,复归元气。"道教认为物始于元气。元气,指一切生物的生命力。这种哲学观反映在语词里,就是带"气"的词语特别丰富。如:

有关自然气象:阴气、暑气、热气、气象、潮气、雾气、气团、气流、气温……

有关生理体质:精气、肝气、气虚、气旺、闷气、喘气、养气、气短、气虚……

有关精神、心理状态:才气、福气、风气、景气、晦气、豪气、朝气、神气、帅气、勇气、英气、气魄、气概、气性、气质、气韵、气冲冲、气呼呼、气吁吁……

有关性格、情感:闹气、怒气、淘气、赌气、斗气、娇气、骄气、杀气、傻气、爽气、秀气、稚气……

137

汉民族有"天人合一"、"天人感应"的思想，认为人的才能、命运、性格、良心等都是天给的。带"天"的词语大都表现这样的思想观念，如：天才、天门、天历、天分、天赋、天道、天趣、天资、天意、天命、天与人归、天马行空、天从人愿、天网恢恢、天伦之乐、天灾人祸、天罗地网、天高地厚、天崩地坼，等等。

二、宗法制度与亲属称谓

宗法观念是汉民族历史文化的核心。日常生活关联着与自己有密切关系的家族，也关联着家庭成员，所谓"一人得道，鸡犬升天"、"一人犯法，全族遭殃"就是这样产生的。

汉语里有着丰富的亲属称谓词语，这是家庭、伦理观念在词汇上的具体反映。

1. 重亲疏、长幼

长期处于宗法社会的中国人特别推崇的是血缘关系，这是亲属称谓中的文化心态。亲属关系可分为血亲和姻亲两大类。

血亲指有血缘关系的亲属关系，分宗亲、外亲。宗亲指同姓亲属，包括直系和旁系。直系有曾祖父母、祖父母、父母、兄弟姐妹、儿女、孙子女等。旁系有伯、叔、堂兄弟姐妹、侄儿女、侄孙女等；外亲有血缘，不同姓。如：外祖父母、舅、姨、表兄弟姐妹、表兄弟、姐妹等。

姻亲指没血缘而有婚姻关系的亲戚，包括配偶及配偶的兄弟姐妹、父母兄弟姐妹、堂兄弟姐妹、表兄弟姐妹的配偶等。亲属称谓还分背称和面称。背称是在书信往来或在背后向人介绍时使用的称谓语：祖父母、父母亲、外祖父母；父、母亲；面称指当面称呼：爷爷、奶奶、姥爷（外公）、姥姥（外婆）、爸爸、妈妈。

汉民族讲究亲属称谓的使用，注意长幼辈分的严格区分，一直提倡并强调长幼有序、尊卑有序。对长辈必须使用一定的称谓，这是注意教育、孩子有礼貌、有教养的表现。嫡长子为承继对象，在家庭成员中地位特殊。在传统观念里，长兄嫂对弟妹已超出手足之情，带有上下辈意味了。若父母去世，长兄嫂必须把弟妹抚养成人，这是义不容辞的责任。

亲属称谓对汉民族来说还是一种尊称,被大量地使用在非亲属的交谈者身上。中国人会让孩子叫朋友、同事为"叔伯、舅姨",甚至"爸、妈";甚至对陌生人也会称其为"伯伯、阿姨"。因为只要拉扯到亲戚关系,就会什么话都好说,什么事都好办了。为了表示和人友善、亲密,人们早已习惯用原先只用在跟自己有亲属关系的称呼语去称呼一切对他可能有帮助的人了。

2. 亲疏和排异

在人际关系中,汉民族特别讲究内外有别,亲疏有别。由语素"同"和"外"组合的词语就很能表达这种关系。带"同"语素的词语,常表示"内部"、"自己人"、"一家人"等亲密关系。例如:同族、同宗、同乡、同学、同窗、同事、同志、同伴、同年、同行、同性、同病、同胞等;带"外"语素的词语常表示"自家人"以外的人,用"外"表示是嫡系、直系血缘关系以外的亲属、亲戚关系。例如:外国、外交、外行、外人、外公、外孙、外贸、外来等。

汉族人对异国或异族人往往采取歧视、排斥态度。秦汉前把华夏以外的民族称为"夷、戎、蛮、狄",后又以"西、胡、番"称之。以"胡"组成的词语有:胡人、胡马、胡琴、胡椒、胡桃、胡豆、胡麻、胡蝶、胡须、胡子、胡同、胡萝卜等。西晋末年"五胡乱华"后,带"胡"者就多含贬义了,如:胡说、胡编、胡来、胡扯、胡涂、胡说八道、胡言乱语、胡作非为、胡思乱想、胡搅蛮缠、胡拼乱凑,等等。

"西"在秦汉时期指西域各国,"番"在唐代指西藏、青海,或指域外国家。来自这些地区的事物往往带有"西"或"番"语素,如:西瓜、西米、西洋、西医、西服、西餐、西学、西红柿、番人、番王、番邦、番薯、番茄、番椒等等。古代中原称南方为"蛮",含不文明、未开化之意,多有贬义,例如:蛮子、南蛮、蛮横、蛮缠、野蛮、蛮不讲理、胡搅蛮缠,等等。

17世纪以来,中国人称日本为"东洋",称欧美各国为"西洋",对来自这些国家的人或物都冠以"洋"字,并出现了不少以"洋"组成的词。例如:洋布、洋铁、洋奴、洋火、洋人、洋钉、洋相、洋烟、出洋相、开洋荤、磨洋工、西洋景,等等。

三、从语词的构成看尊卑

汉民族从家庭到社会、国家,建立了一整套"君臣、父子、夫妻、长幼"的等级差别,讲究"尊卑有序、内外有别"。这些等级不但反映在敬称和卑称上,还大量反映在汉语的联合词语里。通常尊在前,卑在后;长在前,幼在后;内在前,外在后。

表示尊卑的有:天地、乾坤、师生、父母、公婆、夫妻、婆媳、主仆、师徒、左右、升降、上下、官兵、文武、亲疏、新旧、贵贱、雅俗,等等;

表示长幼的有:父子、母女、兄弟、姐妹、兄妹、姐弟、爷孙、长幼、婆媳、叔嫂;表示内外的:亲朋、子侄,等等。

汉民族男尊女卑的思想在文化词语中也表现得十分明显,从前后顺序排列上可以发现男永远在前、女永远在后的特点:夫妻、夫妇、男女、父母、公婆、兄嫂、弟妹、兄妹、舅姑、夫贵妻荣、男耕女织、善男信女、痴男怨女、男欢女爱、男盗女娼、男婚女嫁、男尊女卑,等等。男尊女卑思想还表现在一些俗语、谚语里,比如:头发长,见识短;女子无才便是德;嫁鸡随鸡、嫁狗随狗;嫁出去的女儿,泼出去的水,等等。

连词语的使用上也表现出了以男子为中心的传统思想:"他们"既可指男性,也可指男女在一起;但"她们"却只能是女性。短语有"大展雄风"、却没有"大展雌风","雄老虎"有威风凛凛的感觉,是褒义,而"雌老虎"则是母夜叉的形象,带的就是贬义了。

从传统文化角度看20世纪50年代出现、至今依然使用的一些新词语,仍是尊在前,卑在后,有十分强烈的重等级观念。比如:党政:党当家,政辅佐;干群:干部在先,群众居后;指战员:指挥者在前,士兵在后;上下级:先上级,后下级;领导与群众:领导在前,普通百姓在后;从中央到地方:中央重要,地方次要;上调下放:往上曰调,往下曰放;党政军民学:一级一级下来。看看吧,等级观念竟是如此地清楚!

四、从方位词看尊卑

方位词在传统观念中有深厚的文化内涵,承继了汉民族文化所特有的方位观念。

汉民族自古把视南为尊,视北为卑。以座北向南为尊位,当上皇帝称"南面称尊";建筑朝向也严格按照方位的尊卑来确定:宫殿、王府、官衙、庙堂等座北朝南。有如此尊荣正南,以往百姓盖房是不敢取正南的,要偏东或偏西,以免犯忌而获罪。而打败仗、臣服他人则为"败北、北面称臣"。

古人以东为首、为尊,以西为次、为卑。东方是太阳升起之处,山之南向,阳光充足,属阳,所谓旭日东升;水向东流,地势西高东低,以东为上,取生机勃发之义;皇后、妃子们住处分东、西宫,以东宫为大、为正,西宫为次、为从;供奉祖宗牌位的太庙要建在皇宫东侧。现在的"东家、房东"也是由此而来的。西方是日落之处,所谓日薄西山、日暮途穷。称事物为"东西"则是以"取象比类"为原则。东方属木,西方属金,南方属火,北方属水,木金为可盛之物,故可买卖输转;水火则难以盛受。由此可知,骂人"不是个东西",是说人如水火般无情无义。

左右、上下也有尊卑高低之分。皇帝至尊,座位面南背北,左侧是东方。在崇尚东方同时,"左"也高贵起来。三国时期东吴占据江东称江左。文左武右的仪制,男左女右的观念都是尊左的反映,有些习俗甚至延续至今。

比如:四合院为平房,正房最重要。正房是北房,也称上房、主房。祖宗牌位及堂屋设在正房中间,因此是全宅中地位最高的,开间、进深和高度等都大于其他房间。地方官不论在何处都说上京城、上中央,百姓去各级部门告状、打官司,都叫上告、上诉、上访;领导去基层了解情况则说"下基层、下察民情"。

"男左女右"和汉民族哲学观关系非常紧密。古代哲学家认为宇宙中通贯事物和人事的对立面就是阴阳,自然界的事物有大小、长短、上下、左右等;大、长、上、左为阳,小、短、下、右为阴。阳者刚强,阴者柔弱。性格上,男子性暴刚强,属阳,于左;女子性温柔和,属阴,于右。男左女右在日常生活中普遍存在。上厕所男左女右;戴婚戒,男左女右;结婚或出席某些礼仪场合同样是男左女右,不能颠倒位置。

"左"又可代表先进,"右"是错误的、有问题的。1957年运动叫"反右斗争",把提意见的知识分子打成"右派";20世纪60年代的十年浩劫把造反派叫做"左派"。

第二节 语词中的民俗文化

语言为表达情意的工具。人心有所思,语之为言,书之为书。在汉民族的历史长河中,很多语词已经不单单是字面词义了,有着丰富的文化内涵。

一、气象、时间

1. 天干、地支

汉民族的"天干、地支"按固定顺序互相配合,组成干支纪法。

天干来源于太阳系十大星体。它的顺序蕴含着万物从萌芽到成长、兴旺、衰退、消失的全过程。含义是:"甲"是"铠甲",万物冲破其"甲"而突出;"乙"是"轧",万物生长;"丙"是"炳",万物茂盛;"丁"为"壮",达到"壮丁"时;"戊"为"茂",事物繁茂;"己"为"起",万物奋然而起;"庚"为"更",万物更新;"辛"为"新",万物一新;"壬"为"妊",万物被养育;"癸"为"揆",万物萌芽。

地支的顺序也蕴含着事物的发展变化过程:"子"是"孽",表示繁茂;"丑"是"纽",用绳子捆住;"寅"是"演",万物开始生长;"卯"是"茂",万物茂盛;"辰"是"震",万物震动生长;"巳"是"已",指万物已成;"午"是"仵",万物已过极盛之时,又是阴阳相交时;"未"是"味",万物已成有滋味;"申"是"身",万物初具形体;"酉"是"鲍",万物已十分成熟;"戌"是"灭",万物消灭归土;"亥"是"核",万物成了种子。

日月星辰不仅指气象方面的含义,还蕴涵着丰富的文化含义。

日象征光明,如:如日中天、日月如梭、日薄西山、日暮途穷、日薄桑榆;月用来象征光明和柔和,如:月色如水、月华泻地等;星用来象征光辉,如:星光灿烂,星光闪烁,群星璀璨;阳光、雨露用来象征恩泽;冰、雪用来象征纯洁;冰霜则象征冷酷、无情;露水比喻短暂的、易于消失的。"风、雷"有十分形象的文化概念,比如风暴、风波、风潮、风霜、风声、风花雪月、风吹草动、风驰电掣、风刀霜剑、风卷残云、风流云散、风平浪静、风起云涌、风调雨顺、风雨飘摇、风雨同舟、风烛残年、雷厉风行、雷鸣、雷霆,等等。

2. 季节

汉语四季词语义含蓄委婉、隐喻性极强。汉民族以农历月份来划分季节;每季三个月。天文以春分、夏至、秋分、冬至作为四季的开始。四季的定义异常稳定,通过"季节"可以获知纪元、时期和时代的概念。"季节"还表示时间的连续。四季词的搭配意义存在一定的相同性。

汉民族对于"时"的重视程度从唐代择吉术中可知晓。在择吉术中,春季的甲子、秋季的庚子、夏季的丙子和冬季的壬子统称为"四忌日"。凡出军征战、营造婚娶、封建拜官、纳财开市等,都是严格忌用的。因此,春夏秋冬、时节变换对汉民族而言意义非凡,这也导致了四季词在汉语里的联想意义、社会文化意义尤为丰富。

春为四季之首,花草生长、开放,常喻生机。在古人眼里,天地万物的化育与男女交媾生殖类同。"性、情欲"之事传统观念有羞耻感,因此"春"代之而起,如"春事、春心、思春、春宵"等。静静欣赏三春的风景变幻,细细品味其中的滋味妙处,因春而喜,又为春而悲,是极其有趣的审美过程。

秋是收获季节,也是万物凋零、趋于衰败的季节,汉民族对"秋"夹杂着喜与悲。文人墨客也借助秋天独有的悲凉景象来抒发感慨与抱负。秋天虽也有些表示喜悦的,但更多的是被赋予"悲凉、伤感、寂寞、忧愁"的文化语义。人们在三秋中感受万物变幻的无穷魅力,感悟人生的潮起潮落,因挽秋、咏秋、叹秋、伤秋而欣喜、感叹、焦愁,这些都无疑是对心灵的一次又一次撞击。

"夏"炎热,让人心烦气躁,夏天和酷热密切相联,诸如"炎阳炙人"、"烈日当空"、"火伞高张"等词语常用来描述夏天。

"冬"代表沉寂,"千山鸟飞绝,万径人踪灭"是它的真实写照;同时它也代表坚忍不拔、顽强不屈,"岁寒三友"便是最好的例子。

3. 节气

根据太阳在黄道上的位置,把一年划分为四季二十四节气,这是汉民族独创的文化遗产。西汉《淮南子·天文训》已经完整地记录了"二十四节气"的名称。这些节气有的表示季节,有的表示温度、降雨、霜、露等气象现象,有的则是反映了农作物和自然物候。

春季后立春:春天开始。雨水:降雨开始,雨量增加。惊蛰:春雷乍动,冬眠动物复苏,气温回升较快,有春雷萌动。春分:春季的中间,太阳直射赤道,白天夜晚一样长短。清明:有天气晴朗、逐渐转暖、草木繁茂之意。谷雨:降雨量增多,"雨生百谷"。

夏季有立夏:夏天开始,作物生长旺盛。小满:夏熟作物的籽粒开始灌浆饱满,但未成熟。芒种:麦类等有芒的作物成熟,进入夏收夏种时期。夏至:气温升高,白天最长,夜晚最短。小暑:正值"初伏"前后,进入炎热初期。大暑:最热,"中伏"前后。

秋季有立秋:秋天开始,气温下降。处暑:"处"有躲藏、终止意,炎热将过去,气温下降。白露:夜间较凉,水汽凝成露水,早上露水重。秋分:白天夜晚一样短长。寒露:夜间露水很凉,渐有寒意。霜降:开始降霜,天气渐凉,夜间露水可凝成小晶冰。

冬季有立冬:冬天开始。小雪:开始降雪,但较小。大雪:降雪已较大。冬至:气温继续下降,白天最短,夜晚最长。小寒:尚未达到最冷。大寒:一年中最冷的时候。

古代计时有四个单位:时、更、点、刻。时,也称时辰。人们把一昼夜分为十二个时辰,即子、丑、寅、卯、辰、巳、午、未、申、酉、戌、亥。半夜十一点到凌晨一点为子时,一点到三点为丑时,三点到五点为寅时,依此类推。一夜等分为五更,一更等于两个小时。晚上戌时(七时)作一更,寅时为五更。

古人按更击鼓报时,把每更分为五个点。每个点占24分钟。"五更三点"相当于现在的6时12分。又用漏壶计时,分播水和受水两部,播水壶上有小孔,滴水流入受水壶,受水壶有立箭,箭上有刻,分100刻,箭随蓄水逐渐上升,露出刻数以显示时间。24小时为100刻,相当于现在的1440分钟。每刻等于14分24秒。因此"顷刻、少顷"都指短促。

二、阴阳五行、生肖

阴阳是"近取诸身"的产物,来自人体器官。汉族人认识世界是从人体开始的,是以人体作为宇宙的范式的,《周易》有"--"和"—",两爻对立。钱玄同、郭沫若等学者认为阴(--)指女阴,阳(—)指男根。阴阳是汉民族文化中两个最重要的概念。"天地大宇宙,人体小宇宙"、"宇宙一天地,人体亦一天地"。于是,人体和宇宙就具有了同构关系,相互比拟。阴阳、五行、八卦的思维模式是汉民族思维中的宇宙模式,这种思维模式也就成了汉语人体文化词语的基本构架。

人体一切器官都可分为阴和阳两个大类:阴:下身、内脏、肚腹、血、功能手心、五脏、灵魂、皮肤、全身机能;阳:上身、外壳、腰背、气、实体手背、六腑、躯壳、筋骨、全身实体。

五行指的是木、火、土、金、水,这是五种基本物质元素的运动变化。五行相生好比母生子,有相亲相爱之情,意味着畅顺、吉祥。汉民族认为,任何事物都有其两面性。因此五行都有阴阳之分:火靠柴薪维持燃烧,土靠太阳普照,金靠山岩储存,水靠铁器开导疏通,木靠雨露灌溉;五行相克好比战争,彼此敌对。树木可以入土,烈火可以溶金,土可以覆水,金可以伐木,水可以灭火。

汉民族先民体验着寒暑交替的循环往复,发现月亮盈亏周期可以用来丈量岁的长短,十二次月圆为一岁。这是初期历法最精度的成果之一。十二生肖源于何时已难于细考,最早见于《诗经》。《诗经·小雅·车攻》:"吉日庚午,既差我马。"东汉王充《论衡》可能是最早记载十二生肖的文献。用十二生肖来纪年,至少在南北朝时就开始了。《北史·宇文护传》中记载宇文护母亲给他的信:"昔在武川镇生汝兄弟,大者属鼠,次者属兔,汝身属蛇。"

十二生肖的选用与排列可能是根据动物的活动时间来确定的:晚上十一时到凌晨一时老鼠最活跃;一到三时牛在反刍;三到五时老虎在游荡觅食;五到七时太阳尚未升起,月亮在天上,玉兔忙着捣药;七到九时是神龙行雨的好时光;九到十一时蛇开始活跃;十一时到下午一时阳气正盛,是天马行空的时候;下午一到三时羊吃草会长得肥壮;下午三到五时猴子开始活跃;下午五到七时夜幕降临,鸡归窝睡觉;晚上七到九时狗开始守夜;晚上九到十一时万籁俱寂,猪在鼾睡。

三、动物类词语

1. 十二生肖

汉民族对鼠缺少好感,词语以贬义为多。比如:鼠子、鼠辈、鼠技、鼠思、鼠壤、鼠目寸光、胆小如鼠、鼠牙雀角、首鼠两端、投鼠忌器,等等。牛是汉民族数千年文化形成的美德标准,是任劳、厚德、和善、坚韧的象征,隐喻"勤勉踏实、任劳任怨",如:如牛负重、汗牛充栋。而"老黄牛"、"孺子牛",则是对勤奋的赞颂。虎是"百兽之王",是镇邪驱魔的神兽,威严与权势的象征,有凛然不可侵犯的王者气度,词语如:虎狼、虎将、虎威、虎步、母老虎、秋老虎、虎墩墩、虎背熊腰、如虎下山、骑虎难下、虎啸风生、虎踞龙盘、伴君如伴虎、老虎门下官难做、养成虎遗患、虎死不倒威、将门出虎子、苛政猛于虎等,还引申出"电老虎"、"煤老虎"等新词。兔性情温和,灵巧活泼,善于保护自己,神话有玉兔在月亮上为嫦娥捣药的故事。有些词还与兔的形体、生活习惯有关,例如:兔唇、狡兔三窟、兔起凫举,等等。带"兔"的词语或成语有:兔丝、兔缺、兔管、兔毫、兔目、兔角、兔崽子、兔走乌飞、兔死狗烹、兔起乌沉、兔死狐悲,等等。

汉民族自古把龙奉为祖先的化身,是高贵、尊荣、神圣、力量、权势、财富、繁荣及祥和的象征,炎黄子孙称自己是"龙的传人"。龙有出类拔萃,不同凡俗的意义,常把行为不俗、有能耐、有成就的人称为"龙"。蛇是长寿的象征,代表长寿、生殖和财富,有很多神话传说。盘古是"龙首蛇身",反映原始社会的蛇图腾崇拜。历代君臣礼服上绣的非龙即蟒,民俗有游蛇灯、赛蛇神活动;龙马精神是自古以来所崇尚的奋斗不止、自强不息的进取、向上的民族精神。马隐喻"精明能干、纵横驰骋"的人才,是能力、圣贤、有作为、雄健刚强、尊贵亨通的象征。与马有关的熟语有不少,如:马翻人仰、心猿意马、汗马功劳、塞翁失马、天马行空、一言既出,驷马难追,等。羊被古人视为吉祥物,"美、善、祥"等都是"羊"旁。"羊"又引申为"美":羊吃奶时跪着,因此代表孝顺。古人把牧羊与治国联系起来,悟出牧羊如牧人的道理。在祭祀活动中,羊是祭品。《周礼》曰:"祭祀,割羊牲,登其首。"羊又是弱者的形象,相关词语如:羊入虎口、势无全羊、使羊将狼、如狼牧羊,等等。

"猴""侯"同音,从唐宋起民俗便常以猴作为吉祥、显贵、驱邪纳福的象征。民间雕刻石猴来辟邪免灾。又因"石猴"谐"时候",北方把"时候"解释成"时运","时候到了"也就"时运到了"。鸡有吉祥之意,以鸡煞鬼,除秽驱邪是鸡在民俗中的重要角色。汉代将正月初一定为鸡日。鸡被形容为"头藏冠,文也;足搏距,武也;见失望舍命向前,勇也;见食相呼同伴,义也;守夜不失时,信也",因此有"德禽"之雅称。狗虽受人宠爱,但汉民族对它却多含厌恶、嫌弃。带"狗"的语词多贬义,如:疯狗、瘦狗公、狗胆包天、狗屁不通、卖狗皮膏药、狗头军师,等。猪是最老实的家畜了,本分而憨厚。猪年说猪,寓六畜兴旺。猪也带贬义,是蠢笨、懒惰、贪婪、丑陋的代名词,骂人词语有"蠢猪、懒猪"等。

2. 其他动物

"凤凰"是神话中的鸟,简称"凤",被称为"鸟中之王",是祥瑞的象征。在民间艺术中,有"百鸟朝凤"的剪纸、绣花图等。含有"凤"字的词语不少,如:凤毛麟角、凤鸣朝阳、鸾凤和鸣、腾蛟起凤,等等。麒麟是传说中的神奇灵兽。汉民族把麒麟视为天神送子的象征,民间常有"麒麟送子"的年画。龟在古代是象征长寿的神物,传说年龄可高达万年。古人取名也用,如唐音乐家李龟年、诗人陆龟蒙。龙、凤、麒麟、龟还被称为"四灵",都是神物。但近百年来,龟在中国成为不名誉的代名词了。妻子有外遇就被说成"乌龟"。"龟儿子"、"龟孙子",都是骂人话。

大雁是象征喜事的信使,有"鸿雁传书"、"鸿飞冥冥"等词语。鹤历来人们视为神仙的坐骑之鸟,又称为仙鹤,以鹤象征长寿。为人祝寿时常送"松鹤寿"或"松鹤延年"的寿词。鹏常被人比喻前程远大,有"鲲鹏扶摇、直上九万里"之说,又有"鹏程万里"的成语。喜鹊俗称报喜鸟、吉祥鸟,汉民族认为鹊鸟有感应先兆的神异本领。过年或结婚时,常画喜鹊取"双喜临门"之意。北方农村窗花和被褥枕头上绣花图案中有"喜鹊登梅枝",取其谐音"喜上眉(梅)梢"之意;有画梧桐与喜鹊,"桐、同"谐音,取"同喜、皆大欢喜";有的画豹和喜鹊,称"报喜图";有的画鹳和喜鹊,"鹳、欢"音近,取谐"欢喜"之意;有画铜钱和喜鹊两只,

"钱、前"同音,且铜钱有孔眼,取谐音"喜在眼前"或"眼前见喜"。

鸳鸯雄雌成双成对生活,永不分离,汉民族常用鸳鸯来象征忠贞的爱情和恩爱夫妻。结婚时洞房里多挂绣有鸳鸯图案的鸳鸯帐、放鸳鸯枕,窗上贴鸳鸯戏水的红窗花。

四、植物类词语

松常与柏并称,为汉民族喜爱,是因为耐寒又四季常青,树龄可长达千年。人们把它理解成一种抗击环境变化而能保持自身不变的社会人格,具有坚强不屈的性格。《礼记·礼器》:"其在人也……如松柏之有心也……故贯四时而不改其叶。"因其常青,严冬时仍迎风雪傲然挺立于峰顶,所以具有坚毅高洁、刚直不阿的情操。人们又把它看成长寿的象征,祝寿时常送"寿比南山不老松"之寿联。陵墓旁多植松柏,以象征死者亡灵"万古长青"。松象征长寿,鹤表示鹤发童颜,松鹤常连在一起,比喻长寿延年。

牡丹被誉为"花后","国色天香",娇艳多姿,雍容大方,富丽堂皇,是花中之王,象征富贵、荣华、幸福。历代留下很多咏牡丹的诗,如宋欧阳修的七绝《咏白牡丹》:"蟾精雪魄孕云荄,春入香腴一夜开。宿露枝头藏玉块,晴风庭面揭银杯。"牡丹通常在暮春开放,民谣曰"谷雨三朝看牡丹"。这时的桃、梨、杏花都已败落,牡丹迟开不争春,人们以花喻人的风格高尚。槐树荫浓密,槐龄长达数百年,象征祖荫庇护后代子孙,传福于后代。

古人以"梅兰竹菊"为"四君子",以"松梅竹"为"岁寒三友"。还把梅花的五个花瓣比喻为人生五福:"寿、福、康宁、好德、善终"。

兰多生长于空谷山岩,风姿潇洒飘逸,淡雅幽香。以兰象征高雅、纯洁,汉民族为兰花创造了不少词语。如:兰言、金兰、兰魄、兰质、兰讯、兰闺、兰途、兰姿、兰音等。

梅花早在诗经中就有记载。《诗经·小雅·四月》:"山有佳卉,候栗候梅。"人们爱它在严寒风雪的季节盛开,枝干无叶如铁,报早春,花姿秀雅,风韵迷人,色淡清香,象征高雅纯洁、清丽而含铁骨之气等。

竹高直挺拔,冬夏常青,质地坚硬,其形象秀逸而有神韵,虚心而能自持,用来象征正直、坚贞、廉洁、有气节、有骨气等品格。文人都爱竹,认为是"不可一日无此君"。

菊花盛开时秋风肃熬,万木摇落,百卉凋零。菊花凌寒怒放,傲霜而晚香,成为有骨气的象征。历代仁人志士崇尚气节,注重清名,每以霜菊自况。爱菊、赏菊的诗篇、文章载之于典籍,成为文化库藏中的一大瑰宝。

第三节 传统节日文化

一、过年、元宵

阴历年的岁首称为过年。这是汉民族最隆重的传统节日,象征团结、兴旺,对未来寄托新的希望。过年已有四千多年历史,由虞舜兴起。公元前两千多年的一天,舜即天子位,带领部下祭拜天地。从此就把这一天当做岁首:正月初一。

过年起源于"腊祭"(农历十二月)。腊尽春来,人们要杀猪宰羊祭祀祖先、上天,祈求来年风调雨顺,粮谷丰收,免祸免灾,人畜两旺。主要习俗有团聚、守岁、放鞭炮、拜年及贴春联、门神、年画,吃年糕等,家人要团聚。前一晚称"除夕"。除夕之夜人们整夜不睡,叫"守岁"或"坐年"。全家人吃完饭后坐在一起叙旧话新,等待天明。

过年时,长辈通常要给小辈儿童些钱物,称做"压岁钱"。北方人在除夕晚上包饺子。饺子原称扁食,称"饺子"是取"交子"谐音,过年吃饺子取"团圆"、"吉利"的意思;为求吉利,有的地方把饺子做成元宝状;有的地方在饺子里放长生果,希望人能健康长寿。

过年要燃放鞭炮,这个风俗已有两千多年了。古称"爆竹",原意是为了惊鬼驱魔。传说有个叫"年"的魔怪,初春出来伤人,它听到爆竹声就吓跑了,因此家家户户都放爆竹,求平安。宋代王安石的《元日》写放爆竹:

　　爆竹声中一岁除,春风送暖入屠苏。
　　千门万户曈曈日,总把新桃换旧符。

过年时要拜年,人们相互走访祝贺快乐,由于登门拜年耗时费力,上层士大夫便改用名帖相互投贺,这是最早的汉民族的"贺年卡"。

过年还要贴对联庆贺新年的到来,通常把表示吉利欢庆的诗句、联语写在红纸上,除夕时在大门上贴联。北方还要贴年画。贴在门上称为门神,如三国关羽、张飞,唐代秦琼、尉迟恭、钟馗等人物像,用来驱鬼避邪,保佑平安;把历史故事或反映民众理想、心愿和生活情趣的年画贴在屋里墙壁上,如有:年年有余、五谷丰登、六畜兴旺、风调雨顺、福寿安康等风俗画,使屋里显得热闹,增添许多节日气氛。

正月十五元宵节,古时称"上元节"(正月十五上元、七月十五中元、十一月十五下元)。夜晚又称"宵"、"夕",所以又叫元夕节。元宵节已有两千多年的历史。

西汉初,刘邦死后诸吕专权,周勃、陈平等灭杀诸吕迎立刘桓为皇帝。平定诸吕是正月十五,为了纪念这个日子,正月十五日定为元宵节,汉文帝刘桓出宫与民同乐,从十四至十六,各种灯火连燃三夜;汉明帝提倡佛教,下令元宵点灯,表示对佛的尊敬。从此,元宵节张灯便成为习俗。

唐宋以后,观灯从十三至十七一连五夜,游乐盛况空前。到明代,"一入新正,灯火日盛",正月初八就要上灯,到十七日落灯,连续张灯十夜,是历史上最长的灯节。清代的灯节有观灯、猜灯谜、放焰火、吃元宵等习俗。观灯游乐,包括挂灯、打灯、猜灯谜、放焰火、耍狮子、舞龙灯、踩高跷、走旱船、锣鼓会等。元宵节因而也被称为灯节。

除观灯外,还要吃元宵。"元宵"又叫"汤圆、汤团、汤元",均含"团圆"意。一年中第一个月圆之夜,家家吃汤圆,是团圆、吉祥如意的象征。由于元宵吃汤元,后来就把"汤圆"叫"元宵"了。宋欧阳修曾写《生查子》:

　　去年元夜时,花市灯如昼。月上柳梢头,人约黄昏后。
　　今年元夜时,月与灯依旧。不见去年人,泪满春衫袖。

辛弃疾《青玉案》写的是元宵节盛况:

东风夜放花千树,更吹落、星如雨。宝马雕车香满路。凤箫声动,玉壶光转,一夜鱼龙舞。　　蛾儿雪柳黄金缕,笑语盈盈暗香去。众里寻他千百度。蓦然回首,那人却在,灯火阑珊处。

二、花朝、清明（寒食）

花朝节在阴历的二月十五，是民间的岁时八节之一，也叫花神节，俗称百花生日。早春时节乍暖还寒，万物复苏，草木萌青，百花或含苞或吐绽或盛开，各地百姓尤其是花农，在这天都要祭百花以求庇佑。

花朝节由来已久，最早记载见于春秋的《陶朱公书》："二月十二为百花生日，无雨百花熟。"晋人周处《风土记》言："浙江风俗言春序正中，百花竞放，乃游赏之时，花朝月夕，世所常言。"清朝蔡云有诗："百花生日是良辰，未到花朝一半春。红紫万千披锦绣，尚劳点缀贺花神。"这是旧时民间庆贺百花生日盛况的写照。

清明原是节气，在四月五日前后；寒食在清明前一天，源于春秋时期：晋文公重耳逃亡在外，介子推和他患难与共十几年。饥饿时，介子推割自己腿肉让重耳充饥。重耳当国君后重赏有功之臣，介子推不愿做官，隐居山林过清贫生活。重耳去山上找寻不到下令烧山，想逼介子推出来，结果介之推被活活烧死。为纪念介子推，把每年冬至后第一百零五天（介子推被焚之日）定为寒食节。从这天起家家户户禁用烟火，吃三天寒食，为蒸饼、枣糕、炒面之类。清明、寒食仅差一天，久而久之两个日子混同，统称为清明节。

人们通常在这前后祭扫亡人，在坟上上香，焚烧些纸钱、冥币。在这几天里还有戴柳、折柳、插柳的习俗。按照旧俗，扫墓时，人们要携带酒食果品、纸钱等物品到墓地，将食物供祭在亲人墓前，再将纸钱焚化，为坟墓培上新土，折几枝嫩绿的新枝插在坟上，然后叩头行礼祭拜，最后吃掉酒食回家。唐杜牧《清明》：

　　清明时节雨纷纷，路上行人欲断魂。
　　借问酒家何处有，牧童遥指杏花村。

很好地概括了这些日子人们的心情和一些活动，写出了清明节的特殊气氛。

清明节习俗除禁火、扫墓，还有踏青、荡秋千、蹴鞠、打马球、插柳等活动。相传这是因为要寒食禁火，为防止寒食冷餐伤身，所以大家锻炼身体。因此，既有祭扫新坟生别死离的悲酸泪，又有踏青游玩的欢笑声。

秋千最早叫千秋，为避忌讳，改为秋千。古时秋千多用树桠枝为架，再栓上彩带做成，后逐步发展为用两根绳索加上踏板的秋千。

踏青又叫春游。古时ński探春、寻春等。三月春回大地，一派生机勃勃的景象，正是郊游的大好时光，民间有踏青习惯，还有植树的习惯。清明前后春阳照临，春雨飞洒，树容易成活。

放风筝是清明时节人们所喜爱的活动，有些方言叫"放鹞子"，这个短语更为传神。白天放，夜间也放。有人把风筝放上蓝天后，便剪断牵线，任凭清风把它们送往天涯海角，据说这样能除病消灾，给自己带来好运。

三、端午、七夕

农历五月初五为端午节，或称端阳节。"端"为"初"的意思。端午节来历说法不一，以纪念屈原的传说居多。屈原鉴于国家政事日益混乱，他国侵凌迫近危亡，悲愤忧郁，自投汨罗江而死，人们把米饭扔到江里去祭祀他。传说他托梦给人，米饭给鱼虾吃了，最好用芦苇把米饭包成菱角，鱼虾就不能吃了。端午有赛龙舟、竞渡之习，盛行于吴、越。起源于楚人因不舍屈原投江死去，划船追赶拯救，追至洞庭湖，不见踪迹。之后，每年端午划龙舟，以借划龙舟驱散江中之鱼。

端午有门插艾叶，挂菖蒲，带香包，用雄黄酒洒灭五毒等习俗。端午在小满、夏至之间，正是传染病传播的时节，人们采艾叶悬于门户上，利用挥发的药味洁净空气；用艾叶、白芷、佩兰等芳香性的中药点燃熏烟，灭绝室内的虫子；为孩子健康，又把苍术、白芷、菖蒲、雄黄、冰片等配在一起，制成香包挂在孩子衣襟上，药散发出药香可预防传染病。

"七夕节"也称"乞巧节"或"女儿节"，是最浪漫，也是姑娘最重视的日子。农历七月初七，繁星闪耀，一道白茫茫的银河横贯南北，河东西各有一颗闪亮的星星，隔河相望，遥遥相对，那是牵牛和织女星。每到七月初七，姑娘们就会来到花前月下，抬头仰望星空，寻找银河两边的牛郎织女星，希望能看到他们的相会；对着朗朗明月，摆上瓜果朝天祭拜，乞求上天赋予她们聪慧的心灵、灵巧的双手，让女红技法娴熟，更乞求爱情的姻缘巧配。因此,每到七夕的夜晚,情人多会对着暗夜的星空祈祷爱情永恒不渝。

七夕乞巧起源于汉代,东晋葛洪的《西京杂记》有"汉彩女常以七月七日穿七孔针于开襟楼,人俱习之"的记载。

古诗十九首《迢迢牵牛星》:

> 迢迢牵牛星,皎皎河汉女。
> 纤纤擢素手,札札弄机杼。
> 终日不成章,泣涕零如雨。
> 河汉清且浅,相去复几许。
> 盈盈一水间,脉脉不得语。

据《开元天宝遗事》载:唐太宗与妃子每逢七夕在清宫夜宴,宫女们各自乞巧,这一习俗在民间也经久不衰,代代延续。唐王建有诗句:"阑珊星斗缀珠光,七夕宫娥乞巧忙。"宋元之际七夕乞巧相当隆重,京城中还设有专卖乞巧物品的市场,世人称为乞巧市。宋罗烨、金盈之辑《醉翁谈录》说:"七夕,潘楼前买卖乞巧物。自七月一日,车马嗔咽,至七夕前三日,车马不通行,相次壅遏,不复得出,至夜方散。"从乞巧市购买乞巧物的盛况,就可以推知当时七夕乞巧节的热闹景象。

四、中秋、重阳

中秋节是阴历八月十五日。中秋正当秋分时节,秋高气爽,明月当空,妩媚动人,人们把月圆看做家人团圆的象征。中秋成为佳节,又因月亮有着种种美丽的神话传说,例如:嫦娥奔月、玉兔捣药、吴刚伐桂等。

中秋节自古有祭月、拜月、赏月的习俗。古代皇帝为了祈祷丰收,常在八月十五的夜晚,奏乐祭祀月神,民间则拜月神,后来渐渐形成了赏月的风俗。中秋节的重要传统食品是月饼、毛豆、芋艿、鸭子等。

白居易《八月十五日夜湓亭望月》:

> 昔年八月十五夜,曲江池畔杏园边。
> 今年八月十五夜,湓浦沙头水馆前。
> 西北望乡何处是,东南见月几回圆。

昨风一吹无人会,今夜清光似往年。

阴历九月初九,二九相重,称为"重九"。古代六为阴数,九是阳数,因此重九又叫"重阳"。重阳起源可以推到汉初。在皇宫中每年九月九日都要佩茱萸、食蓬饵、饮菊花酒,以求长寿。重阳节插茱萸的风俗在唐代已很普遍,古人认为,在这天插茱萸可以避难消灾。

重阳节有吃"糕"习俗。讲究的重阳糕要作成九层,像座宝塔,上面作两只小羊,以符合重阳(羊)之义。有的在重阳糕上插一小红纸旗,并点蜡烛灯。这是用"点灯""吃糕"来替代"登高",用小红纸旗代替茱萸。

重阳节赏菊饮菊花酒起源于陶渊明。他以隐居、诗、酒出名,也以爱菊出名,后人效之。九月一过冬天即将降临,人们开始添置冬装。在拜祭先人时,人们不忘烧些纸衣,让先人在阴间过冬。这样,重阳节又演变成扫墓及为先人焚化冬衣的节日。

重阳还有登高的风俗,又叫"登高节",此风俗始于东汉。一般登高山、登高塔。重阳正值仲秋,天高气爽,是登高远眺、舒畅胸怀的好时光。历代文人雅士每当此时,登上高处,饮菊花酒,吟诗取乐,留下无数诗篇。如杜牧《九日齐山登高》:

江涵秋影雁初飞,与客携壶上翠微。
尘世难逢开口笑,菊花须插满头归。
但将酩酊酬佳节,不作登临恨落晖。
古往今来只如此,牛山何必独沾衣。

五、腊八

腊月初八为"腊八节",这是个重大的节日。从先秦起,腊八节就用来祭祀祖先和神灵,祈求丰收和吉祥。

腊八通常要烧"腊八粥",也叫"七宝五味粥",这已经有一千多年历史。腊八粥选用八种主料、八种佐料。主料是豆和米,豆有:红豆、绿豆、豇豆、扁豆、豌豆、蚕豆等;米有:小米、大米、黄米、粳米、玉米等。佐料可以是桃仁、枣泥、柿子、瓜子、花生、莲子、松子等。每逢腊八,不论是朝廷、官府、寺院,还是黎民百姓家都要做的。到清朝,喝腊八粥的风俗更是盛行。

粥熬好后要先敬神祭祖,然后赠送亲友,一定要在中午前送出去,最后才是全家人食用。吃剩的腊八粥要保存着,如果吃几天还有剩余是好兆头,取其"年年有余"之意。如果把粥送给穷苦人吃,那更是为自己积德。

还有一种说法是,佛祖释迦牟尼成道前修行多年,饿得差点没命。有牧羊女煮羊奶粥给他充饥,他恢复体力后在菩提树下继续静思,终于在腊月初八得道成佛。为纪念,佛教徒便用米加上干果煮粥供奉佛祖,称为腊八粥。所以腊八也是佛教徒的节日。

清道光有诗《腊八粥》:

    一阳初复中大吕,谷粟为粥和豆煮。
    应节献佛矢心虔,默祝金光济众普。
    盈几馨香细细浮,堆盘果蔬纷纷聚。
    共尝佳品达妙门,妙门色相传莲炬。
    童稚饱腹庆升平,还向街头击腊鼓。

在民间,假如院子里种着花卉和果树,要在枝干上涂抹些腊八粥,来年会多结果实。另外,腊八除祭祖敬神,还要悼念亡国、寄托哀思。

第四节 数字中的吉、凶文化

数字本身并无特殊意义,但人类在使用过程中却熔铸了自己的认识、生活习俗、审美观照和情感,数字符号因此具有了丰富的内涵,披上了神秘外衣。数字从侧面反映了民族对客观万物的审视方法和态度。

数字在汉民族文化中占有重要地位。汉民族先人把十以内数分成两大数列:奇数为阳,有为天、为刚、为夫的象征意义;偶数为阴,有为地、为柔、为妻的象征意义。

一、"一"到"三"

"一"有着重要地位。古代哲学家认为,万物始于太极,而一称为太极(或无极),且有"太极生太一,太一生阴阳,阴阳生五行"之说。

"一"和"元"、"始"、"初"同义，由"一"派生而来或径指一或借指少的词语有不少，如：一叶知秋、一语破的、一针见血、一鳞半爪。"一"是单数（天数）之首，也称阳数，还可代表整体。在使用"少"、"小"之意时，透露出以一概全、以少概多的传统文化观念，暗中仍有"全"、"多"、"大"的影子，比如：一尘不染、一成不变、一事无成、一丝不苟、一劳永逸，等。

　　"二"是偶数（地数）之首，也称阴数，是大吉大利之数。汉民族重视礼尚往来，逢年过节走访亲友要带礼物，不能"空手"。送礼讲究"送双"，以取成双成对之意。"双、对"虽不是数字范畴，但含有数的意义，也体现了崇尚偶数的观念。由"二"、"两"、"双"组成的词语多含褒义，例如：两全其美、两袖清风、双管齐下、两相情愿、一清二楚、举世无双、才貌双全，等。

　　"三"是个具有神秘色彩的玄数。《周易》六十四卦，每卦六爻，阴爻称六，阳爻称九。六和九都是三的倍数。通过这六九变爻，相互移易，以显示变化无穷的千品万类。"三"是吉祥数，自古以来多以三命名，天文、历法、律吕、度器以及宫殿建筑、王朝设官等，都以"三"为法度。"三"的内涵比较丰富，如：三纲、三才、三春、三军、三阳、三节、三阳开泰、三叩九拜、三教九流、三思而后行、三年不窥园，等等。"三"与"两"在一起常表少数，如：三言两语、三冬两夏、三长两短；"三"与"五、六"在一起则表多数，多次，如：三令五申、三番五次、三年五载、三头六臂、三推六问、三姑六婆，等；"三"与"四"在一起多含贬义，如：不三不四、低三下四、颠三倒四、丢三落四、挑三拣四，等。"三"可虚化，表示少、小、短的意思，如：三寸舌、三脚猫、三寸金莲、三分姿色、三言两语、三天打鱼、两天晒网，等等。

二、"四"到"六"

　　"四"是表示吉祥的"玄数"。汉民族礼俗讲究"四平八稳"，送礼要送四样，室内要挂四扇屏，请客吃饭讲究四盘八碟。许多事物与"四"相配，如：四方、四面、四体、四声、四呼、四宝、四艺、四维、四海、四邻、四边、四周、四野、四肢、四德、四面八方、四通八达、四平八稳、四山五岳、四邻八舍、四面楚歌，等等。故"四"有分散义。某些方言里"四"

与"死"谐音,死亡则意味着人的灵魂脱离肉体分散而去。因此又是人们避讳的数字。为避免不吉利的联想,人们尽可能地把门牌、房间、电话、车牌的号码及开业、庆典日子与"四"避开。这种避讳的心理就是数字文化的体现。

"五"属吉祥的"玄数"。手有五指,屈指计数的古人对"五"甚感亲切。汉民族以中庸为德,以中和为美,凡处于中间位置的事物就是美的。在众多的数字中,只有"五"符合这种以中庸为德、以中和为美的原则。这种调和持中的文化精神深深根植于民族灵魂深处,成为了一种集体无意识,潜移默化地影响着人们对客观事物的审美观照。在总结或命名事物时,汉民族喜欢凑成"五"来用:五行、五方、五洁、五戒、五彩、五岳、五湖、五福、五德、五谷、五经、五洲、五岭、五更、五光十色、五彩缤纷、五大三粗、五子登科、五世同堂、五马分尸、五十步笑百步,等等。

"六"是"二、三"的倍数,是汉民族偏爱的偶数。"六""禄"古代同音,"禄"代表财物、地位;"六"与"顺"有一定的渊源关系。许慎《说文解字》:"六,易之数,阴变于六,正于八。"《周易》:"坤:元亨,利牝马之贞。君子有攸往,先迷,后得主,利。西南得朋,东北丧朋。安贞吉。"坤卦精髓就是"顺"。"六"被用来指称与皇帝相关的事物,如皇帝穿的"六合靴";引挽天子丧车的绳子为"六引";帝王乘坐的车驾"六尺舆";天子的正寝和五处燕寝为"六宫"。"六"也寄托了美好愿望,汉民族喜用"六"命名:六艺、六德、六亲、六气、六合、六欲、六谷、六府、六义、六经、六根、六畜、六淫、六丁、六尘、六马、六牙、六尺、六玉、六甲、六老、六耳、六冲、六科、六神无主、六气损伤、六阳魁首、六尺之孤、六根清净、六街三市、六马仰秣、六韬三略、六月飞霜、七情六欲,等等。

三、"七"到"十"

在汉文化里,"七"是阴阳与五行之和。儒家所谓的"和",道家所谓的"道、气",都与"善、美"有着密切关系。它既代表着人类生命的某种定数,又揉杂着神话的梦幻和宗教的玄妙。汉化佛教中有不少以"七"为语素的词语和熟语,比如:七佛、七情、七趣、七贤位、七觉分,等等。"七"又是汉民族忌讳的对象。古文"七"像条直线从中切为两半,有切断之意;古代七月处斩犯人。《礼记·月令》:"孟秋之月,戮有罪,严断刑,天地始肃,不可以赢。"人死从咽气之日算起,七天为一个祭日:从"头七",到第七个七天叫"尽七"。带"七"的短语、熟语有:七孔生烟、七返还丹、七情六欲、七贞九烈、三魂七魄、五侯七贵、九宗七祖,打蛇打七寸——攻其要害,七尺汉子六尺门——不得不低头,三分面粉七分水——十分糊涂,十五尊神像摆两层——七高八低,七仙女做梦——天晓得,等等。"七、八"配表杂乱,有贬义,例如:七颠八倒、七拼八凑、七损八伤、乱七八糟、横七竖八、乌七八糟……

"八"是"二、四"的倍数,为象征吉祥的玄数。汉民族命名喜用"八"。结婚或庆贺时要设"八八"宴席招待宾客,寿宴要上八种菜。带八的短语有:八面玲珑、八面见光、八面威风、八面受敌、八拜之交、二八佳人、耳听八方、四面八方、四平八稳、四衢八街、四时八节、四亭八当、十之八九、五花八门、八九不离十、十万八千里、八字没一撇;女大十八变;眼观四路,耳听八方;八仙过海,各显神通,等等;因"八""发"在粤语是同音,"发"有"发财"意,因此在选择门牌、房间、汽车牌、账号及电话等号码时,都是八贵四贱。

"九"表示最高、最多,"九重天、九重霄、九霄云外"都指高。"九、久"同音,用"九"示"长久",因此也是吉祥数。有"天有九天,地有九洲,月行九道,日有九光"之说。带"九"的词语、熟语有:九门、九重、九鼎、九卿、九华、九思、九品、九流、九泉、九服、九成、九连环、九回肠、九宫格、小九九、九牛一毛、九关虎豹、九级浮屠、九天玄女、九品中正、九曲回肠、九死未悔、四姻九戚、三贞九烈、三教九流、三旬九食、九天揽月、九霄云外、九九归一、九烈三贞、含笑九泉、九九艳阳天、九牛二虎之力,等等。

"十"是偶数之冠。汉民族格外崇尚"十",认为是个完美、充实、吉利的数字,是完美圆满的象征。"十"给人十全十美、神气十足的感觉。表示"多、满"的词语多有"十",如:十夫、十死、十纪、十围、十言、十思、十洲、十通、十停、十辈、十分、十成、十足、十方、十样锦、十全十美、十恶不赦、一目十行、十年树木、十年寒窗、十拿九稳、以一当十、十亲九故、十病九痛、十室九空、十有八九、十之八九、十人九慕、十拏九稳、十眠九坐、十死九活、十拷九棒、十里洋场；十年树木，百年树人；十里不同音，百里不同俗，等等。

四、百、千、万

冠以"百"字的词语或熟语并非确切的数字，而是指"多"。如：百工、百官、百戏、百岁、百吏、百众、百般、百衲衣、百事通、百花魁。成语有：百年大计、百年之好、百花齐放、百思莫解、百折不回、百发百中、百尺竿头、百子全书、百川归海、百事大吉、百感交集、百折不挠、百依百顺、百废俱兴、百尺竿头、百无禁忌、百步穿杨、百鸟朝凤、百孔千疮、百闻不如一见，等等。

"千"是表示多的吉祥数。词语或成语、熟语有：千古、千岁、千金、千秋、千夫、千叶、千次、千里眼、千岁鹤、千里马、千人所指、千金一诺、千钧一发、千载一时、大千世界、千虑一得、千秋之罪、千里迢迢、千里鹅毛、千方百计、千孔百疮、千金一诺、气象万千、千里借筹、千里逢迎、千里鹅毛、千日打柴一日烧；智者千虑，或有一失；愚者千虑，亦有一得；养军千日，用在一朝；送君千里，终须一别；千锤打锣，一锤定音；家累千金，坐不垂堂，等等。

"万"字的正体字是"萬"。本义为蝎子，象形，被假借为十千，数名。由"万"组成的词语、熟语表示多。如：万方、万分、万有、万古、万岁、万千、万金、万幸、万夫、万顷、万寿、万物、万卷、万人敌、万户侯、万事通、万金油、万年历、万年青、万死一生、万无一失、万里长城、万事如意、万古常青、万马奔腾、万人空巷、万象更新、万死不辞、万事大吉、万念俱灰、万籁无声、万夫莫当、万不得已、万籁俱寂；不怕一万，就怕万一；万事俱备，只欠东风；万般皆下用，唯有读书高，等等。

"千"和"百"、"万"组成的成语表示多义。例如：千奇百怪、千愁百恨、千锤百炼、千疮百孔、千姿百态、千方百计、千娇百媚、千头万绪、千山万水、千山万壑、千秋万代、千秋万岁、千秋万世、千差万别、千家万户、千言万语、千辛万苦、千真万确、千呼万唤、千难万险、千丝万缕、千仇万恨、千刀万剐、千态万状、千军万马、千丝万缕、千千万万、万户千门、万古千秋、万紫千红、万水千山、万代千秋、万马千军,等等。

五、数字诗

数词除具有实指事物作用外,还具有虚指事物作用。虚指表示众多。

诗文用虚指数词,不仅生动形象地描摹出事物的情状,且可鲜明细腻地反映作者的感情。比如:"三杯两盏淡酒,怎敌他晚来风急","行尽桑麻九曲天,更寻佳处可留连","朝辞白帝彩云间,千里江陵一日还","千山鸟飞绝,万径人踪灭",等等。

古人还喜欢将从一至十以内的数目字用于诗句中连贯而成。有冠于句首,有嵌于句中;有顺数,有倒数,还有兼而有之的。趣味横生,令人把玩不已。如鲍照的《数名诗》:

一身仕关西,家族满山东。二年从车驾,斋祭甘泉宫。
三朝国庆华,休沐还旧邦。四牡曜长路,轻盖若飞鸿。
五侯相钱送,高会集新丰。六乐陈广坐,组帐扬春风。
七盘起长袖,庭下列歌钟。八珍盈雕俎,绮肴纷错重。
九族共瞻迟,宾友仰徽容。十载学无就,善宦一朝通。

《望海潮》为宋柳永所创,由数字组成的"三吴都会"、"十万人家"、"三秋桂子"、"十里荷花"、"千骑拥高牙"等,或实写,或虚指,均带夸张,形成柳永式的词风:

东南形胜,三吴都会,钱塘自古繁华。烟柳画桥,风帘翠幕,参差十万人家。云树绕堤沙。怒涛卷霜雪,天堑无涯。市列珠玑,户盈罗绮,竞豪奢。　　重湖叠巘清嘉。有三秋桂子,十里荷花。羌管弄晴,菱歌泛夜,嬉嬉钓叟莲娃。千骑拥高牙。乘醉听箫鼓,吟赏烟霞。异日图将好景,归去凤池夸。

元代徐再思的《水仙子·春情》显得很有情趣:

九分恩爱九分愁,两处相思两处愁。十年迤逗十年受。几遍成,几遍休。半点事、半点惭羞。三秋恨、三秋感旧。三春怨,三春病酒。一世害、一世风流。

明代吴承恩的《数字诗》是首非常难得的七律:

> 十里长亭无客走,九重天上现星辰。
> 八河船只皆收港,七千州县尽关门。
> 六宫五府回官宰,四海三江罢钓纶。
> 两座钟头钟鼓响,一轮明月满乾坤。

清人王士祯《题秋江独钓图》也是首数字诗:

> 一蓑一笠一扁舟,一丈丝纶一寸钩。
> 一曲高歌一樽酒,一人独钓一江秋。

清蒋春霖的《沁园春·赋二字》将二字隐藏在词句的意思中,含而不露:

有女同居,燕燕莺莺,才兼艳兼。爱杏花开候,春风似剪;床棋对处,妙弈疑仙。看去双文,叠来一字,配个人儿想见怜。休抛撇,怕形单影只,各自萧然。　　鹣鹣。兰夜灯前。算过了、初更漏正添。忆洲分白鹭,水流无迹;台荒铜雀,春锁何年?茧样同宫,鱼般比目,嘉偶宁从怨偶怨。厮相并,莫较长论短,两小生嫌。

第五节　颜色词的文化含义

颜色是一种客观存在的事物,由于历史文化的积淀,颜色词被赋予了一定的文化色彩,颜色词承载着鲜明的文化信息,有着汉民族深刻的文化体验,具有深刻的文化内涵。

汉民族的不同朝代崇尚着不同的颜色。夏崇尚青,商崇尚白,周崇尚赤,秦崇尚黑,汉、隋、唐、宋、元、明、清尚赤。

一、红色

红色古代称做"赤、朱、绯、绛",是汉民族最常用、最喜欢的颜色。在汉文化影响下,"红"成为最活跃的一个颜色词。

从红色可联想到血、太阳和火的颜色。原始人在渔猎生活中本能地体会到:只要体内流淌出红色液体就离死亡不远了。从这种"知其然不知其所以然"的迷惘而又深刻的体悟中,产生了原始宗教中的尚血崇拜和血殉血祭。

由于太阳和火可给人带来光明、温暖、幸福,对太阳和火崇拜又导致"红"的正面价值。汉族人喜欢用红色来避邪驱魔,它是在民间积淀了千百年的观念和信仰。过年贴红联、红"福",挂红灯笼,贴红窗花,点红烛,燃红炮,穿红衣,装压岁钱的红包,年糕上的红点,结婚为红喜事,新娘着红衣、盖红盖,新郎披红绸带、佩红花,门上贴红联、红喜字,点红烛,宾客吃红豆包,送喜钱或结婚礼物都用红纸或红布包裹,婚帖也用红纸写,小孩出生分享喜事送"红蛋"……

红是富贵吉祥之色,古代平民不能随意享用。《红楼梦》第十九回中写宝玉到花家探望袭人,见袭人两个姨妹子穿红衣,回来问起。袭人说:"叹什么!我知道你心里的缘故,想是说她哪里配穿红的?"可见清代女子穿红还有个配不配的问题。

古代女子尚红,化妆多用胭脂红,穿红衣,美女又称"红粉、红妆、红裙、红袖、红颜"等。清代李渔《闲情偶寄·种植·木本》解释"红颜薄命":"色之极媚者,莫过于桃;而寿之极短者,亦莫过于桃。红颜薄命之说,单为此种。"

红色在戏曲脸谱中象征忠义、勇武、坚毅、坦诚等品性。关羽、赵匡胤、关胜等的脸谱多为红色。身体健壮可形容为"红光满面"、"脸颊红润"。"红"还用来象征春天、春光、春花。"飞红点翠"比喻"春光",用"落红"比喻"春花"。"红"可象征幸福、喜庆、欢乐、热烈,由此又引申出兴旺、发达、顺利、成功、福利、有成就、运气好。在开业、展览会开幕或工程奠基及落成典礼时都要用红绸结彩,以祝贺成功、顺利、圆满。

"红"的文化意义表现为相关事物的意义或连带事物的意义。由顺利、成功等可引申为受好评、爱戴、欢迎,受领导重视或重用等。由成功、顺利、受欢迎、受重用等义又引申出羡慕、嫉妒之意,如:眼红、红眼病等。由红色联想到战火、鲜血,红色象征推翻其他政权,例如:红旗、红军、红区、红都、红星、红领章、红领巾、红小鬼、红色政权、红色娘子军、红色宣传员、红色根据地、红色资本家,等等。

随着文化、生活的发展,"红"又有了新的象征意义。比如:"亮红牌"、"亮红灯",表示警告,"红灯区"成了妓院的代名词。"赤字"象征财政亏空。这些词在汉语中流行是受了西方文化的影响,但"红"的警告之义也被中国人认可和运用了。

二、黄色

"黄色"是温暖的颜色,黄颜色的事物中有许多都受到人们的喜爱,如:阳光、沙滩、麦穗、花朵等。除颜色本身给人的感觉外,在汉语中的文化内涵更为丰富。

黄色是法定的尊色,具有崇高、尊严的意义,象征中央皇权和社稷,也象征生长万物的土地。《说文解字》:"黄,地之色也。"汉民族始祖之一皇帝轩辕氏有"土德之瑞",传说他经常穿黄衣,戴黄冕。

华夏族以中自命,认为土地乃生命之源,是五行中最重要的,而且主要生活在黄土高原,其色为黄,中配土为黄色。有"黄中之色也,色之至美也"的说法。因而黄色象征中央正色和国土,成为中华民族的本色。

汉民族习惯将五方、五行、五色搭配,正因黄色代表着君权、君位,所以黄色也成为中华民族的象征。到汉代,五行学说加入了"君权神授"的儒家思想,对黄色的解释加入了神学和儒学的观点,"黄者,中和之色,自然之行,万世不安易";"黄承天德,最盛淳美"。因而黄色成为封建黄帝所独享的专用的颜色,庶民百姓都被禁止穿黄衣。

除帝王外,佛教徒可着黄衣,可用黄纸写经,享有特殊的礼仪。祭祀时焚烧的"黄表纸"也与佛教有关系。

黄色与金子同色,又象征富贵、辉煌。官宦富贾人家佩戴金制手饰,使用金色器皿,以显示富丽堂皇的富贵之气。因黄金珍贵,把最宝贵的时间称做"黄金日、黄金周、黄金月",有一刻千金之说,青年时代是"黄金时代"。

戏剧脸谱中黄色表勇猛、干练,如三国戏中的黄盖、典韦等人物的脸谱都是黄色。

由于"枯黄、焦黄、遍地黄叶、杏子黄时"中的"黄",有的是反映植物的衰老、死亡,有的是反映植物果实的成熟或病态,于是又因此而产生出"黄"的修辞义,如"面黄肌瘦"、"买卖黄了"、"朋友黄了"。

"黄色"除表尊贵、崇高外,在现代汉语中还有贬义联想。贬义色彩源于美国。18世纪以来,美国多用黄色纸张印刷色情淫秽书刊,称黄色书刊。自"黄色"有反动、色情、淫秽等含义后,在中国也产生了贬义色彩的语词,出现了带"黄"的新词语,如:扫黄、贩黄、打黄、拒黄、黄根、黄害、黄毒,等等。认为黄色和淫秽有关的理念能够流行还与当时的极左思想、禁欲有关。"黄"的本义虽然是抽象的,但传入大陆后,特别20世纪五六十年代有一批文化层次较低的干部错以为"黄色"是指具体的色彩,于是,便有了只要书籍颜色泛黄就都是有问题的、思想倾向不好的书刊的说法。

三、青绿色

古语"青、绿"同义。上古"青"属于正色,地位较高。人们将五色与天地的五方相配,东方为青帝,又把四方与四季相配,因"青"是植物萌生之色,所以又将春神称为"青帝"。民间神话传说主持科举文运的文曲星身穿绿袍。因此绿色又代表希望和幸运。

绿色是草木及一切植物最茂盛的颜色。由绿可联想到春天、草地、森林、湖泊、翡翠、绿宝石等。绿给人以恬静清丽的感觉,象征着青春韶光,文学作品里经常用绿来描写年轻貌美的女子,以"绿窗"替代闺阁。

秦、汉后,青绿的地位大为降低。头戴"绿帻"的人地位都极其卑微。《汉书·东方朔传》注明确指出"绿帻,贱人之服";《晋书·载记》载,刘聪要羞辱被俘的晋怀帝,就让他着青衣为人斟酒。唐代明确规定:六品,官服绿色;八品、九品,官服青色。绿服也称"青衫"。白居易《琵琶行》诗中就有"座中泣下谁最多,江州司马青衫湿"之句。唐代延陵令李封遇到官吏犯罪,不使用杖责,而是让其戴上绿头巾来羞辱。杜甫《徒步归行》言"青袍朝士最困者,白头拾遗徒步归",是诗人因青衫绿袍而心情苦闷怨恨的写照。

宋代、元代时绿衣、绿巾是低贱人的服装,乐人、伶人、乐工都穿绿服,地位极其低下,是达官贵人手中的玩物,故"朝制以碧绿之巾裹头"。明代以后青衣小帽是平民、奴仆常用的服装,"青衣"也就成为婢女、童仆的代称。元明清时,乐人、伶人、乐工等从事"贱业"的人须常服绿、青色的衣服,戴绿头巾。可见,古代民间青衣也多为地位低下者所穿。

绿色在传统文化中具有两重性:除表示义、侠外,还表示野、恶。人类借助绿色保护自己,赖以生存;同时,绿色也保护着人类的天敌及其他食人动物。义侠是正义的,如人们聚集山林、劫富济贫的人为"绿林好汉";而野、恶是邪恶的,因此,"绿林"指为占山为王、拦路抢劫、骚扰百姓的盗匪。戏剧脸谱中的绿色多表示凶恶,如:阴曹地府的青面鬼。

现代用绿色象征安全、希望、和平。把为防风、防沙,为解决孤岛效应而进行植被、植树造林的工程称做"绿色工程";把不用化肥催生,通过自然生长成熟的食品叫做"绿色食品";绿色还有快捷的意思,如"绿色通道"、"开绿灯"等。

四、黑色

黑色象征尊贵、刚毅、严正、憨直、深沉、神秘等,曾是夏和秦崇尚的正色。

夏秦两代公卿大夫的官服、礼服、祭服都是黑色。秦代替周正是五行"水克火"的应验。黑色据北,崇水,因而秦的"衣服旄旌节旗皆上黑"。秦王朝统一中国时,高举黑旗的金戈铁马所向披靡。西汉初年承秦制,黑衣为帝服和官员的朝服。史书上有"皂衣之吏"的记载。宋代王杼《野客丛谈》:"汉官吏著皂,其使贱役著白。"

"黑"作贬义始见于屈原的《九章·怀沙》"变白以为黑兮,倒上为下"句,是最早以黑白对举来表示强烈反差的例子。"黑白不分、黑白颠倒"成了谴责是非颠倒的常用词。黑色又与古代"黥"刑有关。《尚书·吕刑》:"爰始淫为劓、刵、椓、黥。"先秦在犯人额、脸上刻画刺字,用墨涂黑,因此含有不光彩的附加意义。以"黑"为形旁的都有贬义,例如:黜、黩、黯、黠、黩、黥,等等。

阴曹地府是暗无天日的,因此,黑又象征着黑暗、死亡、邪恶、阴险、恐怖、非法等义。黑还有奸恶、阴险等含义,如"黑手、黑心、黑爪牙"等。从"黑暗"义中又引申出了非法、欺骗等含义,例如"黑幕"、"黑帮"、"黑名单"、"走黑道"、"黑店",而"黑货、黑市"则是违禁的货物交易;"黑钱"是指通过贪赃、受贿等非法手段得来的钱。"黑"还有狠毒义,如:手狠心黑。

唐宋以后,朝廷规定平民着衣只能服用黑、白两色,黑色便成为平民普遍使用的服色。隐居山野之人也常着黑色,对于这些隐士来说黑色意味着清贫。

黑色与夜色相似,因此又象征深沉、肃穆、神秘等。"黑"为暗色,与亮色"白"正相反,"黑白"常连用,比喻截然相反的事物。《墨子·天志》:"将以度量天下王公大人公卿大夫之仁与不仁,譬之犹分黑白也。"黑色和铁色相似,象征刚毅、严正、铁面无私等。戏剧脸谱用黑色象征人物的刚直不阿、严正无私或憨直的性格,如唐代尉迟恭、宋代包拯、李逵等人物形象,脸谱都是黑色。

20世纪60年代的"文革",黑与反革命、反动联系在一起,构成政治色彩极强的贬义词,如:黑帮、黑手、黑牌、黑纲领、黑干将、黑参谋、黑秀才、黑笔杆、黑五类,等等;近年来随着"黑米、黑豆、黑芝麻、黑面包"等保健食品出现,"黑"又代表着健康、环保,属于褒义词了。

五、白色

白色是汉民族文化习俗中避忌的不吉之色。

自汉至唐、宋,服色制度逐渐完善,白色便与贫贱挂上了钩。在古代服饰文化中,"白衣"是庶民的代名词。清顾炎武《日知录·杂论·白衣》:"白衣者,庶人之服。"《汉书·龚胜传》颜师古注:"白衣,给官府趋走贱人,若今诸司亭长掌固之属。"古代称无功名者为"白身、白丁",如唐代高适《送桂阳孝廉》诗:"桂阳少年始入秦,数经甲科犹白身。"

白色有表示低贱、凶丧、愚蠢、无利可得、奸险等贬义。《说文解字》释"白":"西方色也。阴用事,物色白。"西方属秋,"西风萧杀,万物凋零",给人悲凄感,因而,也把代表"秋"的白色视为不吉利。在古代白衣是丧服之色,象征凶险。《史记·荆轲传》载,荆轲奉燕太子命入秦刺秦王,临行时,"……皆白衣冠以送之"。送行者服白色,以示诀别。亲人死亡,家属穿白丧服,设白灵堂,出殡打白纸幡,撒白纸钱。此外,帝王在祈祷消除瘟疫、饥荒、祭祀时所穿的衣服是白色的,叫素端;年成不好,天子要着素服,乘素车。南宋迁都至杭州,北方士大夫初因不惯炎热,流行穿白色凉衫;但不多久就有人指责:"纯素可憎,有似凶服",最后,皇帝下令禁服白衫。

"白"的联想义是卑微、低贱。如"白屋"为平民之屋;"白户"为平民户口;"白役"为编外差役;"白直"是编外小吏;"白士"是指清寒、贫苦的读书人;"白丁"是没有功名的人。历代离经叛道、自命清高的文人骚客,称自己为"白衣",把居室称为"白屋"。由此,又有了"白衣公卿"、"白衣宰相"之类似贬实褒的词。

由白色的"凶丧"义,又引申出了衰败、腐朽、反动、落后等贬义。大陆在解放前国民党统治时期,把国统区称为"白区",政府称为"白色政权",军队称为"白军",匪徒称为"白匪、白狗子",把对异己人士的拘捕称为"白色恐怖";20世纪五六十年代,高校开展批判"资产阶级专家教授"的学术思想,叫"拔白旗",不关心政治、只钻研自己研究领域业务的专家被说成"只专不红",走"白专道路"等等。

白色还象征失败、徒劳、愚蠢等含义。战争失败者打白旗表投降;愚蠢、智力低下者称做"白痴";戏剧脸谱中白色象征着奸邪、阴险,如秦朝赵高、明代严嵩的脸谱都是白色的。

第六节 汉民族的饮食文化

中国是农业国家,远古时期生产技术落后,各种自然灾害造成食物紧缺。因此,吃饭是困扰诸民生存的最为突出的问题。北方方言中计人的量词是"口",这不难理解,一人一嘴。有趣的是连"猪"也用"口"来计量,兰州人至今仍把猪和人并列算在家庭成员之内,恐怕属于文化因素的遗留。

《现代汉语词典》"吃"有八个义项,共41个词条。在《现代汉语词典补编》中又收补了57个词条。各地有名"吃"万种,个个讲究色、香、味、形。即使是寻常百姓的家常饭桌上的菜,也能显现出不同风味,可谓千家万户异香纷呈。

一、什么都要"吃"

要延续生命就得先吃饭,这是汉语许多事物、概念都用"吃"来表达的原因,以食为本的文化心理,在中国人的思维中成了"优势灶"。这种心理习惯在语言中必然会得到反映。

中国地域广阔,各地特产都不相同,风俗习惯也就各个有别。宁波和苏州地理距离并不远,但在烹调方法、饮食习惯以及口味爱好等方面也是各有千秋。从古至今,吃的词语在国人的餐桌上香气四溢,大放异彩,即使不见菜先听菜名,也可以让人直流口水。"吃饭"头等大事,古语有"千里作官,为了吃穿",这种文化影响形成了汉民族的独特心理,因一饭而结恩仇的事,屡见于史籍。可见在中国人心理上,"吃"的地位实在是太重要了。

汉民族祭祖用的是丰盛的食品。逢年过节不会忘记在供案上摆上酒肉食品给已是"不食人间烟火"的各路神仙,让他们美美地"吃"上一顿;所有节日和喜庆日子都是吃的盛会:过年吃各种食物,正月十五吃元霄,端午吃粽子,中秋吃月饼,重阳吃黄米糕,腊八吃腊八粥,生日吃"长寿面",生孩子要吃"红蛋",红(结婚)、白(丧葬)喜事要宴请宾客。

在与异族、异国文化的接触交流中,汉民族首先引进的往往是食物,如通西域时输出丝绸、漆器、铁器等,引进的是葡萄、石榴、胡桃、胡麻、胡豆、胡椒、黄瓜、生姜、大蒜、西红柿等。

在认识事物过程中,汉民族也总将"吃"与毫无关系的现象联系起来,如自然现象"日蚀、月蚀"被认做"日食、月食",或叫"天狗吃日头,吃月亮";职业说成"饭碗";被人拒之门外是"吃闭门羹";靠老底子、老本钱过活是"吃老本";初得好处是"尝到甜头";一直受苦是"吃尽苦头"。

可以"吃"的应是有形的实体。有意思的是,汉语还可以"吃"无形的、抽象的事物或概念,如"吃准时机","吃透文件精神";漂亮姑娘可吃:"秀色可餐";连学说也可以"吃":某某学说是人们的精神"食粮"。

"吃"除表示饮食外,还可指生活或生存。如"靠钉鞋吃饭"、"吃开口饭";形容费劲叫"吃力";经历苦难叫"吃苦";欺负、整治他人叫"给人吃辣的";额外得到照顾或好说说"吃小灶"、"吃偏饭";被处决了叫"吃黑枣"、"吃枪子"。

有些词还由正面表达衍生出了反面表达。比如形容没市场、不受欢迎叫"不吃香"、"吃不开",这是从有面子、受欢迎的"吃香"、"吃得开"衍生而来的;"吃醋",比喻在男女关系上产生嫉妒情绪,后仿此造出表示没有来由的嫉妒:"吃干醋",生动而传神。

还有不少由"吃"滋生出的隐喻,如:"学的东西没消化"中"消化"是"理解、吸收"的隐喻;而"胃口"则用来隐喻某种"兴趣",如:"这事不对我胃口。"

更有甚者,连男女之事也可与"吃"联在一起:《诗经》"中心好之,曷饮食之!"这里的"饮食"指的是男女性交;《汉书·外戚传》记载两个宫人"对食",指同性恋;古代"吃茶"指的是女子受聘;山西榆次方言把娶媳妇说成是"吃婆姨",十分新奇、有趣;上海女性爱慕男的叫"吃侬","太爱你了"叫"吃煞侬了"!

由"吃"为语素的词语在表达上远比普通动词生动、形象,如:吃力、吃劲、吃惊、吃紧、吃透、吃准、吃亏、吃苦、吃重、吃罪、吃香、吃醋、吃空、吃父母、吃闷棍、吃定息、吃利息、吃救济、吃柜台、吃官司、吃苦头、吃得开、吃得住、吃得消、吃墨水、吃闲饭、吃食堂、吃剩饭、吃枪子、吃大头、吃粉笔灰、吃闭门羹、有人吃肉有人喝汤、吃香的喝辣的、敬酒不吃吃罚酒、吃不了兜着走、吃人家的嘴软、吃软不吃硬、吃定心丸、吃力不讨好,等等。"吃"是个能产语素,不时有新词填充到"吃"族去,近年来有"吃回扣"、"吃外块"、"吃大锅饭"、"吃息族"等。这些都充分表明:汉民族的思维、心理因素在"吃"上。这样,人们用"吃过了吗?"作为普通见面问候语,也就应该不足为怪了。

二、从烹调词语看文化

中国的烹调技术闻名世界,花样繁多。汉语中表示烹调的词语多达四五十个。在一种语言里存在着这么多表示有关烹调的词语,恐怕世界上绝无仅有的。除常见的"煮、煎、蒸、烹、烧、焖、炸、炖、炝、烩、烙、馏"外,还有"煸、炮、汆、炕、炙、煨、焯、煲、涮、溜"等等。此外,还有"拔丝、红烧、清炖、清蒸"等复合词。

烹调最讲究的是调料的选用和加工的方法。这些加工技术词语会引申到其他的意义上去。如:欠火候、夹生饭、回炉、炒冷饭、炒鱿鱼、煎熬、大杂烩、利欲熏心、熏陶、熏染,等等。人们利用食物的形状、色泽等来比喻女性身体的某个部分,这种比喻词往往显得生动、形象、传神。如:杏仁眼、樱桃小嘴、瓜子脸、项如嫩藕、乳似馒头、指如葱根、口若含贝;还利用食物外部形状或食物自身属性,通过比喻、夸张、借代描绘人物外貌、心理、行为、好恶。如:软面条、菜包子、闷葫芦、空心萝卜、脸像橘子皮、奶油小生、西葫芦脑袋、蒜头鼻子、装蒜、姜是老的辣、三块豆腐高、豆芽菜、刀子嘴豆腐心、刀切豆腐两面光,等等。

食物的某些特点在汉语中同样可以作为比喻来使用。中国人爱吃滑腻食物,对"肥、油"有好感。因此,"肥、油"常加以引申,表示得到某种利益或好处,如:揩油水、油水大、肥缺,等等;物品沾上油后会很光滑,如由此又引申出"油滑"这样带贬义的比喻来,如:"那家伙真油、老油子、老油条",多用来借指熟谙世事、明哲保身的人;面粉的特性是松散、柔软的,因此常被用来比喻人性子慢,如"你真面、面瓜"。

做饭、吃饭必须有器具,常使用"锅、碗、碟、盘"等。在汉语中除表器具外,它们还构成了各种比喻义。如:铁、金饭碗,打破、丢掉饭碗,大锅饭、一锅煮、一勺烩、一锅端、一刀切、背黑锅、等米下锅、揭不开锅、看人下菜碟、小菜一碟、端人碗服人管、吃着碗里的、看着锅里的、巧妇难为无米之炊、生米煮成熟饭、饱汉不知饿汉饥,等等。

三、有关味觉

任何食物都会引起人在味觉上的反应,通常是:酸、甜、苦、辣、辛、咸、淡,等等。这些都是通过味觉来感知的,会引起汉族人的各种联想。如"香、甜"使人联想到生活的美好和幸福;而"酸、苦、辣、辛"等,则让人联想到生活的艰辛与苦痛。汉语通过这种有通感的语词,使食味与世界万物产生一定的联系,形象化地比喻着"百味"人生。

酸味的通感为酸麻或酸疼感,用"酸"可表示人体局部的感觉。如:手酸、酸软、腰酸、腿酸、胳膊酸、鼻子酸、眼睛酸等;由酸味还可通感为内心难受,如:心酸、悲酸、酸怀、酸败、酸伤、酸凄、酸心、酸惨、酸痛、酸切、酸苦、酸楚、酸涩,等。酸可引申为难受之感。用"酸"形容或描写书生气十足、故作儒雅之态,言谈举止让人看了难受。讽刺那些迂腐或穷愁潦倒之态,如:穷酸、寒酸、酸气、酸迂、酸儒、酸秀才、酸味十足、等;"醋"是酸的,由"醋"构成的语词或熟语也就多含贬义,如:吃醋、醋劲、醋意、醋妒、醋海、醋罐子、半瓶子醋,等等。

古代称"甜"为"甘","甘、美"同义。"甘"组成的词语多含美好之意,如:甘泉、甘露、甘霖、甘美、甘甜、甘心、甘愿、甘旨、甘芳、甘服、甘洌、甘泽、甘养、甘爽、甘辞、甘意、甘鲜、甘馔、甘膳、甘馨、甘酸、甘之如饴、同甘共苦、心甘情愿,等。"甜"可引申为美好、安稳之意,如"她长得很甜、她笑得很甜";"甜"可形容睡觉平稳、舒服:"她睡得真甜";"甜"可形容人说话使人听了舒服,如:"她嘴很甜、甜言蜜语"。"甜"字组成的词语多含美好,如:甜美、甜乡、甜甘、甜蜜、甜头、甜软、甜净、甜俏、甜淡、香甜、甜品、甜润、甜丝丝、甜腻腻、甜言蜜语,等等。

人们用"苦"的引申义比喻生活的痛苦、悲痛,磨难和不幸,受到某种挫折和逆运、艰难和劳累,及心情郁闷和忧愁等。"苦"可引申表示生活艰难:贫苦、疾苦、寒苦、劳苦、艰苦、困苦、清苦、含辛茹苦、艰难困苦;表示劳动的艰辛:劳苦、苦劳、辛苦、艰苦、苦力、勤苦、苦工;表示难受的表情:苦相、苦笑、愁苦、愁眉苦脸、悲苦、苦衷;还可表示以顽强毅力克服困难:刻苦、苦思、苦斗、勤学苦练、煞费苦心、埋头苦干、艰苦卓绝;以及心情郁闷、忧愁、悲痛,如:苦闷、苦恼、苦楚、愁苦、悲苦、惨苦、孤苦、苦海、苦命、苦处、苦境、苦劝、苦留、苦寒、叫苦、苦口婆心、苦口良药、同甘共苦、救苦救难、孤苦伶仃、叫苦不迭、劳苦功高、苦心孤诣、苦海无边、苦思冥想、凄风苦雨、煞费苦心,等等。

辣给人以火辣、火热,激烈有难以忍受的感觉,用来比喻爆烈、刁狠或说话尖酸、刻薄等,如:泼辣、辣子、辣手、辣女人、小辣椒、红辣椒等;也可表示热情,如:火辣辣、热辣辣、辣乎乎,等;还可表示狠毒、厉害、阴险,如:毒辣、老辣、辣手、辛辣、心狠手辣、口甜心辣、阴险毒辣,等。"辛、辣"同义,"辛"与"酸、苦"一样含有"艰难"之意,如:辛酸、辛苦、辛劳、辛勤、艰辛,等等。

四、有关嗅觉

通过鼻腔的嗅觉来感知的是"香、臭、腥、臊、馊"等。

"香"常用来表示受人欢迎或重视,如:"吃香"。又引申为睡觉安稳、舒服,如说"他睡得很香"。带"香"的词语有:喷香、暗香、芳香、细香、香暖、香喷喷,生香真色、七里飘香、天香云外、十里飘香、菊香遍野,金柚飘香、香气扑鼻、香气四溢、香气芬芳、香气悠久、鸟语花香、清香四溢、玫瑰芳香、馨香四溢、香苦酸醇、油城墨香、丹桂飘香、闻香识人、久而弥香、淡淡竹香,等等;旧时用"香"描写跟女子有关的事物,或指代女子,如:香闺、香魂、香体、香心、香乳、香房、香阁、香闺、香艳、香粉、香丝、香色、香雪、香巢、香辇、香腮、香蕊、红袖添香、香消玉减、香销玉殒、香消玉碎、怜香惜玉、暗香自怜、国色天香、红消香断、香稷馨香、香气袭人,等等。

"臭"给人难受、厌恶之感。用"臭"表示憎恶、厌恶、讨厌、反感、轻蔑、鄙视等:臭货、臭骂、臭美、臭名、臭诗、臭棋、臭文章、臭架子、臭德行、臭婊子、臭皮囊、臭不可当、臭不可闻、臭名昭彰、臭名昭著、臭气熏天、臭味相投、遗臭万年、臭骂一顿,等。与"臭"味相关的,还有三种令人不愉快的味道:臊、腥、馊,组成的语词都含贬义,如:臊臭、臊货、臊气;腥臭、腥气、腥膻、一条鱼腥一锅汤;馊主意、馊点子,等等。

由"味道"又引申出趣味、意味等意义。由"味"组成的语词如:美味、风味、对味、调味、腊味、滋味、趣味、情味、韵味、意味、体味、玩味、够味、乏味、回味、品味、味感、耐人寻味、余味无穷、臭味相投、味同嚼蜡、兴味索然、枯燥无味、索然无味,等。可谓百味俱全。

第七节 语词中的茶、酒文化

一、茶文化

茶文化发于神农,闻于鲁周公,兴于唐朝,盛于宋代。

茶有清新、雅逸的天然特性,能静心、静神,有助于陶冶情操,这与提倡"清静、恬澹"的汉民族哲学思想合拍,也符合佛道儒的"内省修行",因此社会名流、文人骚客、商贾官吏、佛道人士都以崇茶为荣,喜好在品茗中吟诗议事、调琴歌唱、弈棋作画,追求高雅享受。

茶文化强调"道法自然"。物质上,茶是大自然赐予的"珍木灵芽",须顺应自然规律才能产出好茶;行为上,讲究以自然、朴实为美,动如行云流水,静如山岳磐石,笑如春花自开,言如山泉吟诉,不能造作;精神上,讲求道法自然,返朴归真,随茶香弥漫,"我"与宇宙已相融合,达到"悟我"的精神境界。

1. 有关"茶"的成语、典故

汉民族民情风俗与茶不可分离,以茶贸易、待客、会友、定亲、馈礼。茶由药用到饮用、艺用、禅用,由上层"雅玩"到入俗民间,成为开门七事中的一件。茶渗透于人们的生活,产生了许多带"茶"的语词,如:茶具、茶经、茶诗、茶道、茶点、茶会、茶几、茶色、茶壶、品茶、请茶、清茶、赏茶,等等。

与茶有关的成语为数也很不少。比如:

三茶六礼:犹言明媒正娶。旧时习俗,娶妻多用茶为聘礼,所以女子受聘称为受茶。六礼,即婚姻据以成立的纳采、问名、纳吉、纳征、请期、亲迎六种仪式。

浅斟低唱、低唱浅斟:形容悠然自得、遣兴消闲的样子,语出《绿窗新话》卷二引宋无名氏《湘江近事》:"陶穀学士,尝买得党太尉家故妓。过定陶,取雪水烹团茶,谓妓曰:'党太尉家应不识此。'妓曰:'彼粗人也,安有此景,但能销金暖帐下,浅斟低唱,饮羊羔美酒耳。'穀愧其言。"

搜肠润吻:谓饮茶润泽喉吻,促进文思。语出唐卢仝《走笔谢孟谏议寄新茶》诗:"一椀喉吻润,两椀破孤闷,三椀搜枯肠,唯有文字五千卷。"

壶浆箪食:语出《孟子·梁惠王下》:"箪食壶浆,以迎王师。"原谓竹篮中盛着饭食,壶中盛着酒浆茶水,以欢迎王者的军队。后多用指百姓欢迎、慰劳所拥护的军队。

不茶不饭:语出《群音类选·〈玉簪记·秋江送别〉》:"霎时间云雨暗巫山,闷无言,不茶不饭,满口儿何处诉愁烦。"元·关汉卿《救风尘》第三折:"害的我不茶不饭,只是思想着你。"

残茶剩饭:语出马致远《邯郸道省悟黄梁梦》第四折:"如今天色晚了也,有什么残茶剩饭,与俺两个孩子些吃。"

茶余饭饱:语出关汉卿《斗鹌鹑·女校尉》:"茶余饭饱邀故友,谢馆秦楼,散闷消愁。"

2. 茶谚

茶谚朗朗上口,有耐人寻味的文化意蕴,茶俗谚语随处可见。最早的文字记载是唐苏广《十六汤品》:"谚曰,茶瓶用瓦,如乘折脚骏马登高。"

茶谚有不同的内容,有揭示产地与茶质的,如:高山雾多出名茶,平地有好花,高山有好茶,等;有传授植茶经验的,如:留叶采摘,常采不败;若要茶树好,铺草不可少;要想茶叶长的好,三晴三雨最为妙,等;有提供采茶要领与诀窍的,如:清明发芽,谷雨采茶;惊蛰过,茶脱壳;谷雨茶,满地抓;茶叶本是时辰草,早三日是宝,迟三日是草;小满后,茶变草;茶过立夏,一夜粗一夜……。

汉民族最重视人际关系,待客要热情。有关茶谚有:茶好客常来,茶好客自来;客到茶烟起,待客茶为先;好茶敬上宾,次茶等常客;茶七饭八酒加倍;客从远方来,多以茶相待;来客无烟茶,算个啥人家;酒吃头杯,茶吃二盏;酒满敬人,茶满伤人;清茶一杯,亲密无间;清茶一杯,无是无非;贵客进屋三杯茶;客来茶相待,情谊融其间……。

古人早已知道喝茶可以健体强身,因此也留下了大量茶谚,比如:姜茶治病,糖茶和胃;清晨一杯茶,饿死卖药家;清茶一杯在手,能解疾病与忧愁;药为各病之药,茶为万病之药;食了明前茶,使人眼睛佳;常喝茶,少烂牙;隔夜茶,毒如蛇;宁可三日无盐,不可一日无茶;壶中日月,养性延年;饮茶有益,消食解腻;夏季宜饮绿,冬季宜饮红,春秋两季宜饮花;春茶苦,夏茶涩,要好喝,秋露白;淡茶温饮,清香养人;苦茶久饮,明目清心;冬饮可御寒,夏饮去暑烦;午茶助精神,晚茶导不眠;素食清茶,爽口爽心;饭后一杯茶,老来不眼花;睡前饮茶,昼夜不眠;茶水喝足,百病可出;粗茶淡饭健康家;生吃萝卜淡饮茶;酒后一杯茶,胜似活菩萨;空腹茶心慌,晚茶难入寐;烫茶伤五内,温茶保年岁;穷要养猪、富要读书、健要饮茶;饮茶有益,浓茶解腻……。

通过茶谚也可领悟生活的本质和哲理,如:苦茶久饮,可以益思;吃饭勿过饱,喝茶勿过浓;无茶不成仪;读书读五经,采茶采三芯;茶逢知己千杯少,壶中更抛一片心;好茶不怕细品,好事不怕人论;见事莫说、问事不知、闲来喝茶、无事早归;粮收万担,也要粗茶淡饭;留有三分茶园在,何愁一生无茶喝;品茶评茶有学问,看色闻香比喉韵;好茶不怕细品,好事不怕细论;君子之交淡如水,茶人之交醇如茶;冷茶冷饭吃得,冷言冷语受不得;人一走茶就凉;有茶有酒好兄弟,急难何曾见一人……

3. 和茶有关的歇后语

和茶有关的歇后语具有鲜明的民族特色、浓郁的生活气息,幽默风趣、耐人寻味,与茶文化特性一脉相承。相关歇后语众多,比如:

爆米花沏茶——泡汤了;玻璃杯沏茶——看到底;不倒翁沏茶——没水平;茶碗打酒——不在壶(乎);春茶尖儿——又鲜又嫩;滚水泡茶——又浓又香;茶里放盐——惹人嫌咸;口渴遇见卖茶人——正合适;茶太浓了——苦口;一天到晚淡茶饭——不吃香;卖花人说花贵,卖茶人说茶芳——各有一套;挑水的娶了个卖茶的——正相配;三伏天喝凉茶——正是时候;五月天喝凉茶——美透了;六指头上茶——格外巴结;露水泡茶——得之不易(难得);喝茶拿筷子——摆设;冷水沏茶——等着吧(或不起色、慢慢来、无味)……

二、酒文化

酒的雅名有"金浆"、"琬液"、"琼苏"等,在汉民族几千年的历史中,无论是在文学艺术创作、文化娱乐还是在饮食烹饪、养生保健等方面,酒都占有重要的位置,形成了汉民族独特的酒文化。追求绝对自由、忘却生死利禄及荣辱,是汉民族酒精神的精髓所在。

酒精神以道家哲学为源头。庄周主张物我合一,天人合一,齐一生死,倡导"乘物而游"、"游乎四海之外"、"无何有之乡"。曹操《短歌行》充分说明汉民族对酒的喜爱:

对酒当歌,人生几何?譬如朝露,去日苦多。
慨当以慷,幽思难忘。何以解忧,唯有杜康。

魏晋名士刘伶《酒德颂》:"有大人先生,以天地为一朝,万期为须臾,日月有扃牖,八荒为庭衢。""幕天席地,纵意所如。""兀然而醉,豁然而醒,静听不闻雷霆之声,孰视不睹山岳之形。不觉寒暑之切肌,利欲之感情。俯观万物,扰扰焉如江汉之载浮萍。"这种"至人"的境界就是汉民族酒精神的典型体现。

1. 酒与民俗

汉民族先人认为酒是神圣的物质,使用酒更是庄严之事,非祀天地、祭宗庙、奉佳宾而不用,这成了远古酒事活动的俗尚、饮宴礼俗,聚饮方式及与酒有关的行为心态,呈现出汉文化的特有色彩。

酒于人,具有生理和心理两种价值。从生理看,酒能舒筋络、活血脉、消疲劳、去顽症;从心理看,酒能娱人,凡有酒的地方就有笑声、歌声和欢乐。酒能遣郁闷除苦痛,招灵气、增胆识,使人生活在悠然欲仙的境界中。

酒与民俗密不可分,其中"礼制"也起着关键作用。汉民族文化核心是贯穿于政治、经济、文化各个方面的"礼","礼"是汉民族等级制度及与之相适应的整套礼节仪式。在凝聚着酒事的民俗活动中,"礼"表现得非常精彩:宾主会食,主人以酒敬宾谓之"献";宾报主人以酒谓之"酢";主人饮酒劝宾谓之"酬"。文斟字酌,进退有礼,足见酒事活动的程式与规范。

农事节庆、婚丧嫁娶、生朝满日、庆功祭奠、奉迎宾客等民俗活动,酒都成为中心物质。农事节庆时祭拜庆典若无酒,缅怀先祖、追求丰收富裕的情感就无以寄托;婚嫁无酒,白头偕老、忠贞不二的爱情就无以明誓;丧葬无酒,后人忠孝之心则无以表述;生宴无酒,人生礼趣就无以显示;饯行若无酒,壮士一去不复返的悲壮情怀则无以倾述。人们希望把这具有奇特魅力的"圣物"奉献给保佑自己的天地、诸神和先祖,以达到娱神的目的和寄托某种特定的情感。大家普遍认为,这种情感的寄托,非用酒不可,任何其他物质都不能与之相比拟。

2. 酒俗词语、典故

酒文化源远流长,因为喜欢饮酒,汉语里有大量带"酒"根的语词。如:酒杯、酒保、酒饭、酒徒、酒酿、酒令、酒帘、酒量、酒鬼、酒花、酒会、酒浆、酒家、酒泉、酒钱、酒席、酒盅、酒糟、酒菜、酒食、酒餍、酒意、酒望、酒馆、酒店、酒色、酒肆、酒市、酒场、酒坊、酒脚、把酒、汾酒、奠酒、酿酒、老酒、露酒、喝酒、黄酒、火酒、酗酒、喜酒、醒酒、纵酒、烧酒、素酒、色酒、药酒、酒瓮饭囊、酒食地狱、酒囊饭袋,等等。

还有不少有趣的酒典故。比如：

酒仙："五花马,千金裘,呼儿将出换美酒",这是历史上著名"酒仙"李白的畅饮情景。李白的一生与酒的关系相当密切,杜甫在《饮中八仙歌》中云："李白斗酒诗百篇,长安市上酒家眠。天子呼来不上船,自称臣是酒中仙。"

酒谋：秦昭王之"平原十日饮";项羽之"鸿门宴";曹孟德"青梅煮酒论英雄";曹丕设酒宴以甘蔗作剑胜邓展将军;宋太祖的"杯酒释兵权";张献忠与李自成之"双雄会",都是在饮酒中施行计谋。

酒战：据《淮南子·缪称训》载,战国时期,楚国令合诸侯时,鲁国和赵国都给楚王献酒,赵国酒醇厚而鲁国酒淡薄。楚国主管酒的官吏私下问赵国要酒吃,赵国不给,酒官羞怒之下,偷换了两国进献的酒,并说赵国不把好酒献给楚王。楚王于是动怒下令进攻赵国,把赵国的邯郸城围困起来。这场"鲁酒薄邯郸城围"酒战,可谓中国历史上绝无仅有。

3. 与酒有关的谚语、歇后语

酒谚有不少类型。

有表达人们对酿酒规律的认识。比如：儿子要亲生,老酒要冬酿；做酒靠酿,种田靠秧；人要老的好,酒要陈的好；陈酒味醇,老友情深。

有对酒功、酒德的评述。如：沏茶要浅,斟酒要满；好肥好料上田地,好酒好肉待女婿；酒逢知己千杯少；人逢喜庆喝老酒；壶里有酒好留客；朋友劝酒不劝色。

有对佐饮菜肴的选择。比如：剁螺蛳过老酒,强盗来了不肯走；清明螺端午虾,九月重阳吃横爬；生活要对手,吃酒要过口("过口"指的是佐饮菜肴)；陈酒腊鸭添,新酒豆腐干(豆腐干也是佐酒佳肴)。

有对饮酒无节的规讽。比如：酒多人病,书多人贤；酒行大补,多吃伤神；酒不可过量,话不可过头；酒能成事,酒能败事；吃酒误事；过量酒勿可吃,意外财勿可领；饮酒千杯勿计较,交易丝毫莫糊涂；寡妇难当,独酒难饮；吃饭要过口,吃酒要对手。

有对健身效用的赞美。比如：饭是根本肉长膘,酒行皮肤烟通窍；也有喝酒的忌讳。比如：骨头过老酒,卤水淘饭吃；前世勿修,腌菜过酒。

酒与歇后语有很深"姻缘",《中国歇后语大全》中扑鼻而来的是股股酒香,如:酒盅搬家——离壶了;酒醉靠门帘——靠不住;酒鬼划拳——输赢无所谓;酒鬼掉进酒池里——求之不得;酒肉交朋友——全靠吃喝;醉酒讲三国——胡说八道;借着酒醉说胡话——别有用心;醉翁之意不在酒——另有所图;醉死也不让酒钱——死不认醉(罪);判官喝酒——死罪;贪官醉酒——丑态百出;麻雀吃酒糟——云里雾里;酒杯掉在酒坛里——醉(罪)上加罪;八仙桌子盖酒坛——大材小用;敬酒不吃吃罚酒——不识抬举;甜酒里掺酱油——真说不出滋味;不饮酒人伴醉汉——强奉陪;鸡蛋壳喝酒——撒不开手……

第八节 语词中的道、佛文化

道家与道教思想长期影响着汉民族的历史文化。有道之士大都在深山修炼,道教名观胜刹也都建在名山深林。道教与自然山川与隐逸生活结下了不解之缘。

佛教本属于不同质素的语言文化系统,经过两千年漫长岁月的探索、依附、冲撞、改造、适应和融合后,深深地渗透到了汉民族的各个层面,与传统文化相互影响、吸收,成为汉文化的重要组成部分。

一、道教文化

1. 道教思想与汉文化的教育精神

道教起源于本土,基于古代传统文化,作为宗教,它对汉民族的思想道德、文学艺术、科学技术等方面都有着重要的影响。

道教文化有"我命在我,不在天"的思想,这种热爱现世、人定胜天的观点,鼓励人们努力自己掌握自己的命运。这种思想影响到民族心理和民族性格,使人定胜天的信念成为中华民族的优良传统。

道教的根本宗旨在于劝人行善积德,去恶从善,在长期发展过程中,积累了大量的戒律和劝善书,包含了许多伦理道德思想,各种劝善书在社会上流传很广,深入到社会各阶层。民间有"善有善报,恶有恶报"的观念,这些不仅对道教发展有重大意义,而且对汉民族生活方式及价值观念等都产生了广泛深远的影响,形成了良好的道德规范,对于社会的安定具有不可或缺的作用。

道教以道为最高信仰,以得道为人生的最终目的。道教徒为得道求道,自觉抛弃人世间物质享受和功名利禄,甘于过恬淡素朴的生活,忍受着一般人难以忍受的痛苦和折磨。这种传统,通过宗教形式长期传播于社会,对形成中华民族的心理素质和民族性格起了重大作用。

道教主张宽容、谦让、虚怀若谷,反对自矜、自足、自大、自伐,反对骄傲自满,这种精神体现在文化方面的兼收并蓄态度,融摄百家,具有极大的包容性。这种文化心理的发扬,形成了中华民族开阔的胸怀,容易吸收先进文化,使汉民族文化能经久不衰。

道教着重对阴德的修养。不求人知,做人所不知的种种善行。道教认为除文章、学问外,更重要的是为善去恶,阴功积德。读书人由少年开始进行人格道德方面的教育,以儒家思想为规范,以道教精神为基础。

欧阳修为主考官时,灯下阅卷曾似见前面立着朱衣人,即主持考生命运的监临者。因此留下了"文章千古无凭据,但愿朱衣暗点头"的戒慎诗句。

2. 道教文化与汉民俗

道教尊崇的神灵是虚幻的产物,却又与民间文化紧密相连。道教与民间信仰习俗关系密切,通过与信仰习俗的联系,进而影响到岁时习俗、娱乐习俗等。好些有名的道教神灵,如雷公、风伯、关帝、文昌、门神、灶神、城隍、土地、妈祖、瘟神、蚕神、药王、财神等等,原来都流传于民间,后被道教逐渐吸收,成为道教的神祇,并被贯上各种名号。道教利用优势使经过道教化的神灵又返回到民间,更深、更广地影响着民间的神灵祭祀活动。像城隍、土地、灶神,民众对它们都是无比敬畏的,对这些神灵的崇拜祭祷,实际上也就成了一种民俗。道教特有的一些神灵如八仙,财神,福、禄、寿三星,也得到民间的普遍祭祀。

汉民族很多风俗习惯受到道家思想影响。道教的影子在过年时随处可见,有的风俗沿袭至今。孟元老《东京梦华录》载:"二十四日交年,都人至夜请僧道看经,备果酒送神,烧合家替代钱纸,贴灶马于灶上,以酒糟涂抹灶门,谓之'照虚耗'……近岁节,市井皆印卖门神、钟馗、桃板、桃符及财门纸驴、回头鹿马、天行贴子。卖乾茄瓠、马牙菜、胶牙饧之类,以备除夜之用。自入此月,即有贪者三数人为一伙,装妇人鬼,敲锣击鼓,巡门乞钱,俗呼'打夜胡',亦驱祟之道也。"其中的敬灶神、"打夜胡",贴门神、桃符及钟馗画像等都是道教影响而形成的习俗。

此外,伏腊、送灶,元旦祭天地祖宗,正月初七的人日,初九的九皇诞,上元节,春社,花朝,三月三日上坟扫墓,端午插菖蒲、饮雄黄酒,六月六日晒曝,乞巧,七月十五中元鬼节,中秋,九九登高,以及婚丧、庆吊等习俗等都无不受到道家思想的影响。

3. 与道教有关的词语、成语、谚语

道教对中国的文化及汉语词汇有深远的影响,有不少来源于道教的词语、短语。比如:道义、道德、元气、八卦、太极、三清、三元、方术、太清、运气、采气、气功、丹田、五行、六甲、八门、九宫、龙虎、入静、仙逝、羽化、城隍、点化、元始、天尊、活见鬼、替死鬼、活阎王、催命鬼、夜游神、母夜叉,等等。

现实生活中人们使用的成语、俗语与道教有关的不少。比如:拨乱反正、洞天福地、返老还童、返本归原、浩然正气、回光返照、精神饱满、聚精会神、神通广大、神机妙算、六神无主、炉火纯青、旁门左道、清静无为、心领神会,等等。

再如"不三不四",这个成语出典于《易经》:"易有太极,是生两仪,两仪生四象,四象生八卦。"八卦是由一、--两个符号组合而成,称之为爻。爻者,交也。说明事物相互交错变化。一代表阳,--代表阴,八卦中每卦都有六爻,《易经》可谓"错、综、复、杂",这四个字的意思是指卦变而言。人常说某人变卦,变卦为卦变的倒装,第三、第四爻最重要,这两爻在卦的正中间,如处在三和四爻间就叫不三不四。

还有"乱七八糟、七上八下、九五之尊"等等,都是由易经的游魂卦、归魂卦引伸演变来的。道教构造了庞杂的神谱以及跨越天上人间、阴阳两界的神秘世界图式,通过民间叙事来传承,并渗透到谚语中,借鬼神、精怪形象来象征照射现实生活中的种种复杂社会关系。谚语中的道士、天师、土地、玉皇、妖魔、鬼怪等形象,都缘于道教信仰和道教传说。

具有道教文化色彩的谚语早已存在。这些谚语不仅形象鲜活,意味深长,而且饱含幽默讽刺情趣,具有极强的表现力。有借凡人修道成仙的故事,劝勉世人以至诚之心实现自己的美好人生境界:"神仙本是凡人做,只怕凡人心不诚";有借用仙人形象来作反衬:"神仙也有三个错"、"神仙也怕脑后风"、"神仙难医烧箕臕"、"神仙也要打磕睡";有借神仙世界与凡俗世界的对立来象征影射旧世界的阶级对立,或提升凡夫俗子的自尊自强精神,含有深长意味,如"神仙打仗,凡人遭殃"、"神仙指一指,凡人做到死"等等。

再如"魔高一尺,道高一丈";"鬼披人皮";"鬼怕恶人";"有钱能使鬼推磨";"神仙下凡,先问土地";"玉皇怕财神,有钱大三级"等等。本是主宰整个天上人间的玉皇大帝却惧怕小小的财神而不得不屈驾与之交往,这种"有钱大三级"的邪恶世风,现如今依然在社会中演出着一场又一场闹剧。这些谚语又因为道教的广泛传播,而使它们的形与神为民众所家喻户晓,千百年来存活于口耳之间。

二、佛教与佛教文化

佛教的义理与汉民族的儒、道哲学交互影响。大量的佛教典故和佛学思想在佛经翻译、佛事活动的进行及说法布道等过程中深入到民间各个角落,佛教对汉文化的影响全面渗透于哲学、文学、伦理学及其他各领域。苏轼《和子由渑池怀旧》:

人生到处知何似?应似飞鸿踏雪泥。
泥上偶然留指爪,鸿飞那复计东西。
老僧已死成新塔,坏壁无由见旧题。
往日崎岖还记否,路长人困蹇驴嘶。

飞鸿踏雪泥是个象征,目的是表达诗人情感,用抽象事物概括漂泊不定的人生道路。以抽象的形象表达情感和理念是苏东坡对诗文创作的追求。再如其《题西林壁》:

横看成岭侧成峰,远近高低各不同。
不识庐山真面目,只缘身在此山中。

从艺术上看是具象和抽象的结合;从思想上去分析,则揭示了全局和局部、宏观和微观的哲学关系。

1. 佛教对汉语音韵学的贡献

佛教传入前,古代学者虽然注意到了双声、叠韵等语言现象,也运用押韵进行文学创作,并使用譬况、读若、直音等方法给汉字标音。但受单音节表意文字的干扰,对语音缺乏认识和有效的研究手段。

佛教的传入对于汉语音韵研究有一定的影响。比如反切,这是继譬况、读若、直音后的又一种汉字注音法。反切利用两个汉字来拼读另一个汉字的读音。由于直行书写,反切两字一上一下,上字取声母、下字取韵母和声调,拼合后可得出被切字的读音。

反切产生的原因可概括为两个方面:一方面,汉语音节结构可分声和韵,音节中存在大量双声叠韵,是反切产生的内部原因;另一方面,佛教东来,人们接触梵文,知道其辅音、元音拼合成一词的方法。在梵汉词语音译过程中,梵文的语音原理和拼音方法启发人们以梵文为对比,反观汉语的基本结构,意识到汉字字音也可分析为两部分,又从双声、叠韵现象中发现可用两个汉字来拼一字的读音,这是反切产生的外部原因。

四声发现与佛教文化同样有着密切关系,对此陈寅恪等人都有精辟的论述。梵语虽无声调,但在咏经时却有三种不同的音乐重音,以求在诵读抑扬变化间造成特殊的宗教气氛。佛教输入后,教徒在读经典时梵语三声的读法也随之输入。文人受到佛教徒摹拟梵文声调诵佛经的启发,意识到汉语语音也存在高低不同的声调。不同的是,汉字声调还有别义作用,这即是后来的平、上、去声。入声有三种塞音韵尾,与平、上、去的差别在于音质,但它读音短促,在声调上可自成一类,这就并列成了四声。

"四声"的发现,标志着汉族人已经能够把音节结构区分为声、韵、调三个部分,从而为音韵学的研究奠定了较为科学的理论基础。

2. 增加基本词、根词

一些佛教词语逐步加入了汉语基本词的大家族,为汉语增加新的构词成分。

佛教音译词在音节上简化后作单词用,如"魔、塔、僧、禅、佛、刹、罗汉、三昧、和尚、刹那"等。它们又可作为根词,以构成大批新词,如

"禅"组成词语 87 个;"佛"组成词语 152 个;"僧"组成词语 85 个;以"善"为词根构成的复合词语《佛学大辞典》收 123 个;以"空"为佛理之重要内容,《佛学大辞典》收 76 个;"定"是佛教最重要、最通行的修习方法,《佛学大辞典》收词语 48 个;在"觉察、觉悟"二佛义上所组成的词语《佛学大辞典》收 43 个。这些单音节佛教词又作根词,构成有相关意义的佛教词,数量可成系列,如"魔",梵语为 mara,可以构成:魔王、魔界、魔宫、魔障、魔道、魔鬼、恶魔、邪魔、着魔、走火入魔、邪魔歪道、妖魔鬼怪、自在天魔……

双音节的意译佛词或佛化汉词有:方便、世间、世尊、地狱、地藏、如来、忍辱、念佛、法性、法界、经生、真如、真言、真实、寂灭、无常、慈悲、精进、观音、庄严、甘露、光明、自在、根本、神通、秘密、坚固、清凉、清净、智慧、变化、欢喜、思维、自然……

由于岁月的积淀和人们对词语的频繁使用,交际中所接触的不少词语在字面上已无法显示出它们与佛教文化的渊源。那些源自佛教的词语,人们信手拈来,对其由来却已不甚了解。佛教语汇逐渐渗透到人们的日常用语中,增强了汉语的表达能力。

佛教对古代哲学影响尤大。佛教的性相、性空、真如、实相、无常、法性等命题成了中国哲学史上探讨现象与本质关系问题的常用词。禅宗在哲学上创造了许多词语,如"直心是道场、本来无一物、明心见性、见性成佛、本来面目"等,体现了禅宗彻天彻地、生佛平等的精神境界。在现代哲学里,佛教也仍有一定的影响。佛教词语用于现代哲学的有:真理、实际、悲观、自觉、因果、唯心、彼岸、平等、世界,等等。

慧能禅宗"顿悟"说对唐宋诗歌创作影响颇大,形成"以禅喻诗"之风。宋严羽的《沧浪诗话·诗辨》有佛教词语 41 个。如:"隔靴搔痒,拖泥带水",本为禅家之语,宋严羽用"隔靴搔痒"喻人之学诗、作诗"言情而人不能共喻,说景而与实境无关";用"拖泥带水"比喻世俗人学诗作诗"动则学太白、东坡,不能得其神髓而徒摹其形似,学之愈效,离之愈远"。"活句、死句",本也为禅家之语:语意不通,无义味句,谓之活句;有义味通意路句,谓之死句。宋人多用"活句、死句"说诗,如陆游《剑南诗稿》卷三一《赠应秀才》:"我得茶山一转语,文章切忌参死句。"

不少佛教词语成为文学理论术语。如：境界、取境、造境、缘境、妙悟、悟入、自悟、参悟、了悟、一体之悟，等等。用禅理、禅语来比拟学诗为文的具体门径与方法，如：点铁成金、头上安头、丈夫志气、向一上路、直截根源、单刀直入，等等。

佛经里表达佛家仪礼节日的词语也走向民间，并在相关联的意义上派生出新词。如：阴司、阎王、鬼判、打鬼、超度、做七、理七、礼七、累七、断七、火葬、火化、下火、水陆、悲济、拜佛、礼佛、浴佛、烧香、礼拜、供养、供献、诵经、还愿、拜忏、持斋、设斋、问讯、合掌、合十、打化、乞化、行化、化斋、行乞、放生、护生、施食、行善、济人，等等。

问题与思考

1. 请各找出十个与汉饮食、服饰、出版、礼仪、殡葬文化等有关的词语。
2. 试比较汉语亲属称谓和英语亲属称谓，看看它们有什么不同？试研究亲属称谓在汉语中特别丰富、复杂的原因。
3. 目前在你的家乡，对于数字有些什么喜好和禁忌？请说说并分析它们的文化成因。
4. 汉族人好喝茶，也好饮酒，产生了许多有关茶酒的词语、俗语。中国人也好抽烟，请想想，有些什么和抽烟有关的词语、俗语呢？
5. 汉民族习惯将各种容器当量词，请举例说明，并阐述这些量词产生的文化内涵。
6. 请找出和佛教教义有关的成语二十个。
7. 试比较普通话中亲属称谓和你家乡方言亲属称谓的异同。
8. 诗人与佛、道教人士常有往来，请找出与佛教有关的诗、词、曲各两首。

第四章　汉语语法与文化

　　文化对语法有着一定的影响,不同语言的语法又表现出各自不同的文化特征,反映着民族的思维倾向和文化心理习惯。在意义对形式的依赖方式和程度上,中西方文化是迥然不同的。从某种意义上说,中西文化的差异是语言的形式和意义关系的差异。

　　西方语言的侧重点在结构的分析和逻辑的演绎上。英语句子以定式动词为核心,运用各种关系词组成关系结构的板块,前呼后拥,递相迭加,属于空间型的构造。因"框架"而生成句子,先有句法关系模式,然后在这个图式内的各条"透视线"上刻意经营,属于静态的空间体造句。

　　中国传统文化中的很多概念和思想都是通过整体领悟、类比联想等方式获得的。在语法规则上,汉语同样是重整体领悟,喜欢类比联想。这使汉民族在表述语言时更愿意依赖上下文,根据事理去进行联想和推理,而印欧人则习惯把焦点放在语句内部的结构关系上。严式印欧语和宽式汉语是造成这两种文化差异的重要原因。

　　由于汉语和印欧语在结构上的差异,形成了民族间不同的思维轨迹,这又影响了民族的文化精神。印欧文化体现的是智性精神,而汉文化表现出来的则是悟性精神。

　　汉语语法是汉民族的思维长期抽象化的结果,必然带上汉民族传统文化中朴素的辩证思维特点和崇尚简约的整体性思维特点。汉语讲求"文以意为主","意在笔先","以意役法",因此谈到结构就是语义上的问题。

　　汉语语法的重要特点是:按照语义的先后、大小、重轻等自然顺序来安排句子的结构成分。联合短语的组织,考虑的是并列成分间是否同属一类,不看词形是否一致;偏正短语的组织,考虑的是偏与正间是否体现了修饰与被修饰、限制与被限制、补充与被补充的关系,概念是否明确,不看性、数、格是否一致。在组合句子时,考虑的是顺序是否自然,事理是否清晰,推理是否正确,不去填充因形态的配合关系而产生的"框架"。汉语不依靠语法形态标志连接语言间的成分,也不具有时态、语态及性、数、格等词性变化;汉语所谓的"主谓不合、动宾不配"是指语义搭配是否有问题,比如用"因为、所以"联系的必须是因果之间的关系,只要关系不错就是正确的。汉语只讲意义是否通顺,形式上无特定要求。

汉语以汉字为书面语表现形式,大部分汉字都有字义,词的概念是很不明晰的。两个汉字在一起,常无法清楚地判断是词还是短语,比如"黑板、红花",结构形式差不多,要进一步去分析:"红花"只能是"红色的花朵",因此它属于短语;"黑板"在解释为教学工具时是词,作"黑色的板"解时也是短语。汉民族的普通人一定会觉得麻烦:为什么要去管它到底是词还是短语?能说、会用就是了。

在语言和语言分析上,汉语注重的是言与意的统一,以意义统形式。语言的表意之"神"控制着"形"、稳定着"形"并解释着"形"。这种结构从表面上看非常简单、实用,作为母语,没有一个中国人会觉得有困难,会产生疑问。但对学习汉语的外国人来说,特别在刚接触汉语时却感到十分别扭,甚至觉得无法理解。原因是:汉语主体性强、人的因素突出,既简单又灵活,没有刻板的规定和硬性的标志作"非此即彼"的划分。因此,在理解句子的同时,要牵涉到对深层意义的理解,须通过对句子的语义、语境、语用等各方面协调联系来融会贯通,需要凭借人的语文感受来驾驭和把握,才能真正理解句子的含义。

例如《史记·廉颇蔺相如列传》:

取吾璧,不予我城,奈何?

翻译成英语为:

What shall I do if Emperor Qin takes up the grand jade but refuses to give me the town ships in exchange?

(刘宓庆,《汉英对比与翻译》(修订本),

江西教育出版社1992年版,第212页)

中文一看就可以明白是什么意思,但一旦翻译成英语就必须加上主语"Emperor Qin",且一定要使用连接词"if",否则就分不出事情的因果,也不知道是谁要拿走"和氏璧"了。

这,就是这一部分的主题:汉语的语法和文化。

第一节　自由随意的组合

汉语的意义既可以有形式,也可以游离于形式。这种灵活变化之所以不会被误解,也就是"得意忘言"、"以神统形"、"以意为主"的结果。语法功能有很大的随意性,在语义上有宽泛的理解空间。因此,当按汉民族习惯以双音即两个字的形式进行组合时,其组合的顺序也就比较随意。

一、随意

1. 词语组合随意

由于语词比较简单,它在语言组织中有很大的语义和语法能量,可以随表达意图灵活运用。双音节组合在汉语里是最为常见的语言单位,两个音节可组成一个音步。基于各自在功能上的多面性,往往可以利用变序,像回文那样产生出新的意义,例如:

工人——人工　家居——居家　人生——生人　年终——终年
巴结——结巴　蜂蜜——蜜蜂　轮渡——渡轮　科学——学科
房产——产房　房客——客房

表示事物的字一旦前置就表示了性状。因此,顺序和倒序往往指称的是两类不同的事物。

表示动作的双音节词语同样会因序列的顺倒而形成了不同的意义,例如:

达到——到达　进攻——攻进　列出——出列　打开——开打
出发——发出　出使——使出　替代——代替　动摇——摇动

字序经过变换后,功能也在动与静、实与虚之间转换了。但在转换时,有些声调或读音会与原先不同,汉语通过这样来区别"字"的不同

功能。主要有两种情况:

第一种:动和静的转换,例如:

实现——现实　生养——养生　带领——领带　歌颂——颂歌
感动——动感　乱动——动乱　提前——前提　服丧——丧服
领头——头领　愿意——意愿

第二种:功能的虚和实转换,例如:

虚心——心虚　金黄——黄金　窝心——心窝　邻近——近邻
好看——看好　年青——青年　用功——功用　彩色——色彩
白雪——雪白　粉红——红粉

很多两个字的组合在顺序变换后,意义并无变化或较少有变化,前后颠倒可以自由、随意,表现出汉语在语义、语法组合上的灵活性;但也有字序变换后语义色彩有变化了,如"担负"褒义,"负担"则有贬义。汉语的这种"自由排序"在汉语史上可谓源远流长,例如:

爱怜——怜爱

"丈夫亦爱怜其少子乎?"(《战国策·赵策》)

"若飞鸟依人,自加怜爱。"(《新唐书·长孙无忌传》)

离别——别离

"余既不难夫离别兮,伤灵修之数化。"(《离骚》)

"悲莫悲兮生别离,乐莫乐兮新相知。"(《九歌·少司命》)

朋友——友朋

"责善,朋友之道。"(《孟子·离娄下》)

"岂不欲往,畏我友朋。"(《左传·庄公二十二年》)

散见于各种古籍中的自由排序的两字组合有不少。例如:

简易——易简　安慰——慰安　会计——计会　语言——言语
引诱——诱引　和平——平和　请求——求情　驰驱——驱驰
本钱——钱本　积聚——聚积

直到现在,汉语中不少词语的前后字序还十分自由。例如:

反倒——倒反　妒忌——忌妒　直率——率直　兄弟——弟兄
感情——情感　补贴——贴补　力气——气力　开展——展开
悔改——改悔　代替——替代

字序的自由排列甚至在现代汉语的译音词上也有反映。在对外来词的不同翻译法上,可以看出字序的灵活。例如:

觉醒——醒觉　和平——平和　计较——较计　审判——判审
密切——切密　限制——制限　制裁——裁制　黑暗——暗黑

字序的组合自由甚至还反映在成语上,例如:

自不量力——不自量力　决一雌雄——一决雌雄
顿开茅塞——茅塞顿开　高深莫测——莫测高深
砥柱中流——中流砥柱　耿耿忠心——忠心耿耿

2. 句子组合随意

双音节词语组合搭配可随意,句子也可以像搭积木一样进行简单而灵活地组合。如果把唐王维《使至塞上》"长河落日圆"句重新进行搭配,可以排出以下几种句子:

河长落日圆　圆日落长河　日圆落长河
长河圆日落　河长圆日落

五个字左右旋转竟然能够搭出多种句式,充分反映了汉语基本单位的功能弹性。

在汉语口语中,类似的说法也有很多。例如:"说不好,不好说,不说好";"做人难,人难做,做难人";"不讲民主,只讲主民";"不是吃请就是请吃";湖北人"不怕辣",湖南人"辣不怕",四川人"怕不辣"……

王勃《滕王阁序》:"物华天宝,龙光射牛斗之墟;人杰地灵,徐孺下陈蕃之榻。""人杰地灵"原为"地灵人杰","地灵"为因,"人杰"为果,这里词序颠倒是为了"地灵"与前面"天宝"形成对偶(隔句对),突出音律效果。

汉语甚至可以进行圆周循环的表达。比如:

可以清心也——也可以清心——清心也可以——以清心可也——心也可以清

无论是"积木",还是回文,或是圆周循环,都表现出汉语基本单位极大的活动能量。可以在各种有意味的语境中游刃有余,这就为汉语语词运用的艺术化提供了很大的方便。它们便于作者选择富有涵义的形象情感色彩的词语,又可以方便作者选择更有音乐性、讲究声律效果的词语。

3. 语意指向随意

汉语基本单位的功能具有多面性,字的组合能力是无限的。表示动作的词功能多样,往往既可指向主位,又可指向宾位,与之相关的物象无论出现在前面还是后面,关系都不变。

汉语的一个词,既可表示事物、事象,又可表示动作,还可以表示性状等。例如:便宜(拣了一个便宜、很便宜、便宜你了)、优惠(给你优惠、优惠价、优惠你)、照顾(需要照顾、很照顾、照顾病人)、规划(制订规划、规划区、规划山区)、意识(思想意识、意识形态、意识到错了)、阅读(课外阅读、阅读书目、阅读古文)。

二、位置互换

1. 主语、宾语互换

汉语语法的意义在形式上的不一致,首先表现在动词前的主语和动词后的宾语可以互换位置,意义不变。

一般说来,主语和宾语对于动词具有种种不同的意义。前者是施与的,后者是承受的。这些不同意义,印欧语言通过动词和名词的形态变化来确立,所以把动词定义为具有数、体、人称、时、式和语态等范畴的词,而宾语则通常由宾格变化或词序、前置词来标示。

汉语动词没有这些形态变化,语义指向十分灵活。它所联系的成分位置也同样是既不固定、又无需格的标记。既可说"潮涨了",也可说"涨潮了";既可说"长个儿了",也可说"个儿长了"。与动词相联系的某个词,无论它出现在主语位置,还是在宾语位置,它和动词的语义关系都是不变的。也就是说,某些主语和宾语可以易位,易位后语义不发生任何变化。例如:"水淹了庄稼,庄稼淹了水";"窗户已糊了纸,纸已糊了窗户";"大脑袋戴小帽子,小帽子戴大脑袋";"自行车走便道,便道走自行车";"这个人没骑过马,这匹马没骑过人"。

经常产生主、宾易位的格式主要有以下四种:

第一种,容纳性的名词主语和宾语可以易位。例如:

一瓶酒喝十个人——十个人喝一瓶酒

这把椅子坐过许多人——许多人坐过这把椅子

大碗盛菜,小碗盛饭——菜盛大碗,饭盛小碗

第二种,空间性的名词主语和宾语可以易位。例如:

鲤鱼跳出水面——水面跳出鲤鱼

宣传栏贴满了广告——广告贴满了宣传栏

窗前飞过一只鸟——一只鸟飞过窗前

第三种,受事性的名词主语和宾语可以易位。例如:

脑袋顶着天花板——天花板顶着脑袋

他一身淋了水——水淋了他一身

行人走人行道——人行道走行人

第四种,心理性的动词主语和宾语可以易位。例如:

你把我羡慕死了——我把你羡慕死了

我担心得你要命——你担心得我要命

你气死我了——我气死你了

在意义不变的情况下,主语、宾语围绕动词的这种易位,其实质并不是"主、宾"功能的变换,而是与动词相联系的那个名词性成分保持着与动词的语义关系。

2. 宾语、状语互换

这种语义关系的保持也发生在宾语和状语的位置互换上。例如:"造福子孙,为子孙造福";"服务社会,为社会服务";"扎根农村,在农村扎根";"落户矿区,在矿区落户"。从移前的"宾语"前要加"在、为"等才能落实到动词这一点看,这些宾语本身就具有补充含义。

汉语的动宾关系是非常松弛的动补关系,因此,既可说"醉了酒",也可说"醉了人";既可说"酒醉人",也可说"人醉酒"。而"人、酒、醉"之间的关系不变。

吕叔湘先生曾说:

在一定程度上,宾语和主语可以互相转化……似乎不妨说,主语只是动词的几个宾语之中提出来放在主题位置上的一个。好比一个委员会里几个委员各有职务,开会的时候可以轮流当主席,不过当主席的次

数有人多有人少,有人老轮不上罢了。

(吕叔湘《汉语语法分析问题》,
商务印书馆1979年版,第72~73页)

这些话非常明晰地说出了汉语在主宾易位中以语义关系统形的特点。

三、反义替换

汉语语法的意义和形式的不一致还表现在反义替换上。在汉语的一些句法格式中,同一位置上意义相反的词语可以自由替换而不影响意义的表达。主要表现在下面几种情况:

1. 动词替换

汉语有些动词可以将所联系的名词转过来说而意思不变。比如:早些年前有则同样的体育新闻,《光明日报》的标题是:"中国女篮大败南朝鲜队";《北京日报》的标题却为:"中国女篮大胜南朝鲜队"。句式同样,用"胜"或"败"都可以,句意却不受影响。倘若去掉"南朝鲜队","中国女篮大胜",意思依然是不变的;但如果是"中国女篮大败",则意思全变了。这说明:"胜"的语义指向是"中国女篮","败"的语义指向则是"南朝鲜队",带有"使动"意思,转过来可以说"南朝鲜队败"。

有些转向是有序的。比如:

从宾位转到主位:"看过了那出戏,那出戏看过了";"写完了一封信,一封信写完了";"找着了这个人,这个人找着了"。

从主位转向宾位:"态度端正了,端正了态度";"演出开始了,开始了演出";"一个犯人跑了,跑了一个犯人"。

有些转向则是无序的,如:"头摇摇,摇摇头";"开花了,花开了";"留下他,他留下"。

2. 副词替换

有些副词的肯定式和否定式可以替换,意义不变。例如:"好"和"好不",当它们修饰形容词的时候,有两种情况发生:

第一种,既可共同表示肯定,"好不"就等于"好":好不聪明、好聪明,好不伤心、好伤心,好不神气、好神气,好不热闹、好热闹;又可共同表示否定,也就是"好"等于"好不":好容易、好不容易。

第二种,当"好不"表示否定意思时,替换用"好",则往往会有讽刺、说反话的意思,表示的依然是否定:好不争气、好争气,好不正派、好正派,好不值钱、好值钱,好不合理、好合理。

但在一定情境下,"好"和"好不"又各司其职,"好"表示肯定,"好不"表示否定:

你的消息好灵通——你的消息好不灵通
他这个人好谦虚——他这个人好不谦虚
这孩子好懂事——这孩子好不懂事

与"好""好不"相似的是"差点儿"和"差点儿没",或"几乎"和"几乎没","险些"和"险些没"。这几对词的肯定式几乎都表示否定的意思,否定式几乎都表示肯定的意思:

差点儿没进球——进球了　　差点儿进球了——没进球
险些考上了——没考上　　险些没考上——考上了

从意义上看,"差点儿"是对后面动作的满足程度作否定,"几乎、险些"也是这样。所以,"差一点进球了"的意思是"没进球",而"差一点没进球"是对"没进球"的满足程度作否定,意思自然是进球了。

对有些动词而言,说"差点儿"意思是肯定的,说"差点儿没"意思仍然是肯定的。比如:"差点儿输了、差点儿没输"是"没输","差点儿摔跤、差点儿没摔跤"都是"没摔跤","差点儿出错、差点儿没出错"是"没出错"。

那么,为什么说"差点儿没赢"的意思是"赢了",而说"差点儿没输"的意思却是"没输"呢? 其实,形式在这里已经是游离于意义之外了。形式上的肯定,意义上却是否定(差点儿赢了,意义上是没赢);而形式上的否定,在意义上有时候是肯定(差点儿没赢,意义上是赢了),有时候却是否定(差点儿没输,意义上是没输)。

形式上肯定和否定的对立在意会后得以消解,副词表现得特别突出。"在睡觉以前"、"在没有睡觉以前"都是"没睡觉","他要进来"、"他非要进来"、"他非要进来不可"都是"要进来"。动词前否定与否,

193

意义一样;否定之后,动词后再否定与否,意义还是一样。

对形式的理解,几乎全赖对意义的领悟。因此,汉语常常是"得意"而"忘言"的!

第二节　句子结构的自然

汉语在语法结构上的重要特点是神、形同构。汉语语法的结构体现了语义的结构,神与形同构不是由于两者的对等或者对应,而是"文以意主","意在笔先","以意役法"的结果。在语言的分析中,谈到结构往往就是语义。

汉语以达意为主,语法的结构体现语义的结构,按照语义先后、大小、重轻等自然顺序来安排句子,句义通过内在的联系来贯穿,语法关系则需要读者或听者自己去体会、领悟。语序依据事理的顺序,把事理看成天理,语法跟着天理走。这种顺序的选择,与汉文化"尊天理、重长幼"的文化心态有关。

一、逻辑意义上的通顺

汉语语词在组合上或在词的形式上都没有特定的要求,只讲究逻辑意义的通顺。这种意合特点反映了中国传统的整体性思维特点。

汉语重视的是语义,可以用几个意义随意地合在一起表达意思。比如,鲁迅先生的《文学与出汗》中有这样一段话:

类人猿、类猿人、原人、古人、今人、未来人,……如果生物真会进化,人性就能永远不变。

这里用七个词来说明人类进化的历史发展轨迹,却没有用一个连词,整个句子是完全通过意合来完成的。凡是汉民族的阅读者都能理解。

汉语的动宾式结构经常会发生一种超常的组合。比如,可以说"吃点心、吃面包",也可以说"吃父母、吃利息";可以说"救命、救生",也可以说"救火、救药";可以说"恢复体力、恢复精神",也可以说"恢复疲劳"。类似的还有"养病"、"谢幕"、"打扫卫生"、"吃食堂"、"晒太阳"、"看医生"、"闯红灯"、"开奥迪"……

说到这儿,是本民族的人一定会想不通:这难道有什么问题吗?

但,初学汉语的外国人确实会想不通:父母、利息怎么能"吃"?"火"该去灭才对,为什么要去"救"啊?为什么要"恢复""疲劳"呢?"疲劳"应该"消除"才对啊!

其实,这里的"吃父母",指的是子女大了以后不出外谋生赚钱养活自己,而是依靠父母的收入来生活;"吃利息"是指把大笔钱存入银行,通过提取银行的利息来维持生活;而"救火"则是指把火扑灭掉。

看,两三个词语即可解决的意思,光解释却花了那么多的词语!

句子也同样:"一个电话就赶来了","这种脑袋没地方买帽子","三个钟头的火车","一个红灯,一下子排到南京路","五天假还说不够","花生米下酒","两张上海"……这些句子的意义往往要用几句话才能够解释清楚,但汉语在表达和理解时只需选几个有代表性的词语组合在一起就可以了,沟通上完全没有问题。

汉语在表示动作和事物的关系上全依赖着"意会"。因此,从语法或逻辑上看也许不通,但在语义上却是非常清楚、明白的。这种说法体现出了汉语经济、简约的表达习惯,这是社会约定俗成的结果。

二、从排列顺序看文化

1. 语法词序构成

汉民族的思维习惯是从已知到未知,这种思维形式在汉语语法词序构成上和词语并行的逻辑上都能表现出来。

在 S——V——O 句式里,有两种情况:

第一种:主语 S 在前,表示有定或准有定,属已知的部分。比如:"客人来了"(The guest has come),这里的"客人"是属于事先已约定的。

第二种:谓语是对主语的说明或描述,属未知部分。动词在前,宾语O在后,表示的是无定或准无定。比如:"来了客人"(A guest has come),这里的"客人"处在宾语的位置,是事先不知道要来的人。

中国人倾向于把已知的、确定的信息放在前面说,把未知的或不确定的信息放在后面说,强调的是已知;英语却常常突出未知。汉语宾语部分内容在英语的语序里往往是放在前面说的。英语疑问句是先提出询问未知信息的疑问,然后再列出已知的信息部分。例如:

When can you come?(你什么时候来?)

Where are you going?(你去哪儿?)

2. 句子排列顺序

(1)按时间排列顺序。汉语按照某些具体的概念原则把句法单位编织在一起,它的时间、地址、姓名、称谓、自我介绍等顺序从大到小进行排列。

按照时间的顺序来排列跟动词有语义联系的成分,这种顺序跟汉族人的思维是完全合拍的。比如:

他从旧金山坐长途汽车经过芝加哥到纽约。

这个句子的顺序是:起点、所使用的交通工具、经过的地方,最后到达的地点。

同样一句话,英语的表达是:

He came to New York from San Francisco through Chicago by greyhound bus.

因此,从时间的先后看,英语的语序是看不出与逻辑的联系的。

在书写信封时,中文的习惯是先写城市名,后写路名,再写门牌号码;英文则习惯于先写门牌号码,后写路名、城市名,最后书写国名;中国人名字是先姓后名;但英语要变换成先名后姓。

在为人作介绍时,中国人总是先介绍单位和职称,最后再介绍人的名字。比如:

这位是华东师范大学对外汉语系的教授,徐子亮。

但在英语的表达习惯上却须写成:

This is Professor Ziliang Xu, Faculty of Teaching Chinese as a Second Language, East China Nomal University.

在日子的书写顺序上,汉语的写法是从大写到小:先写年、次写月、再写日,最后写时间。比如:

我女儿生于1986年12月23日早晨4点57分。

英语则是从小写到大:先写时间,再写月份和日子,最后写年:

My daughter was born at 4:57 am, on December 23nd,1986.

当两个名词之间具有大和小、整体和部分的关系时,英语句子的词语顺序完全不用考虑逻辑,它既可以用A'B来表达,如table's top;也可以用B of A来表述,如top of the table。但汉语则必须是"大小有序",只能用AB来表达,说成"桌面",不能说"面桌"。

在表达"书在箱子的左边"、"书在箱子的上头"、"书在箱子的里头"这三种空间关系时,如果用英语,必须使用三种词语:代表一维的用at,代表二维的用on,代表三维的用in,分别写成:

The book at the case.

The book on the case.

The book in the case.

汉语则往往采用两步到位的方法:首先用"在"来指出空间关系的一般性质;其次来细说它们的空间关系,指出所说的东西是在某样东西的"旁边"、"上面"或"里面"。"箱子"拥有里面、上面和临近的空间。当人们在表达"书"的位置时,只要先确定物主的位置,然后再标出领有物的位置就可以了。这种顺序是对现实的"临摹",属于事理逻辑。

(2) 多项定、状的排列顺序。汉语如果有多项定语或状语排列的话,一般是由大到小进行顺序排列的。例如:

北京是世界上最美丽的城市之一。
　　　　　①　　　②

我们游览了中国的三个城市。
　　　　　①　　②

今天我去看了我的一个朋友。
　　　　　①　②

以上汉语句子里①②两项定语的顺序在英语却变为②①,比如:

Beijing is one of the most beautiful city in the world.
　　　　　　　　　　②　　　　　　　①

We visited three cities of China.
　　　　　　②　　　　①

I visited one of my friends today.
　　　　　②　　　①

又如：

他 每天早晨在室外高声朗读英语。
①　　②　　　③

我们 每天在教室里认真练习英语会话。
①　　②　　　③

以上汉语句子里①②③三项状语的顺序在英语却变成③②①。比如：

He reads English aloud outside the room every morning.
　　　③　　　　　　②　　　　　　①

We practice spoken English in the classroom everyday.
　　　③　　　　　②　　　　①

当一个结构里面出现了动词的时候，围绕这个动词会出现一系列的表示动作的时间、空间位置，出现状态结果的成分。在汉语里，这些成分的排序同样有着经验的基础。

就地点而言，有以下一些情况：
动作的始点位于动作的前面：
我从上海来。
动作的终点位于动作的后面：
我来到上海。
动作的方向处于动作的前面：
我到上海去。
动作者的位置位于动作的前面：
在上海买衣服。

受动者始受位置位于动作的前面：
在门上起钉子。
受动者受动终点位于动作的后面：
钉子钉在门上。
就时间而言，有两种情况：
动作发生的范围位于动作的前面：
他昨天感冒了。
动作持续的范围位于动作的后面：
他感冒了三天。
就状态而言，也有两种情况：
动作发生时进入的状态位于动作的前面：
他很快地跑了。
动作发生后受到的评价位于动作的后面：
他跑得很快。
当一个结构中出现几个动词时，动作间的顺序就更与动作实际发生的顺序相一致了。例如：
他坐出租到这儿。
他到这儿坐出租。
词语的次序一旦变动，汉语的概念结构也就完全不同了。

三、"有意"和"无意"

所谓"有意"，指的是主体对事件或动作本身以及动作所涉及的场所、性状、可能、方式等语义范畴的自觉性的观照；所谓"无意"就是指不自觉的。

比如：
a 小王在床上躺着。（有意场所） b 小王躺在床上。（无意场所）
  小王多喝了点儿酒。（有意性状） 小王喝多了点儿酒。（无意结果）
  他能听懂汉语。（有意可能性）   他听得懂汉语。（无意的可能性）
  他圆圆地画了一个圈。（有意样式） 他画了一个圆圆的圈。（无意样式）
"有意"具有两个语义特征：

一是主体性:所表达的都是"小王"、"他"的选择、判断、目标等等。

一是先时性:先于动作或与动作同时存在。"无意"则有客体性、后时性的语义特征。

1. 动作的"有意"和"无意"

动作的有意和无意指的是同一动作一身兼两职,既可表有意,又可表无意。比如:

a 昨天在路上我终于<u>看见</u>老李了。 b 昨天在路上我<u>看见</u>老李了。

我好不容易<u>看见</u>了他。 我<u>看见</u>了他。

小丁<u>捡</u>起了那个钱包。 小丁在路上<u>捡</u>了个钱包。

a 类句中"看见"、"捡"是"有意"性的,而 b 类句中"看见"、"捡"则属于"无意"性的。这与 a 类句中的"终于"、"好不容易"、"那个"这些词语有关。

汉语词语的语义特征是在词语的搭配中得以展现的。比如,这些词都是无意的:接到、找到、买到、听到、遇到、感到、受到、得到、看着、听着、遇着、买着、找着、猜着、抢着、碰着、睡着。但如果前面加上了"终于"或"总算"后,就都变成有意的了。

动作的"有意"和"无意"同动词的隐性词义结构相关。动作过程的各阶段都存在"有意"和"无意"的差别。比如:

小丁发现老李睡着了。(动因无意)

小丁终于发现了老李。(动因有意)

小丁高兴地说着。(实施有意)

老李安静地睡着。(实施无意)

小丁写好了一篇论文。(结果有意)

老李喝醉了酒。(结果无意)

2. 方位、处所的"有意"和"无意"

方位和处所的"有意"和"无意",可以分为两种情况:

a	b
(1) 他在医院里死了。	他死在医院了。
他在单位病了。	他病在单位了。
(2) 飞机向北京飞。	飞机飞向北京。

小王向前方走。　　　　　小王走向前方。

(1)类句是动所句,也就是句中的处所成分表示动作实现或涉及的场所;(2)类句是动向句,也就是句中的处所成分表示动作的方向。

动所句和动向句的主要区别是:无论是 a 类还是 b 类动所句,对于动作主体来说,动作实现和场所的实现之间是有个时间差的,或场所选定先于动作,或场所涉及后于动作。而动向句的动作和场所的关系变化是同时互动的。此外,动所句中的场所具有静态性,而动向句的场所具有动态性。

对动所句来说,"有意"和"无意"是 a 类和 b 类的最重要的不同。而且,不同类型动词所构成的动所句,其意识结构的构成也有所不同。比如:

a 他在医院死了。　　　　　b 他死在医院了。
　他在树下蹲着。　　　　　　他蹲在树下。
　小丁在床上躺着。　　　　　小丁躺在床上。
　老王在饭店丢了钱包。　　　老王钱包丢在饭店了。
　老李在地上洒水。　　　　　老李把水洒在地上了。

3. 性质和状态的"有意"和"无意"

下面 a 类句是有意的,而 b 类句是无意的:

a 她多拿了一个。　　　　　b 她拿多了。
　我快走了几步。　　　　　　我走快了。
　小妹晚来了一会儿。　　　　小妹来晚了。

不过,在祈使句中,状态类的这种不同就消失了。像"你快点儿走!"和"你走快点儿!"都是有意的。再如:

a 他圆圆地画了一个圈。　　b 他画了一个圆圆的圈。
　他浓浓地沏了一杯茶。　　　他沏了一杯浓浓的茶。
　他大大地写了一个字。　　　他写了一个大大的字。

a 类中的"圆圆地"、"浓浓地"、"大大地"是一种主体有意而为之的方式;b 类中的上述成分是无意而成之的结果。

4. 可能的"有意"和"无意"

现代汉语可以表达"可能"的句子主要有两种:

  a 他能看懂这本书。   b 他看得懂这本书。
  他能吃完这碗饭。   他吃得完这碗饭。
  那个教室能坐下二十个人。 那个教室坐得下二十个人。

a 类称为能愿动词型,动词后应有结果或趋向补语;b 类称为可能补语。a 类侧重于主体对客观事件的可能性的主观判断,是主观性的可能;b 类侧重于陈述客观事件的客观能力,是客观性可能。

第三节　语句的灵活多变

  汉民族文化和汉语言、汉字有着惊人的相似之处。
  筷子很简单,它远不如西方刀、叉那么复杂,但它的功能却是不确定的。筷子不像刀有"切"的确定性,叉有"戳"的确定性,但它却是既能切又能戳,既可以夹又可以能挑;汉民族的书写工具——毛笔也是简单的,但它的功能同样是不确定的,既是书写工具,同时又是画画的工具;而西方的油画刷子和钢笔的职能却是专一、固定的。
  汉民族人在遣词造句上,在语法结构的使用和发展上都深受语用原则的影响。孔子说:"辞达而已矣。"(《论语·卫灵公》)言辞足以达意就行,不需言尽。这反映出了汉民族人使用汉语的共同心态。

一、语词的虚实

  1. 动静相涵

  中西方文化有着两种完全不同的哲学观。中国的哲学观点是"一动一静,互为其根"。先秦哲学提出"轮不辗地"(《庄子·天下》),即运动中的车轮与地面只是瞬间接触,它既在某一点地上,又不在某一点地上;又认为"镞矢之疾,而有不行、不止之时"(《庄子·天下》),即在运动中,箭头在一个瞬间里既在某一点空间,又不在某一点空间。这表明了动中有静,静中也有动。汉语的基本单位——字可以做名词,此为静;也可以做动词,此则为动。这是汉语言与汉文字相配合的、与生俱来的特点。
  启功认为:

词是一种多面功能的零件:譬如一个螺丝钉,可以左右旋转,也可以钻进、退出,更可以用锤直接钉入或用钳直接拔掉。例如"衣"和"食"作为名词是衣服、食物,作为动词则是穿衣的"穿"、吃饭的"吃"。如果说"衣我食我"即是"给我衣穿,给我饭吃",那么这句中的"衣""食"二字中即同时各具有动、名两种性质。"

(启功《古代诗歌、骈文的语法问题》,
《北京师范大学学报》1980年第1期)

上古汉语很多实词都同时具有动、静两种涵义,从中反映出了中国哲学对事物的运动和静止的关系的深刻理解。

在《孟子》中,人们可以看到大量这样的例子:"礼人不答反其敬"(礼,以礼对待),"则文王不足法与"(法,效法),"填然鼓之"(鼓,击鼓),"孔子主我"(主,当做主人),"许子冠乎"(冠,戴帽)。

这种功能上的弹性直到现在,在语言中依然有它们活动的身影,且数量众多,例如:挑(挑了一挑柴)、刷(用这把刷刷一刷)、塞(这瓶塞太大,塞不进)、盖(一个盖子盖一只碗)、意思(有点意思,意思一下)、笑话(说个笑话,别笑话他)、意味(意味深长,意味着团圆)、神气(神气慌张,神气起来)。

中国哲学又认为"动而成象则静",而汉语里的"动而成象",就是动词出现在事物性的位置上,比如:"有吃有穿"、"来就好"、"打也没有用"、"鱼吃跳,鸡吃叫",等等。

动词还可将宾语前置为修饰语,自己则转化为中心语,如:"调查情况"转为"情况调查"后,"调查"由动转为静。

可见,汉语的重要特征是基本单位的动静一原,动静相涵。

2. **性状之虚涵盖事物、事象之实**

所谓虚,是指对事物性质、状态的描写,一般是抽象的。如"桃红柳绿"中"红"和"绿","人高马大"中的"高"和"大"。这些词在汉语中经常可以由抽象的含义进一步涵盖较实在的事物形象和动作含义,使虚中见实。虚中见实现象在成语中较多,且多在对举形式中。例如:舍近求远、恃强凌弱、改邪归正、隐恶扬善、标新立异、除旧迎新……

在汉语里,以性状去涵盖事物或事象也是十分普遍的。例如:吃苦、描红、搀假、帮困、爱干净、出危险、装老实、损害健康、热爱和平……

虚中见实,但虚和实又是相互转化的。既要虚字实用,又要实字虚用。古汉语最典型的就是用事物(或人)直接去修饰动作,以表示动作的状态、性质,如:

天下云集而响应,赢粮而景从。(贾谊《新书·过秦论》)

丁壮号哭,老人儿啼。(司马迁《史记·循吏列传》)

在现代汉语中,以事物之实去涵盖事物性状之虚常见于修饰语。例如:龙眉凤目、金色池塘、骨肉同胞、新潮青年、热门话题、权威杂志……

以事物的形象来表现性质和状态的往往出现在专表性质、状态程度的副词后面。如:特传统、很女人、挺男人、真运气、太商业、十分专业、非常绅士、实在晦气……

3. 性状之虚涵盖动作之实

以性质状态来突出、显现动作的某方面是汉语的一大特点,上古就有大量例子。例如:

幼吾幼以及人之幼。("幼",当做小孩)

不行仁政而富之。("富",使富起来)

在现代汉语里,倘若用形容性质或状态词语去表示某种动作,就会有生动的效果。如:弯腰、多事、烫手、够格、偏心、滑跤、短粮食、乱阵脚、强身健体、白了一眼、粗着脖子、慢下步子、光着膀子、稳住情绪、晚了半个月、一下子黄了脸……

更为常见的是利用双音节的形容性词语来表示一些动作。例如:集中精神、开阔视野、繁荣市场、突出重点、密切关系、健全体魄、松懈斗志……

性状之虚和动作之实,同样也可以虚实转化。既可以由虚到实,也可以由实(动作)到虚(性状)。例如,单音节动作词虚化为性状词的:讲稿、落叶、流水、来宾、闹市、挂钟、贴纸、抄本、扶梯、喜糖……

双音节动作词语的虚化现象在汉语中更为普遍。例如:领导人、集中营、装卸工、号召力、研究所、粉碎机、邀请信、安慰赛、折叠床……

以动作涵盖性状还可出现在专表性状程度的副词后,此时的动作已是完全性状化的了。例如：太投入、挺帮忙、很保险、最捣乱、非常优待、有点迷信、不太普及、相当动摇……

二、句子的虚实

汉语重意会，只要能意会，在语词的安排上就可以"人详我略"；汉语重流动，只要句读能够流动起来，就不必考虑主谓都俱全。因此，句子组织多是虚实相间的。例如：

他有个孩子，在苏州工作，已经打电话去了，下午就能赶到。

在这个句子里，每一个分句的主语都是不同的，属于暗换主语，但意思却是非常清楚、明白。如果把这些已经"虚"掉了的主语都补上去，实是很实了，但句子却会显得十分死板而笨重，不少语句在语法学界曾争论过多时。比如：

通过学习使我提高了认识。

贵宾所到之处受到热烈欢迎。

当他醒来之后，觉得右膀子沉重闷胀。

有些语法学家认为，这些都是有问题的病句，因为缺少了主语。但事实上人们常常这样来使用，看的人也没有觉得有什么不妥的地方。实际上，这些语言学家们是用太过"实"的眼光去衡量汉语的句子了，他们没有从表达和理解的习惯上去考虑汉语的句子。

1. 汉文化与语法的虚实

汉文化的各种表现形式在汉语的句子上都有体现。虚、实相间和流动转折，能使句子句读简短、音节铿锵。例如：

这屯子还是数老孙头能干，又会赶车，又会骑马，摔跤也摔得漂亮，叭哒一声，掉下地来，又响亮又干脆！

这一段语句如果用西方人的思维习惯和语言规范来看，显然是无法解释的：语言组织如此地疏落，又如此地活泼。按照目前的汉语语法体系只能把它解释为"省略"。但如果真的是"省略"，可以去补全出来的话，那么，怎么把"省略"成分补上呢？虽然有的可以补，但补上后句子却显得不自然了；更何况，还有不少地方是根本无法补出来的。问题的产生实际上是东西方两种完全不同的文化精神在语言层面上的表现。

汉民族传统哲学认为,事物的形式是不重要的,只有事物之所以成为这些事物的道理才是最为关键的。道理是无形的,因此在形之上;器质是有形的,所以在形之下。

表现在绘画结构上,呈现的往往是虚实之态,在线、点之外留下空白,造成疏密、浓淡、聚散的对立协调。用笔的详略,构图的虚实,来源于画家的情感意识,表现了画家主观情态。空白虚迷处,因实景的衬托而流露出作者的深思悠情,给读者以想象的空间。此时的"白"实际上是"黑"的延伸,更是"黑"的传神之处。此所谓"计白当黑"。只要在画面上画一个茶壶,一个茶杯,旁边提写"陆羽高风";只要画个酒壶,画个酒杯,壶口向不向着杯都没关系,旁边提写"陶潜逸兴",读者就自会领会其中之意,无须繁琐。

汉语句式如同国画,以神统形,重意轻言,只要能够意会、理解即可,形式是从略的。句子组织常常虚实相间,结构很不完整。用汉语句子结构做比较,国画中的无人,很像句子中主语的省略;没画出的茶或酒,很像句子中省略的宾语;而壶口不向杯,或是壶柄朝杯,也像汉语词语的不妨颠倒一样。

西方油画用的是数学眼光和物理的方法,他们是写实的;所观察的角度是固定的,表达得十分精确。印欧语言的句子和油画类似,必须填满、充实,力求言能尽意,所有的关系必须外露,因此,他们的语言属于描述性的。

2. 有形——语法结构之虚

汉语句子结构中和实相间的"虚",几乎涵盖了所有的句子成分和词组成分。

(1) 虚动词。比如:

她天天(　　)套裙高跟鞋,埋头(　　)报表数字,抬头(　　)老板脸色。

(2) 虚介词。比如:

你(　　)一桶水,(　　)十桶水也灌它不出来。

(3) 虚宾语。比如:

我请二奶奶来求(　　)做个保。

(4) 虚定语。比如：

他前天验了血,今天来看(　　)结果。

(5) 虚状语,比如：

表姐夫(　　)还不去,姨夫都在祖先堂屋等着呢？

(6) 虚中心语。比如：

你先走,你的路比我(　　)远。

(7) 虚关联词。比如：

(　　)不犯罪就好,(　　)结婚可不行,(　　)命相不对。

还有虚主语。主语之虚往往是因为有所依托,是承前之实。

汉语句子里时隐时现的各种成分中,最常见、也最为普遍"虚"的成分是"主语"。如：

喂！一手交钱,一手交货！

他很喜欢我到他家,(　　)一去他就很高兴。

承前之实并不都是单一的指向,也就是说,不是单纯地因上文的某一成分而"虚"的,它会出现一些复杂的指向。例如对上文几个不同主语的综合：

他后来还托父亲带给我一包贝壳和几支很好看的鸟毛,我也曾送他一两次东西,但(　　)从此没有再见面。

基于上文内容的主语转换,例如：

旁边的以为阿姨的长发碰在我脸上,(　　)怪痒痒的,(　　)也不能去挠,(　　)手被管者呢。

有主语不确定地泛指。例如：

(　　)多看,(　　)多听,(　　)多琢磨,(　　)经验多了就会发现问题。

虚实之间的复杂关系,在紧缩形式中表现得更为突出。例如：

他十分信服老队长,(　　)吩咐他做什么,总是(　　)话才出口,(　　)抬腿就走。

承前之实不仅会表现在句子之中,而且还表现在句群对话和篇章之中,例如：

207

孔乙己自己知道不能和他们谈天,便只好向孩子们说话。有一回( )对我说道……

有时会交替出现句外、句内。例如:

( )都说这本书好,可我怎么一点儿也不懂,( )都把我给看腻味了。

由此可知,汉语句子结构中的虚实相间,"虚"的语意指向可前、可后、可内、可外,几乎所有位置和环境中的"实"都可以借以助"虚",实现疏通与意会浑然一体的表达效果。

3. 无形——语法意义之虚

在汉语句子结构中,有时并无明显的虚位,但是在意义结构中却存在着很大的空档,必须去依赖语境的"虚",这是无形的虚。

无形之虚在语法上虽然没有任何破绽,但因为它在语境中获得的解释大大超过了它自身的结构能量,因此,从表面结构看它常常是悖理的。必须借助整个语境的默契,才能使虚实相映,让简单的结构在意义上生动、疏通起来。

张洁散文《五色海》中有段描写:

售货员递给他一条游泳裤,他看了看,收下了,也不付钱,也不走。问:"还有小褂呢?"售货员不解地反问:"什么小褂?""裤衩有了,上身还应该有个小褂儿呀!""男同志就是游泳裤。"

"男同志就是游泳裤"在结构上是完备的,但在语义上却有很大空间,如没有前后文,一定会觉得悖理。这类句子须有语境补充才能"心领神会"。

在句子中虽没有形位,但句外却能够会意的结构在汉语中经常使用,显得非常简洁、生动。例如:

包子往里走。(买包子的人请往里走)

不喜欢穿裤子。(爱穿裙子)

你有肚子吗?(服装柜台营业员问女顾客腰围大不大)

汉语句子中的"无形之虚"还常因结构的紧缩而使语义关系变得复杂。这类句子往往采用的是"主题+评论"形式,便于读者体会其言外之虚。例如:

十一个碗还说没得菜。

这种脑袋没地方买帽子。

结构的紧缩有时又表现在逻辑关系上的跳跃。例如:

除非你去请,(他才会来,你要是不去请)他不会来。

这种果子非熟透了(不能吃,只有熟透了)才好吃。

一旦这种逻辑关系的跳跃成为一种惯例,说话的人就会对这种跳跃的格式在语义和句法上做重新分析,使它能够依仗言外之虚而成为一种形式上自足的结构。例如:

除非有人告密,老师是不会知道的。

这种羽绒服非到冬天才有人买。

有时,重新分析前的结构会与重新分析后的结构共同存在,这就产生了异型同义的现象。例如:

非他执教不能保住冠军。　　非他执教才能保住冠军。

前句是双重否定表肯定,后句是逻辑跳跃、结构紧缩后表肯定,在理解上却是一致的。

以上句式都需要说话、听话人的主体意识积极参与才能完成。

4. 语境对句子的制约

汉语句子中虚位的设置依赖于语境的制约,依赖于以大观小的领悟。语境的制约主要有五种类型:

(1) 话题制约。一个话题贯通几个评论短语,每一个评论短语所评的都承前虚化。从句子新旧信息的分布来看,句子的话题表达的是旧信息。因此一旦确立就可作为语境要素来延续。例如:

这张团练终是武官出身,(　　)虽然酒醉,(　　)还有些气力。(《水浒传》第三十一回)

(2) 施事者制约。在一个叙述行为事件的句子里,施事者贯通了多个动作语。他是动作行为的主体,因此后续动作都因主体相同而承前虚化了。话题的延续和施事者的延续是造成句子组织虚实相间、虚实相资的重要原因。例如:

他娘低着头一个人坐在门槛上,(　　)出了神,(　　)只管拣着米里的谷,(　　)听见他一脚揣开了篱笆上的板门,(　　)眼皮也没抬,( )说:……

（3）泛指制约。行为的主体不是特指性的,而是人人可以意会而无须究明的。例如:

( )扫开一块雪,露出地面,( )用一支短棒支起一面大的竹筛来,( )下面撒些秕谷,( )棒上系一条长绳,人远远地牵着,( )看鸟雀下来啄食,( )走到竹筛底下的时候,( )将绳子一拉,( )便罩住了。

（4）平行结构制约。由于结构上前后对应或对举,在意义上形成了相互照应。而照应中能够意会的成分,因平行结构的需要而做了适当的取舍。例如:

便去腰里摸( )时,搭裢和书都不见了。

以上是小句间结构平行而由照应产生虚位。还有词组间结构平行而产生照应以形成虚位。例如:

那茶馆门口是里( )三层外( )三层,围得水泄不通。

他俩你( )一杯我( )一杯,喝得十分尽兴。

（5）对话制约。对话从广义上说也是一种平行的结构。由于对话双方大多有共同的知识背景和环境背景,因此对话句子中虚化成分就特别多。例如:

"什么东西？"

"不关你事！"

再如:

"你看,你能考到全班第一名吗？"

"考好了,有没有奖励？"

这句话并没直接回答问题,而是把"考到全班第一名"作为话题,提出了另一个问题,言外之意"如果考好了有奖励,我就考到全班第一名"。

第四节 "气"与句法脉络

汉民族哲学自然观是"凡可状,皆有也；凡有,皆象也；凡象,皆气也"的气一元论,强调气的连续性质态,认为理解的事象是流动性的。汉语的句子组织之所以能够采取流动铺排、短语的结构方式,和汉语的语词单位的弹性有着很大的关系。

汉语语素为单音节性,结构十分简单,音节少,多同音。为了避免同音造成的理解困难,也为了使语音具有某种节奏以及在修辞上的某些要求,单音词就逐渐衍变成了双音节的词语。这种单到双的分合并没有一定的规矩,可以随意地、灵活地运用。汉语不以动词为中心组织句子,"主动宾"型句只占汉语全部句子的9%,大量是以流水句的面貌出现的。

这种不靠某个动词作中心来抑制,而是按照时间的顺序或事理的顺序来进行的特点和传统国画的散点透视非常相似。

一、流动与语法之气

汉语的句子有"气"的流动,体现了汉民族有机整体的思维方式。而在句法之"气"的流动中,又显现出了以神统形的文化精神。

汉语句子的所谓"气",就是念诵文句时的一口气,通常在诵读时就可以领略出来。当一个句读接着一个句读流转、顿挫时,句子的组织就自然发生了"流动",形成了声气的"场"。行文的声律的高、低、长、短,充分地传达出了所要表达的"文气"。

《红楼梦》中有段刘姥姥初进荣国府的描写:

只听一路靴子脚响,进来了一个十七八岁的少年,面目清秀,身材俊俏,轻裘宝带,美服华冠。

这段话如果改换成下面的说法,应该也是可以的:

只听一路靴子脚响,进来了一个十七八岁的,面目清秀、身材俊俏、轻裘宝带、美服华冠的少年。

但汉族人却很不习惯这种描述方法,因为这样说的话定语实在是太长了,念起来非常不舒畅,有点憋气,这属于印欧语句的句式特点。汉语把长长的定语化成了一个个述谓性的句读来表示,从语气来看,就显得流转而自然,很符合事理的顺序了。

再看下列英语句子和它的译文:

He did not remember his father who died when he was three years old.

译文1:他不记得他父亲的样儿了,因为他三岁时父亲就死了。

译文2:他三岁上死了父亲,记不得父亲的样儿了。

英语原句是以动词"remember"为中心组织句子的。译文1同样是用这样方式来翻译的:以动词"记得"为中心。这种句式无法按照时间、事理的顺序安排词语,是属于印欧语言的句式;而译文2则是按照汉语的习惯表达来安排词语的:不以某个动词为中心。用"主动宾"或"主谓"句形式分析句子,只适合用于译文1这种带洋腔洋调的句子类型,却很难分析译文2这种具有汉语味的句子类型。

朱自清的《匆匆》,表现了作者追寻时间踪迹而引起的情绪的飞快流动,全篇格调统一在"轻俏"上。整篇文章节奏显得疏隐绵远,轻快流利。为了谐和情绪的律动,作者在里面使用了一系列排比句:

洗手的时候,日子从水盆里过去;吃饭的时候,日子从饭碗里过去;默默时……

相同的句式呈流线型,一缕情思牵动,活跃而又恬静的画面迅速展开,使人们仿佛看到了时间的流动。句子大多为短句,显得轻快流畅。句法结构十分单纯,似一条流动的河,接续不断,像一张调和的琴,泛着连续的音浪。它的文辞美不是在字音的抑扬、顿挫上着力,而是在句的流畅、轻快上取胜。作者没有刻意雕琢,而是用鲜明生动的口语,让诗情不受任何拘束表现出来;语言节奏和情绪的律动自然吻合,从而使散文达到了匀称、和谐。

汉语句子的脉络与句子的节律是浑成一体的,而音步就是节律的基础。汉语充分利用了字的单音节特点,以单音词构成单音步,以双音词构成二音步,只须把单音词与双音词参差错杂、巧为运用,自然也就造成了语言的节律。而句读形态正是这种音律变化的最佳节奏板块。汉语句子的生动就在于在句子中有着一定的节律,在循序渐行当中突出事理,将音乐性与顺序性有机地结合起来,由"音句"进入"义句",随着事态变化的自然流程,说出或写出千姿百态的句子来。

汉语的表达是从容不迫、断续相间的,它并不要求一口气说完整个句子,而是采用自然拼接的方法,组成言语传达的全部;句子不仅以停顿来表现节律,而且用停顿来传达句子的脉络;它自然地将语气与语法脉络有机、协调地结合在一起,可以不用任何关系词,却仍明晰地显示出一定的语意关系。

由于汉语的语词在形式上和功能上的简单灵活,因此,它能自由地进行各种组合,以适应句子在声气、顿挫上的要求;也正由于汉语语词的弹性,使句子组织有可能与语音节奏同步,所以汉语句法句读简短,整齐和谐,灵活多变。一个句子往往可以用一个意象去统率多个短语,读下去就如同在江河里顺水泛舟一样,顺流而下,一口气读到意象完成为止。

吕叔湘先生说过一段很有趣的话:

我们说汉语的人还真不羡慕那种牵丝攀藤的语法,我们觉得到处扎上些小辫儿怪麻烦的,我们觉得光头最舒服。

(《吕叔湘全集》第六卷《语文常谈》,
辽宁教育出版社2002年版,第216页)

所谓"光头最舒服",是说汉族人习惯于词与词之间的意合,不靠词的形态变化来组词造句的形合。词与词之间的意合,是极为具有镜头感的意象,电影剧本往往采取这样的写作手法。把一系列的"光头"词排在一起,从而组成了一组变换的镜头,虽然没有任何的说明或者叙述性语言,却叙述着故事的背景:

薄雾　田园　农舍　房间　木床　娃娃　炉灶　空锅　猫……

光这些就组合出很有意义的意象了。

二、意向

作为结构单位,句子必然要受到一定规则的限制。汉语句子的结构并不是变化无方的,而是有着无形的手段来控制句子的格局。这个手段就是声气的止息和意向的完成。

所谓意向,就是句子所要表达的功能或语义的意图,即说话人造这个句子的作用。汉语句子的意向主要有三个类型:"动"向、"名"向和"关系"向。

1. 动向句

动向句的功能是叙述行为事件。看《红楼梦》的一段叙述:

那周瑞家的又和智能儿唠叨了一回,便往凤姐处来,穿过了夹道子。从李纨后窗下越过西花墙,出西角门,进凤姐院中。

这类句子有以下几个特点:

第一,它的表达功能是叙述某个行为事件。

第二,它在形式上以句读段的时序铺排展开。在时序铺排中还隐含着因果、转折、条件、假设等逻辑关系。

第三,行为事件总离不开时间、地点、人物、行动等四个要素。这种句子以"时间语+地点语+施事者+动作语"的顺序展开。其中的时间、地点和施事者如果已经在上文出现过,那么,在句子中就可以"人详我略"。动作语是整个句子的核心,是必不可省的。

第四,这种句子直到完成表达功能,即说完了一件事情,才算结束。

以上可以概括为:句读本体,逻辑铺排,意尽为界。

通常把这类叙述行为事件的动词性句子称为施事句。施事句以施事者为意向线索,集中多个动词,按声气和语义的断续来组织句读段,依照事件的事理和时序展开,直到完成叙述,整个句子由一个施事者一贯到底。

汉语句子可以有多个视点,它的视点不由单中心的形态框架来决定,而是由内容来决定的。多个视点顺时间的事理而移动,随事态的变化而衔接,有点西画理论中的所谓"散点透视"的味道。所以,它的"动"感是简明而有序的。

印欧语言句子因为受限定动词单一视点的限制,重点必须围绕在核心动词上,且构造复杂,所以就无法采用这种多视点的格局。

一定的句型是同一定的语言心理相联系的,汉民族在造动向句时,一个个具体可感的、动态的、类似于电影的连续画面图像就会浮现在人们的面前,流过人们的眼底。这种流动的图像可以归结为四项:时间坐标+空间坐标+施事者+事件流程。这是构成动向句的直接零部件。它们之间的地位是平等的,是直接充当句子成分并参与句法组合的。不像名、动词的某些修饰成分那样,一定要通过合成一个偏正词组才能进入句子。

动向句的流动铺排之所以不觉得累赘,是因为它适应汉语"气"的节律,把复杂的思想过程描绘得有声有色,有条有理。

根据施事句以动作语按照时间顺序来铺排的特点,对施事句的分析以句读段为基本单位,可以把它们分为单段句、双段句、三段句、四段句、五段句和六段句,最长应该不超过七段。因为受人脑短时记忆的限度制约,段数一多就容易遗忘。看一些典型例子:

单段单动句:

"习惯啦!""老太太得意起来了。"

单段双动连贯句:

"何同礼听完了录音带便皱眉头。"

单段双动并列句:

"这小子又恼恨又得计。"

单段三动句:

"马阿姨站在井边上看到了直咂嘴。"

双段转折句:

"这几天一直想我们谈谈,却碰上市里开会。"

双段递进句:

"沈进先想出理由来劝解,而且帮着徐丽莎出气。"

三段比兴句:

"朱世一兜了一个大圈子,用了一连串的大帽子,才把话切入正题。"

三段注述句:

"他这几天也很后悔,想在政治工作上抓出成绩,想不到却抓出了纰漏。"

四段目的句:

"到了高潮的时候,朱世一便拍桌子、打玻璃,哗浪浪一声把窗子上的玻璃打碎,以壮军威。"

五段原因句:

"现在他知道这美人鱼的心还在跳动,是活的,是可以亲近的,所以相处之间也就随便了一点,上班时也说点闲话,下班后同走在路上时也谈论技术问题,谈着谈着便到了东胡家巷里。"

215

六段贯连句：

"小辣椒见是书记，一愣，松开手，跟着就瘫了下来，滚地皮，大哭大叫。"

以上这些例句都是申小龙先生从陆文夫的中篇小说《井》中摘取的。根据统计，施事句占了《井》句子总数的 26.2%。

2. 名向句

汉语在造名向句时，首先要提出一个想要说明的话题。它可以是词，也可以是短语或是句子。然后对这个话题加以评论。"名"向句的功能是评论话题。比如：

香蕉苹果买了一大堆。

交情还是有一点的。

饭要一口一口地吃。

前部"香蕉苹果"、"交情"、"饭"都属话题，后部则是对话题的评论或说明；前部与整个后部构成了"话题——评论"关系。它主要的句子成分是"主题语+评论语"，表达功能为评论某个话题。这类句子同样具有"句读本体、逻辑铺排、意尽为界"的特点。

与动向句不同的是：名向句无论是它的话题部分还是评论部分，都可以流动铺排。它们的聚零为整也因此呈现出两种不同的形式。

第一种：网收型。所谓网收，就是句子的话题部分以句读段来流动铺排，句子的"魂"收在最后一个或几个简洁的评论上。像是撒开的网，撒得再开，纲还是可以在句末一把抓住的。比如《红楼梦》：

嘴甜心苦，两面三刀，上头笑着，脚底下就使绊子，明是一盆火，暗是一把刀，他都占全了！

最末一个句读段将前面多个句读段收作一个主题来加以评论。在评论出现之前，这些句读段都是呈流动转折的。评论一旦出现，它们就聚成了一个大的话题。"气"的运动不在陈述部分，而是在主题部分。

第二种：辐射型。辐射是指围绕着一个话题，多侧面地加以评论，或者以话题为基点，进行有规律地辐射评论。例如陆文夫《井》：

浸过水的青菜不能要，分量重，烧不烂，样子好看，都是骗骗你们这种洋盘的。

第一个句读段是接受评论的话题,后面的句读段则以流动的状态环绕着主题加以评说,主题是名向句结构和内容的一个支撑点。全句都由这个点出发,有条理地辐射出一个个连贯的评论语。

3. 关系句

关系句的功能是表达事物、事件间的逻辑关系。汉语各种句子的内部都存在着逻辑事理关系。施事句、主题句等不以说明逻辑关系作为句子的表达功能,它们只说"一件事",而关系句的语义意图却是要说明"两件事"之间的逻辑关系。比如:

(1) 我如果迟到就不进会场了。

(2) 如果我迟到,那多不好意思!

(3) 如果我迟到了,你最好等我一会儿。

(1)叙述行为事件,是具有假设关系的施事句;(2)评论话题,是具有假设关系的主题句;(3)表达两个事件之间的假设关系,是假设关系句。

关系句的认定主要看的是句子的表达功能,关联词语的出现与否并不重要。主要有以下几类:

(1) 因果句。例如:

因为徐丽莎没有讲话,这场风波才没有发展到通常所见的两个女人的厮打。

(2) 推断句。例如:

你说打扮起来不给谁看,那你还打扮干什么呢?

(3) 假设句。例如:

如果当年(我)能读大学的话,说不定我们还是同学呢!

(4) 条件句。例如:

老太太怎么训她她也学不会。

(5) 目的句。例如:

为啥不早点来呀,也好让大妈把你当做女儿来疼你。

(6) 平转句。例如:

当初我要让她在劳动中改造,你却硬要我移植到花盆里。

(7) 让转句。例如:

何同礼虽然没有点名,很多人都知道讲的是谁。
(8) 并列句。例如:
他想有个文雅、高贵的漂亮老婆,马上就来了一个美丽的大小姐。
(9) 比拟句。例如:
大姑娘们被马阿姨的过来人语吓得寒飕飕,好像世界上的男人都有点危险。
(10) 比兴句。例如:
(朱家是做过大官的。)瘦瘦的鹅儿顶只鸡,怎么能和穷人相比?
(11) 注释句。例如:
我的男友只爱我一点,说是跟我在一起时感到很快乐。
由此看来,汉语的句型体系是以施事句、主题句、关系句"三分天下,鼎足而居"的。
除此之外,汉语中还有一些表达功能不同的小句型。
(1) 描写句。例如:
会场上嗡嗡的。
(2) 说明句。例如:
大娘一声长叹,两行热泪。
(3) 存现句。例如:
那坟墓上已经长满了青草。
(4) 有无句。例如:
她有几个无话不谈的小姐妹。
(5) 祈使句。例如:
分一套给我们住住吧。
(6) 呼叹句。例如:
好家伙!

第五节 句子的可感性

中国古代哲学讲求"观物取象",使人以审美、直觉的眼光看待万物,这种具象思维与整体思维有着内在的联系。这种哲学观在汉语的语言思维里也有具体的反映。

一、思维的具象

概念本是一种思维的抽象,但汉民族习惯于用相应的具象来使抽象的概念变得具体可感。这种具象的思维使汉语充盈着艺术的气息。李东阳《麓台诗话》:

盖正言直述,则易于穷尽,而难于感发。维有所寓托,形容摹写,反复讽咏,以俟人之自得,言有尽而意无穷,则神爽飞动,手舞足蹈而不自觉。

无论是做名词、动词、形容词使用,还是做数词、量词使用,汉语都有重叠形式。不同词类的重叠功能不一样,单音节名词、量词重叠式有周遍的含义,比如:山山、水水;件件、条条。动词重叠式有重复或短暂的含义,如:说说、听听;形容词重叠式有加强的意味,比如:香香、臭臭;数量词组重叠式有逐步进行的含义,比如:一次一次,一遍一遍。这些词在传达概念的同时,还在听觉、视觉、触觉、嗅觉、味觉上给人以联想,让人有生动可感的整体形象。汉族人特别喜欢用下面的句式:

有一种快乐飘飘洒洒,有一种自在平平淡淡,有一种美丽温温柔柔,有一种幸福安安静静,有一种拥有实实在在,有一种友情长长久久……

这种具象的语言思维反映在语法规则上主要是在具象组合和具象定格两个方面。

所谓具象组合,就是把一个个名词词语所表现的形象平列在一起,组成一幅幅画面,用以互相映衬、渲染,烘托一种无言的意境。例如温庭筠"鸡声茅店月,人迹板桥霜"。只用十个汉字,却传达了六种形象。当一个个语词的具象被艺术地安排在一起时,涵在里面的丰富联想和民族情感就成了一组连续、有机的画面了。这里虽无一个动词,但早行的旅行者的动作已在其中;这里同样没用一个词语去抒情,但那孤独的心境早已经溢于言表。

所谓具象定格,就是在叙述行为事件的句子组织中,穿插着富有动感的瞬时画面。汉语句子经常运用具象定格,比如:

她细细的眉毛,圆圆的脸蛋,细长的脖子,透出一股秀气。

这种表达方法具有电影语言中"定格"的强烈效果。再如:

(1) 那女的一跃而起,闪电式的一记耳光,扇得他晕头转向。

(2) 我望着他的背影,一声长叹,两行热泪。

例(1)没有用"打了闪电式的一记耳光"来表述,而是使用名词性词组"闪电式的一记耳光",这简直就是如见其事,如闻其声了。

例(2)也没有用"长叹一声,流下两行热泪",而是使用了名词性词组来表现形象,但却使读者如闻其声,历历在目。

二、意象和形象

意象是由记忆或现有知觉形象而成的想象性表象。汉民族文化中的意象,是指主观情意和外在物象相融合的心象。例如:

清澈的河水,斑斓的沙石河底。折光的波纹,其中三个人欣喜的面庞和倒影。

文学作品中常有名词性偏正短语组合,通过组合表示一连串意象。例如马致远《天净沙·秋思》:

枯藤老树昏鸦,小桥流水人家,古道西风瘦马。夕阳下,断肠人在天涯。

这是历代传诵的散曲名篇。作者使用白描手法,用名词性偏正短语"枯藤、老树、昏鸦、小桥、流水、人家、古道、西风、瘦马",展示了九个富有特征的意象,勾勒成一幅黄昏旅途孤寂悲凉的秋思图。各意象之间并无关联词,全赖内在的逻辑感情联系,构成了浑然统一的艺术意境。

意象的根基是形象,但形象缺乏深度与厚度。倘若把形象放在具体的意象中去,就可以形成一幅生动可感的画面。比如,"鸡、狗"原是直诉感官的形象,而进入语境后:"狗吠深巷中,鸡鸣桑树颠"却是细腻得多,也丰富得多,有了内涵浓厚的意象;倘若再进一步,把它装进"暧暧远人村,依依墟里烟"的情境中,内涵也就更为丰富了。

从形式和内容两个方面来看,意象是左右逢源的:相对于形式的抽象而言,它以形象为基础,其观念指向是可观照的内容部分;相对于内容的具体而言,它又有一定的组织法则并担负一定的抽象象征意蕴,其观念指向是可因循的形式部分。从艺术角度分析,没有意象就无法产生诗词或韵文。诗文构思是否巧妙,主要在于它是否创造出了深邃、引人入胜的意象。

且以陶渊明的诗为例。作者表达的是超过客观形态的"神韵",追求意与象的交融。他之所以能以简练的五言句表达丰富的思想内容,就在于善于利用最有特征的意象来表现全体的缘故。比如《饮酒》(之五):

> 结庐在人境,而无车马喧。
> 问君何能尔?心远地自偏。
> 采菊东篱下,悠然见南山。
> 山气日夕佳,飞鸟相与还。
> 此中真有意,欲辩已忘言。

不事雕塑,无半点华丽繁缛,却是意境神韵俱足,读后如见山川河流、村姑野老、夕阳炊烟,一派怡然自得的田园风光,一片舒心悠顺的人生心情。

字义的纯形式美在汉语诗歌中最为普遍,它突出地表现在直觉意象、借对两方面。

所谓直觉意象,就是作者巧妙地利用一些手法,造成现实中不可能存在的直觉意象,从而给人一种奇特的想象美。主要的手法有:

结构倒置:如把"梧桐滴疏雨"说成了"疏雨滴梧桐"(孟浩然),把"疏雨挂鸟道"说成"鸟道挂疏雨",很显然,后一说法比前一种更给人带来美感。

介词省略:如"潮落半江天","断雁叫西风","帘卷滕王阁,盆翻白帝城"等,动词后面省略了介词"于",这样,动词和介词宾语便有了动宾的直感;"梅开花世界,雪落玉乾坤","裙拖六幅湘江水,鬓耸巫山一段云"(李群玉《赠郑相并歌姬诗》),动词后省略了介词"像",也与后面的介词宾语构成了动宾意味。

借喻的使用:像"薄雾浓云愁永昼,瑞脑消金兽"(李清照《醉花阴》),不必弄清"瑞脑"、"金兽"所指是什么,人们都会从字面意义上享受并感觉意象的美。

中心词省略：如"日照香炉生紫烟"（李白《望庐山瀑布》），"香炉"为"香炉峰"之省；"洞庭青草，近中秋，更无一点风色"（张孝祥《念奴娇·过洞庭》），"青草"为"青草湖"之省。省了中心词"峰"、"湖"，"香炉"、"青草"的字面意义便会发生作用，从而与后面的动词及其所带的宾语产生一种奇特的意象。

作品的意象本身只提供了构建意象空间的可能，意象空间的功用性完成还需要依赖最后一道工程——读者的理解力。就好像陶渊明的"此中有真意，欲辨已忘言"，可言不可言，可解不可解，审美的趣味需要读者反复咀嚼，方能体会好处，把握韵外之致。而这一切的品味、咀嚼也须是以生活为底蕴、以人生阅历为资本的。

意象空间从另一个角度看是一种象征。所谓象征，就是借一个具体可感的形象，来代表或暗示另一形象。在客观描写中深藏自我意识，注意主观情感的抒发，主观情感的表现又借助于客观形象，随意点染，使最平常的形象充满着诗意，构成意象空间。

在律诗中，字义的纯形式美表现为借对，即借用与该字声音相谐、形体半同的字的意义和该字的字表意义与另字组成对偶。具体分为借音对、借形对与借义对。

借音对就是"声对"。如"晓路""秋霜"本不对，因"路"的声音使人联想到"露"，所以为对；再如"故人具鸡黍，稚子摘杨梅"，"杨"使人想到"羊"，故与"鸡"对。

借形对就是"字对"或"侧对"。如"忘怀接英彦，申劝引桂酒"，"英"的草头使人联想到草，故与"桂"为对；再如"冯翊"、"龙首"，"冯"因使人想起"马"而与"龙"为对。

借义对也叫"切侧对"。如刘禹锡《西塞山怀古》："千年铁锁沉江底，一片降幡出石头。""石头"即"石头城"，与"江底"不对，但字面意义对，仍可感受到对偶的美趣。

意象的塑造追求真实，但求真的含义侧重于情感，追求的是内在情感的神似而非形似；不是刻意地追求细节的真实、语言表述的精密；不讲究时间、空间等方面的必然性。在组合语句时，倘若留下一定的意象间隙与空白点,内蕴意义就能互相补足、突出和深厚,以达成真正的"意象空间"。

三、ABB 式的形象性

汉语在传达一个事物时,总喜欢给人以声貌或形貌上的感受,带着主观体验性,以期唤起读者的直觉感受,达到身临其境的通感效应。

最能全面体现具象思维的是汉语中大量重言形貌词。它们有着独特、非凡的手法,逼真地表现视觉、听觉、味觉、嗅觉、触觉。

表现触觉色彩。如:冷冰冰、冷寂寂、冷清清、冷森森、冷飕飕、凉丝丝、凉飕飕、光秃秃、热烘烘、热乎乎、热辣辣、热腾腾、毛烘烘、毛茸茸、沉甸甸……

表现视觉色彩。如:胖呼呼、湿渌渌、虎生生、气吁吁、乱哄哄、圆滚滚、紧绷绷……

表现听觉色彩。如:响铮铮、叮铃铃、响铛铛、扑通通、轰隆隆、哗啦啦、恶狠狠、闹嚷嚷、静悄悄、轻悠悠、闷沉沉、笑哈哈、骨碌碌、咚隆隆……

表现味觉色彩。如:辣丝丝、辣乎乎、辣酥酥、酸溜溜、甜津津、淡唧唧、苦津津、臭烘烘、臭乎乎、香喷喷、咸津津……

表现心理色彩。如:直挺挺、傻乎乎、孤零零、急匆匆、慢腾腾、喜洋洋、羞答答、娇滴滴、空落落、紧巴巴、文绉绉、响当当、干巴巴、恶狠狠、假惺惺……

颜色词重叠。如:黑油油、黑黝黝、黑压压、黑洞洞、黑蒙蒙,红彤彤、红通通、红艳艳、红扑扑、红喷喷、绿油油、绿汪汪、绿茸茸、碧油油、翠生生,白蒙蒙、白茫茫、白花花、金灿灿、金晃晃、蓝莹莹、蓝盈盈、蓝晶晶、灰沉沉、灰蒙蒙、黄澄澄、黄灿灿……

ABB 格式有十分鲜明的形象性。这种形象性主要靠 BB 式来表现。为了加强对不同事物的形象的生动描写,在不同的形容词后面可以采用相同的 BB 式。比如:

溜溜:直溜溜、圆溜溜、细溜溜、匀溜溜、酸溜溜、滑溜溜、灰溜溜、光溜溜……

乎乎:黑乎乎、胖乎乎、傻乎乎、热乎乎、臭乎乎、软乎乎、烂乎乎……

巴巴:眼巴巴、干巴巴、急巴巴、瘦巴巴、紧巴巴……

生生:虎生生、活生生、怯生生、绿生生、翠生生、白生生……

反过来,在同一个形容词后面的BB式也可以采用不同的声音形象。如,"黑"可有不同的声音形象来描写:黑油油、黑黝黝、黑糊糊、黑压压、黑沉沉、黑洞洞、黑忽忽、黑乎乎、黑漆漆、黑团团、黑茫茫、黑蒙蒙、黑魆魆……

这种的绘景拟声的作用都是象征性的,写作者和阅读者对这种叠音的具体形式并不追究,有时书写者一时找不到在意味上有确切关联的字,就随便找一个来重叠使用,人们一般也不会去追究是否有这个词,只要了解个大意就可以了。

四、AABB式的情感色彩

汉语形容词有AABB重叠式。在形式上分为两类:双音形容词、单音形容词。

双音形容词AB的重叠式。如:漂漂亮亮、高高兴兴、快快乐乐、舒舒服服、甜甜美美、干干净净、规规矩矩

单音形容词重叠以后的结合方式有两种需要区别:

A　大大小小　　　　B　矮矮胖胖
　　花花绿绿　　　　　　黑黑瘦瘦
　　歪歪斜斜　　　　　　高高大大

A组重叠后在语义上有纷繁的表示;B组重叠后没有新的语法意义;A组一般不能切断,切开就失去了纷繁之意;B组可以切开,切开后对语意没什么影响。

单音形容词AA重叠式还可以表达一定的情感色彩。比如:

鼻子挺挺的/挺挺的鼻子　　脸圆圆的/圆圆的脸
头发长长的/长长的头发　　腰细细的/细细的腰
个子高高的/高高的个子　　手指短短的/短短的手指
眼睛小小的/小小的眼睛　　天蓝蓝的/蓝蓝的天

五、形象比喻

汉民族习惯使用形象比喻词,像"续弦、狐疑、虎威、薪水、吹牛、吃醋、龙眼、鸡眼、哽咽、杯弓蛇影",不喜欢用表现本质特征的词语。

比如"矛盾",出典是:有人卖两种兵器,进攻性的"矛"和防御性的"盾",结果,由于两种物品一人卖,又都说是最好的,就有了不能自圆其说的"自相矛盾"。一旦人们用惯了经济、传神的"矛盾"后,就再也不用其他词语来表现这种言语行为自相抵触的说法了。

汉语里有很多成语、典故、谚语、歇后语,这些熟语主要来源于典籍、历史文献等,都有着丰富的形象色彩,既有鲜明的民族传统特色,还有汉民族文化的独特渊源。

汉语的形貌之辞都有独特的"比物取象"功能,它们是汉语语词中独特的最具有声色天籁的一类。汉代传注在解释形貌辞时,常用"某某貌"、"某某声"、"某某然"。如"迟迟,舒行貌";"振振然,亢阳之貌";"邻邻,众车声";"汛汛然,讯疾而不碍也"。

汉语语词的形象性十分突出。不仅表现在名、动、形容词上,还表现在量词上。形象词语的特点是:用他事物的形象、色彩或某些相近之处来指称事物。

在语义结构上,形象词主要有几种:

借喻:以喻体代本题。如:鸡眼、龙眼、猴头、炒鱿鱼、背黑锅,等等。

描写:比喻加上类别。如:象鼻山、瓜子脸、螺丝钉、月牙泉、龙须面,等等。

配合:类别加上比喻。如:刀山、火海、泪花、佛手,等等。

后缀:形容词加上 BB。如:香喷喷、绿油油、甜丝丝、傻乎乎、冷飕飕、热腾腾,等等。

形象词有几种构成情况:

声音形象:布谷、骨碌、丁冬、唧唧喳喳、丁零咚咙,等等。

色彩形象:金黄、碧绿、雪白、天蓝、墨黑、鹅黄、血红,等等。

形状形象:猫眼、蚕食、蜂拥、鲸吞、一尾鱼、一缕阳光、一口井,等等。

联想形象:牛脾气、绊脚石、一条龙、龙卷风、敲门砖、虎穴,等等。

第六节 汉语的句读

汉民族古代以经学为主体的学术传统把"离经辨志"作为教育、研究的一项主要工作。所谓"辨志",就是审辨经籍文句的意义,而"离经",就是离绝经书的句读(音逗)。

句读又称为句投、句断、句度、句逗。以往写文章不写标点符号,读起来很累,还会产生误解。因此,汉朝发明了"句读"。符号有两种,一种为"、",一种为"√",这是读书断句的标志。最初,凡停顿处既可称为"句",也可称为"读",合称"句读";后来,"句"与"读"产生了区别:"语绝"处,就是语意已完的叫"句",也称"句绝";"语未绝",就是语意没完,但须要做停顿的地方叫"读",也称"读分"。

宋朝开始,"句读"用"。"、","表示。

一、句读的特点

古人学习文化的首要任务是明句读。韩愈《师说》:"彼童子之师,授之书而习其句读者也。"句读的本质是文章在音节运行中的一种暂时的休止。这种"声有所稽,即为一言"的句读,实际上是音句之读。而古人最初意识到的造句法则,就是这种声气止息的法则。

传统句读与语法分析没有什么关系,它是为读书者理解文章内容和换气的需要而设计的,是汉语阅读文章时音节停顿的所在,也是汉语句子独特的功能单位。

汉民族之所以使用断句的方法来领悟句子,而不去用句子做基本单位来分析语法,就是因为这个方法更能适应汉语的情况。汉语句子多流水,一个小句接着一个小句,很多地方可断、可连。在语言结构的确认上,汉语必须依靠人的主观感觉和判断,依靠人的推理。因此,在结构安排上就尽量去顺应自然的逻辑事理,按照时间的先后顺序来铺排语词。汉语句法上的"散点"或者说"自由",就是在于它完全服从并且积极参与句子表达的"意"和"神",达到了形与神高度凝练的合一。

古人断句,首先靠的是精心审度原文的辞气,其次靠推究文理,探寻义旨。所谓文意完整,不在于句读形式的完整,而在于句子表达功能完成与否。有话则长,无话则短,随意而安,这是汉语句子的一个极其重要的特征,即"文以意为主","文附于质"。

汉语的"意"对于"句"有统摄的作用。"意"能役"法","法"随"意"定。"文辞有缓,有急,有轻,有重,皆生乎意也"。这就是所谓的"文无定法"、"文成法立"。以意为主,因而无一定之法,如行云流水。然看似飘逸不定,内里又实有一定之规,文成法立,万变不离其宗,这又是"无法而法",或者说"有法而无式"。

当然,文意的完整又有大局、小局之分,句有文意,段有文意,章有章的开合,句有句的开合。一个篇章就是开而合,合而开,收而放,放而收的不断展开又不断收合的统一过程。大开合中包含着小开合,前开合中孕育着后开合。彼此相生而又相破,使全文气脉贯注,浑然一体。一个句子是一个相对小的开合,它有头有尾地叙述一个事件,或有纲有目地发表一个判断。所以,复指、因果等联系,既是句法现象,也是篇章现象,这取决于句子的容量。而衡量容量的标准,依然是句子的声气。

刘勰《文心雕龙·章句》:

夫人之立言,因字而生句,积句而成章,积章而成篇。

其基点是"字",强调"因字而生句"。体现在句子分析上,就是以句读为本体,以句读的循序铺排为局势,以意尽为句界。意合的,严密的逻辑思维不能分析汉语的流水句。汉语许多语句是经验的。在书面语里到处可以发现流水句,如《水浒传》第四十二回:

李逵见他两个赶来,恐怕争功,坏了义气,就手把赵能一斧,砍成两半,连胸膛都砍开了,跳将起来,把士兵赶杀,四散走了。

如果用西方语法观点分析,句中"争功、坏了义气、四散走了",主语没了着落,句子是不能成立的。但从汉语立场来看,却是个很平常的流水句。"争功、坏了义气"的是"他两个","四散走了"的是"士兵",一望就可知,在语义理解上是毫无问题的。

汉语的句子比起其他语言来少了个标点符号——空格。因为没有空格,因此,一个句子就可能有不同的断句方式,产生不同的意思,这也称为二义性。

比如有个笑话。祝枝山的朋友周文彬请祝到自己家乡去过年。周的家乡有个风俗,过年贴的春联上是不写字的。祝年三十晚喝了酒乘兴上街,因爱好书法而往各家春联上题字。中途经过一家,周说:这家是大财主,千万不要惹他,不要去题字。但祝乘着酒兴非要题:"这户人家好不晦气,终年倒运少有余财"、"此地安能居住,其人好不伤悲"。因此,那户人家把祝告到官府,祝辩解:题为"这户人家好,不晦气;终年倒运少,有余财"、"此地安,能居住;其人好,不伤悲",没有错!打赢了官司。

类似句子古往今来都有。如"下雨天留客天留我不留","中国运动员战败美国运动员获得冠军"等,其含义都要根据标点的位置而定。若有兴趣比较一下某种旧小说的几个不同标点本,就可以发现这样的的情形:这个版本用的是句号,而那个版本用的却是逗号。倘若让十个人去标点同一篇作品,很可能会有十种不同的标点法。因为每一个人对句子"意尽为界"的语感可能都不同,但在客观上又无法找到可以确定句界的形态标记。

我们现在所使用的标点符号是从西方引进的,这些符号不太适合汉语的句子形式。不同的人用现代的标点符号去标点相同文章,结果也往往会五花八门。

汉族人在写文章时普遍感到在什么地方该用句号很伤脑筋,没有把握;往往就一逗到底,最后加个句号结束。这是汉语句子的特点使然,与汉语水平的高低无关。

二、断句方法

汉语以意合为主。因此,古人作文往往是"文不加点,一气呵成"的,旧版古籍都无标点,读者需要自己去断句。古人以"习六书,明句读"为小学,韩愈说:"彼童子之师,授之书而习其句读也"。可见,它是读古文的入门之学。

断句的基础在于领会全篇的文意。因此,断句前先要力求对原文内容有个大致的了解,凭语感将能断开的先断开,逐步缩小范围,然后再集中分析难断的句子。语感对断句有很大的帮助,还要注意文章体

裁、语言风格等。此外,还可借助一定的条件。有以下方法:

首先,找名词和代词。找出文中反复出现的名词或代词,就可确定停顿的位置。需注意的是,古文中人名首次出现用全称,再出现就只提名不提姓了。如《赤壁之战》中的"初,鲁肃闻刘表卒",用全称,以下则"肃径迎之"、"肃宣权旨",不再提姓。

其次,看虚词。要明辨句读,虚词就成了重要的标志。语气或连词前后往往是断句之处。古文中"夫、惟、盖、凡、窃、请、敬"等常在句首;而"乎、哉、也、矣、欤、焉"等则常在句尾;"以、于、为、而、则"等常在句中。如王安石《游褒禅山记》:

于是余有叹焉古人之观于天地山川草木虫鱼鸟兽往往有得以其求思之深而无不在也夫夷以近则游者众险以远则至者少而世之奇伟瑰怪非常之观常在于险远而人之所罕至焉故非有志者不能至也

共有12处标点,10处可依据虚词断开。"游者众"后的标点,可根据句式整齐的特点断开。"非常之观"是由于主语较长而作的停顿。

再次,看顶真和对偶句。顶真是古文中常见的句式。前后相承,前句作宾语的词,在后句中作主语。例如:

秦王坐章台见相如相如奉璧奏秦王秦王大喜传以示美人及左右左右皆呼万岁

只要在文中找出紧密相连的相同词语,按顶真句式来考虑句读就可以了。

对偶句式在古文中也是很常见的,以四六句为多。这也为断句提供了方便。像《庖丁解牛》"手之所触,肩之所倚,足之所履,膝之所踦"等等。

另外,还有总分、对话、引文、反复等。古文有总分、分总形式,可据此进行断句。如,

有先总后分的:

故知胜有五:知可以战与不可以战者胜;识众寡之用者胜;上下同欲者胜;以虞待不虞者胜;将能而君不御者胜。

有先分后总的:

老而无妻曰鳏,老而无夫曰寡,老而无子曰独,幼而无父曰孤。此

四者,天下之穷而无告者也。

　　对话、引文常用"曰"、"云"。双方对话,首次问答出现人名,以后就用"曰",主语省略。遇到对话,就可根据上下文判断对话的双方。反复,特别是间隔反复,在古文中也很常见。如《邹忌讽齐王纳谏》"我孰与城北徐公美"有多次反复,也对断句有帮助。

三、由断句而引发的问题

　　句读产生错误的主要原因是对文化知识的贫乏。但同时也应该承认,不同的句读可能并无正误之别,只是优劣之分而已。

　　比如《礼记·乐记》一段:

　　是故治世之音安以乐其政和乱世之音怨以怒其政乖亡国之音哀以思其民困

　　自唐朝起就存在着不同断句法:

　　是故治世之音安,以乐其政和;乱世之音怨,以怒其政乖;亡国之音哀,以思其民困。

　　是故治世之音,安以乐其政和;乱世之音,怨以怒其政乖;亡国之音,哀以思其民困。

　　就"民可使由之不可使知之"而言,如果不考虑说话人的思想,仅从句读方面考虑,且句意完整,就可能有六种标示方法:

　　①民可使由之,不可使知之。
　　②民可,使由之;不可,使知之;
　　③民可使,由之;不可使,知之。
　　④民可使,由之不可,知之。
　　⑤民可使由之? 不。可使知之。
　　⑥民可使由之? 不可。使知之。

　　这些不同的断法至少可以从侧面说明多种断句的可能性。

　　有人把杜牧七绝《清明》断成词:

　　清明时节雨,纷纷路上行人。欲断魂。借问酒家何处? 有牧童遥指杏花村。

　　也有人把它断成小令:

清明时节雨,纷纷。路上行人,欲断魂。借问酒家何处?有牧童遥指:杏花村。

还可以使这首诗变成散文:

清明时节,雨纷纷。路上,行人欲断魂。借问酒家:"何处有牧童?"遥指杏花村。

再如王之涣的七绝《凉州词》:

黄河远上白云间,一片孤城万仞山。羌笛何须怨杨柳,春风不度玉门关。

有人断为:

黄河远上,白云间一片孤城,万仞山。羌笛何须怨,杨柳春风,不度玉门关。

还可断成:

黄河远,上白云,间一片孤城。万仞山羌笛,何须怨杨柳春风,不度玉门关。

《念奴娇》是个常用词牌名,很多词人用它来创作。比如黄庭坚的《念奴娇》:

断虹霁雨,净秋空、山染修眉新绿。桂影扶疏,谁便道、今夕清辉不足?万里青天,姮娥何处?驾此一轮玉。寒光零乱,为谁偏照醽醁?

年少从我追游,晚凉幽径,绕张园森木。共倒金荷,家万里、难得尊前相属。老子平生,江南江北,最爱临风曲。孙郎微笑,坐来声喷霜竹。

再如李清照的《念奴娇》:

萧条庭院,又斜风细雨,重门须闭。宠柳娇花寒食近,种种恼人天气。险韵诗成,扶头酒醒,别是闲滋味。征鸿过尽,万千心事难寄。

楼上几日春寒,帘垂四面,玉阑干慵倚。被冷香消新梦觉,不许愁人不起。清露晨流,新桐初引,多少游春意!日高烟敛,更看今日晴未。

下阕中"晚凉幽径,绕张园森木"、"帘垂四面,玉阑干慵倚",以及"江南江北,最爱临风曲"、"新桐初引,多少游春意",正格句读都断为前四、后五。

苏轼的《赤壁怀古》按正格应该是:

大江东去,浪淘尽,千古风流人物。故垒西边,人道是,三国周郎赤壁。乱石穿空,惊涛拍岸,卷起千堆雪。江山如画,一时多少豪杰。

遥想公瑾当年,小乔初嫁,了雄姿英发。羽扇纶巾,谈笑间,樯橹灰飞烟灭。故国神游,多情应笑,我早生华发。人生如梦,一樽还酹江月。

但绝大部分版本都断成前五后四:"小乔初嫁了,雄姿英发"、"多情应笑我,早生华发",认为这首词作属于词格变体。是断句上的理解问题还是属于词格变体?关键在于对"了"的理解。若理解为"完成",逗号应在"了"后;若理解为"了然",就该在"了"前。而后句"多情应笑我,早生华发"还是"多情应笑,我早生华发"则都是可以的。这里的断句是有争议的,大家可以讨论。

清朝词人张芬用回文形式将词与诗结合在一起,同样写秋怨,《虞美人》为顺读,节奏迟缓,情辞哀切;倒读是七律,显得沉稳厚重。之所以可以正读、倒读,断在五字或断在七字,全在于断句:

秋声几阵连飞雁,梦断随肠断。欲将愁怨赋歌诗,叠叠竹梧移影、月迟迟。　　楼高倚望长离别,叶落寒阴结。冷风留得未残灯,静夜幽庭小掩、半窗明。

倒读则成为七律:

明窗半掩小庭幽,夜静灯残未得留。
风冷结阴寒落叶,别离长望倚高楼。
迟迟月影移梧竹,叠叠诗歌赋怨愁。
将欲断肠随断梦,雁飞连阵几声秋。

民间故事中不乏说明断句不同,可以改变词语意义的故事。据说有个老头,有一女一婿,发妻死后续弦生了幼儿。老头预立遗嘱,说明遗产的分配办法:

七十老翁产一子人曰非是也家业尽付与女婿外人不得干预

死后,遗嘱启封,女婿看了想把遗产全取走。照他的读法,遗嘱是把遗产全给他的。但老头后妻不服,认为遗嘱写的是遗产交给她的儿子,于是告到官府。县官判决:遗产该给幼子。女婿和后妻的标点究竟有何不同?请看不同断句:

(1)七十老翁产一子。人曰非是也。家业尽付与女婿。外人不得干预。

(2)七十老翁产。一子。人曰非。是也。家业尽付与。女婿外人不得干预。

就因断句不同,使得句子意义完全不同。

第七节 汉语的经络

虚词是没有实际意义的词,包括介、连、助、叹、副、象声六个大类。虚词的意义比较空灵,它们不能充当句子的基干成分,但能配合实词造句,配合实词来完成语法结构。它能表示词与词、短语与短语,以及句子之间的各种关系意义。

虚词在汉语语法中起着重要作用,实词的组合,语句的关联,句子类型和语气,都靠虚词表示。它类似人体的经络,在语言结构中起组织作用。在汉语里,用不用虚词或用哪个虚词,直接关系到语义的表达。虚词不同,表达的结构关系和语义关系也就不同。比如"老师和学生"(联合词组)和"老师的学生"(偏正词组),从句子看,就是"和"与"的"的变化,但这个变化造成了句法结构关系和语义关系上的变化。

又如,"我被他骂了一顿"、"我把他骂了一顿","被"引进的是施事,"把"引进的是受事,"我"与"他"语义的角色由此就发生了变化;再如:"这个问题还得再认真讨论讨论"和"关于这个问题,还得再认真讨论讨论",后者用了介词"关于",由于引进了话题,于是就具有了语用上的功能。

一、虚词与语气

汉语句法在有文献记载的初期是比较简朴的,需要使用的语助词也很少。语助词当时在句子里的作用主要是三个方面:延宕语气、确认句法及显示句子的表达功能。

在由简单向复杂、流动的发展过程中,这些表达功能是汉语句子组织的必然要求。正是由于句子组织的流动铺排,使得句子的声气有了顿挫。而语言传统所说的"文气",也就是这种与情理相一致的抑扬顿挫、疾徐有致的动态的语句组织精神。

汉语语词的意义往往可以虚实转换。从虚词的形成和功能来看，无论从虚词的产生还是从虚词的实际运用来看，典型的汉语虚词都同语句的声气有关。部分虚词是从发声词、收声词和语间助词转化而来的，是随语气的呼吸作用而自然演变的。它们在声气缓急、强弱的变化上，在时高时低、有缓有急、可强可弱上起着不同的作用。这样，负荷这种作用的虚词也就有了不同的词性。

许多虚词的语法作用是语言声气作用的长期积淀。古代文学家在创作实践或文学评论中深深领悟到虚词的重要作用。文章是否具有抑扬、顿挫，气韵是否顺畅都与虚词有着很大的关系。根据文句的气韵运行规律，可以把虚词按照语气的作用来进行归类。

刘勰《文心雕龙·章句》：

至于夫、惟、盖、故者，发端之首唱；之、而、于、以、者，乃扎句之旧体；乎、哉、矣、也、亦送末之常科。据事似闲，在用实切。巧者回运，弥缝文体，将令数句之外，得一字之助矣。

《左传》记载秦穆公劳师远袭郑国，兵败，将领孟明被擒。后来孟明被释，秦穆公不以成败论英雄，依然重用孟明。《左传》说："秦伯犹用孟明。"后人评论这句话时说：只'犹'字，读过便有五种意义："孟明之再败，孟明之终可用，秦伯之知人，时俗人之惊疑，君子之叹服，不待注释而自明"。可见，这个"犹"字有着多么深厚的内涵！

楚辞句式大都比较长，且大量使用语助词"兮"。"兮"有多种位置和意义，有的在每句之间，有的在上下句之间，有的在下句末。这些"兮"字既起着表情作用，又有着调整节奏的功能，还代替某些虚词起语法作用。

虚词处在孤立状态时确实是无义的，但一旦附着于语言中，便实在是非同小可，绝对不是可有可无的了。据《宋稗类钞》记载，欧阳修曾修改《相州锦堂记》文，主人阅读后，先是觉得并没改动原稿；仔细辨读后发现增加了两个字。原稿为"仕宦至将相，富贵归故乡"，修改稿改成"仕宦而至将相，富贵而归故乡"，仅多了两个"而"。主人把修改稿诵读吟咏、细细推敲后竟拍案叫绝！古人云："千言万语，只此数个虚字，出入参伍于其间，而运用无穷矣。"可见虚字的重要。清末古文家林纾曾说:"须知有用一语助之辞,足使全神灵活者,消息极微,读者隅反可也。""全神"即是全篇的思想感情。只有着眼于全篇,才能更好地领会虚词在表情达意上的特殊作用。巧妙运用,可以加强语气,使表达显得更有特色。

明末清初文坛领袖钱谦益因后期降清而被人看不起。他家门上曾有对联:

君恩深似海,臣节重如山。

有人在下面各添一字,多了两个虚词,意义竟发生了根本的变化:

君恩深似海矣,臣节重如山乎。

虚词不能单独成句,意义比较抽象。但善用虚词者却常能使虚词的意义实而不虚。如鲁迅散文《秋夜》开头:

在我的后园,可以看见墙外有两株树,一株是枣树,还有一株也是枣树。

有了"也",句子的语气便舒缓了,节奏感也增强了。渲染孤独、单调的氛围,表明枣树在作者心目中的突出地位,为后文做了很好的铺垫。

部分副词、助词也具有表达语气的作用。它们有时单独用,修饰动词或形容词。如:

房间不大,倒挺豁亮。(转折、让步语气)

这可不能怨我。(委婉语气)

连着两天,他饭也不吃,水也不喝,觉也不睡。(表示出强调的口吻)

有时,它们跟句末语气词搭配着用。语气的强调作用在这时会表现得更加明显。如:

河水难道会倒流吗? 谁还偷你那破烂呢?

有些虚词在句中兼有表达语气的作用。比如:用"由、被、叫、让、把"等组成的介词结构在句子中经常表达被动的语气;倘若后面再用个"给"字呼应,则又加重了被动的语气。又如,"因为……所以"常表示陈述语气,"如果"则常表示假设语气等。

二、虚词的特点和作用

虚词的特点是：用法比实词灵活，往往一个字有好几种用法，好几种解释，甚至分属好几类词；使用频率比实词高，许多常用的虚词，在一篇中会多次出现；语法功能比实词强，句子往往要靠虚词的组合、连接、辅助完成，体现不同的意思，抒发不同的感情，表达不同的语气。

古人写文章用虚词，看重的是它表情达意的作用，因为虚词用得好，确实有"含不尽之意于言外"的效果。

以陶渊明的诗为例。诗中常使用虚字，而这些虚词、虚字的妙用，冲淡了诗句固有的稠密、凝重，为诗歌带来清新、疏雅之美。如：

理也可奈何，且为陶一觞。——《杂诗》其八

馁也已矣夫，在昔余多师。——《有会而作》

"也可奈何"、"已矣夫"，三四个语气词连用，使表达的感情更为强烈和鲜明，诗人那种无可奈何或果敢决绝的神情、态度宛然在人们的眼前。他的诗之所以有异样风采，不少地方就是"得一字之助"。

平畴交远风，良苗亦怀新。——《癸卯岁始春怀古田舍》（其二）

虚字"亦"的使用，不仅赋予"良苗"以人的感情，同时也把诗人的喜悦表达出来了。苏轼认为这两句"非古之偶耕植杖者，不能道此语。非余之世农，亦不能识此语之妙"（《题陶渊明诗二首》）。

再如：

众鸟欣有托，吾亦爱吾庐。——《读山海经》（其一）

"亦"字在这里同样含蕴丰富，颇堪咀嚼，既写出诗人推及万物的慈爱之怀，又写出了重归隐居的欣慰之情。刘熙载曾评："陶诗'吾亦爱吾庐'，我亦具物之情；'良苗亦怀新'，物亦具我之情也"（《艺概·诗概》）。

宋欧阳修同样善用虚词，在《醉翁亭记》里连用21个"也"来煞句：

环滁皆山也，望蔚然深秀，琅琊山也。山行六七里，有翼然泉上，醉翁亭也。翁之乐也，得之心，寓之酒也。更野芳佳木，风高日出，景无穷也。游也，山肴野蔌，酒洌泉香，沸觥筹也。太守醉也，喧哗众宾欢也。况宴酣之乐，非丝非竹，太守乐其乐也。问当时太守为谁，醉翁是也。

读来只觉得神采飞扬，摇曳生姿，绝无单调重复之感。原因是：文

章采用直接诉诸读者形象思维的写法,先将实际的景物描绘出来,而后加以解说,层层展开,有如画卷平舒,每层又都用"也"结住,使人感到不疾不徐,自然合拍;作者的纵情山水是在政治清明、社会安定的前提下,跟百姓同享无忧无虑的生活,这种情感渗透在景物描写中,又使全文洋溢着平和、愉悦的情调。而"也"的连用又恰好成为这一情调的最合适的表现形式。

唐朝壬驾有首《晴云》诗:

雨前初见花间叶,雨后兼无叶里花。
蜂蝶飞来过墙去,应疑春色在邻家。

王安石在阅后改动了六个词,其中三个是副词,成为:

雨前不见花间叶,雨后全无叶底花。
蜂蝶纷纷过墙去,却疑春色在邻家。

"不"、"全"两个副词使原诗含糊朦胧的意思顿然明朗,创设了鲜明的意境。"应"是作者推断蜂蝶的本能,并未表达出作者的态度,而改"却"则是直抒作者的对不明事体的蜂蝶的既怨又笑的情感,仿佛作者在那里苦笑,诗情深沉含蓄,耐人寻味。

虚词对实词有协助作用,大多数虚词在语句中主要起语法作用,也就是起组织句子和句群的作用。通过虚词的使用,对语句中时间、原因、条件等限制,使得所要表达的观点准确严密。

例如鲁迅《崇实》:

又例如这回北平的迁移古物和不准大学生逃难,发令的有道理,批评的也有道理,不过,这都是字面,并不是精髓。

倘说,因为古物古得很,有一无二,所以是宝贝,应该赶快搬走的罢,这诚然也说得通。但我们也没有两个北平,而且那地方比一切现存的古物还要古。禹是一条虫,那时的话我们且不谈吧,至于商周时代,这地方却确是已经有了的。为什么倒撇下不管,单搬古物呢?说一句老实话,那就是并非因为古物的"古",倒是为了它在失掉北平以后,还可以随身带着,随时卖出铜钱来。

一系列的联想,但十分跳跃,可以使看似不相关的联系在一起。再如《风波》:

七斤嫂眼睛好,早望见今天的赵七爷已经不是道士,却变成光滑头皮,乌黑发顶;伊便知道这一定是皇帝坐了龙庭,而且一定须有辫子,而且七斤一定是非常危险。

这里连用两个"而且",把七斤嫂头脑中霎时出现的三个相互有关却不大连贯的判断巧妙地焊接在一起,笔墨经济而又表意形象。

只要了解了整句话语的意思,就不难看出其中虚词所起的作用。

巧妙运用虚词,能使虚词的意义实而不虚,耐人寻味。南宋有个洪舜俞,耿直敢言。曾因疏折中有指责宰相"招权纳贿,倚势作威而已"的话,而遭受报复,十年不予升迁。洪舜俞自嘲曰:"未得之乎一字力,只因而已十年闲。""之乎""而已"实有所指,话中有话,已非一般虚词。与此类似,旧时有一学究,晚年贫病交加,遂撰联自挽曰:

想吾生竭力经营,无非是之乎者也;
问此去何等快乐,不管他柴米油盐。

联中"之乎者也"与"柴米油盐"相对,代指读书治学,真可谓虚词不虚。

虚词在联句中的作用非同小可,有的联只因一虚词之差,便谬之千里。巧妙运用虚词,可使联句增色,情趣斐然。抗战时期重庆一知识分子空有满腹经纶,却难填空空肚皮,便撰一自嘲联:

之乎者也矣焉哉,字字安排得下;
油盐柴米酱醋茶,行行奔忙不来。

以七个虚字对七件实事,对仗工巧,真实地写出了知识分子生活的愁苦和无奈。

虚词如果用错地方或用得不当,不仅影响表达效果,还会闹笑话。有则趣闻:一学生写文章总滥用"而",老师告知:"而好比钉耙,用得恰当可松土插秧;用得不好则会毁坏庄稼。"学生仍不重视,老师写批语:"当而而不而,不当而而而;而今而后,已而已而!"

第八节　汉语的歧义

歧义现象是包括汉语在内的各类语言中都存在的重要现象。作为消极因素,它常常影响到语义的准确传达,造成交际的障碍;但作为积极因素,它也可以成为表达上的一种手段,提高语言的表达效果。

一、组合形式和歧义

在汉语语法的意义和形式的关系上,意义对于形式始终保持着独立性。正由于神(意义)对于形(形式)来说有很大的独立性,所以在汉语语法中,意义对于形式就有了很大的解释空间。它不受形式的羁绊,当形式变化时,意义可以不变;反过来,当意义变化时,形式也可以不变。

同一个形式包容不同的意义,不同的意义从不同的角度解释形式,神、形依然可以相安无事。从组合情况来看,有两种:

第一种:组合形式不变,个别词义虽有变化,但句义却没有任何变化。例如:

我待儿媳就像亲妈一样　　我待儿媳就像闺女一样

"亲妈"、"闺女"词义虽然对立,但不影响上面两句话的句义,句义仍完全一致的。

同样的还有:

人逢知己千杯少　　酒逢知己千杯少

"人"和"酒"词义并不相同,但在这里,两句话的意思却是完全相同的。

第二种:组合形式不变,个别词义有了变化,语义解释就完全变了,语法构造也就随之改变了。例如:"今年教师节"。这是两个名词的组合,"今年"限定"教师节",由语义可知,这是个偏正结构的短语;再看"今天教师节",同样是两个名词的组合短语,但"今天"替换了"今年"后,与"教师节"便构成了陈述与被陈述的关系了。语义上的不同解释,使得语言结构也变了,变成了主谓结构的短语。

再看"出租房屋"和"出租汽车",这两个短语都是名词与名词组合,前一个是动宾结构,后一个短语因为名词在词义上发生了变化,导致语义解释也随之变化,语法构造也就不同了,后一个短语属于偏正结构。

二、词形和语义歧义

多义词有兼类现象,这样的词入句往往造成歧义。主要分以下两种情况。

第一种:词语同形,但语义不同。词语的组合形式不变,但因为不同的语义解释造成了不同的语法构造。比如:一大学生被坏人抓了,把他绑在了电线杆上问:你是哪里的?不说电死你!大学生答"我是电大的"。这里的"电"既是动词,又是名词,于是造成歧义。再如:

风化:风吹而变化——偏正结构;风俗教化——联合结构。

估价:估算价格——动宾结构;评价——联合结构。

生气:不高兴——动宾结构;有活力——偏正结构。

题词:题写语句——动宾结构;题写的语句——偏正结构。

村里:村子里头(村里有几棵枣树);村政府或村领导(村里不准他外出)。

考司机:考验司机的水平或胆量;通过考试,成为司机。

第二种:组合形式不变,不同的语义解释同一的语法构造。比如:

非常:A 这是一个非常时刻;B 这件事发生在他的身上非常平常。

随便:A 这个人说话很随便;B 这件事我随便你。

汉语中对组合形式的重新分析,往往是由于组合中的"字"显出了其独立的意义。比如,在动词"有"、"没"后出现的名词,有时含义一般,有时含义特殊;说一个人"有衣服"或"没衣服",在一定上下文中,有时是指一般的任何衣服,有时则是指较好的或特别适合的衣服。如:"我没衣服,怎么去参加婚礼?"

有些名词平时指的是一般意义,但一旦用到"有"、"没"后就产生了特殊含义,比如"有水平""没水平","有能力""没能力","有本事""没本事"。还有像"腰身"、"模样"、"文化"、"风度"、"味道"、"地位"等等,都属于此类名词。

三、语义关系歧义

汉语的一些词或短语,从组合形式来看没有什么变化,但它的语义指向和语义关系却是复杂多变的。主要有以下几种情况。

1. 偏正结构

同是偏正结构,"水草"是指"水里的草";"龙须草"则指"形状像龙须的草"。"钢刀"是"钢制的刀","泥刀"却不是"泥制的刀",而是"抹泥的刀"了。由此可以看出,汉语以两个名词组成的偏正结构,其语义关系决不是简单的 a 的 b 关系,必须多方意会。

作为"偏"的修饰一方 a 须引起各种曲折的联想才能与 b 联结;同样,作为"正"的被修饰一方 b 也须通过各种意会才能与 a 组合起来。

以"皮"为例:"果皮"的"皮",指"外层";"铁皮"的"皮",指的是"薄片";"橡皮"的"皮",指"胶状物";"虾皮"的"皮",指"干状物";"车皮"的"皮",指"货车车厢";"泼皮"的"皮",指"无赖之人"。

再看"口":"碍口"的"口"指"嘴";"隘口"的"口"指"山口";"版口"的"口"指"中缝";"刀口"的"口"指"刀刃";"当口"的"口"指"时候";"对口"的"口"指"工作性质";"灭口"的"口"指"人";"切口"的"口"指"语言";"牙口"的"口"指"咀嚼力"。

2. 动宾结构

汉语的动宾结构语义关系更为复杂,大致有以下几种情况:

(1) 因"宾"而"动"。例:养病、养伤、打抱不平、养老;

(2) 在"宾"的地方"动"。例:烤火、晒太阳、报幕、谢幕、叫门、挤车、吃食堂、骂街、走钢丝、抢红灯;

(3) 用"宾"来"动"。例:写毛笔、吃大碗、刻钢板、瞪眼睛;

(4) 为"宾"而"动"。例:跑票、跑官、读博士、考研究生、打扫卫生;

(5) 从"宾"中"动"。例:下楼、恢复疲劳;

(6) 由"动"到"宾"。例:上楼、上山、下乡、下湖;

(7) 向"宾"而"动"。例:报关、走亲戚;

(8) 根据"宾"而"动"。例:打谱、走规矩;

(9) 反"宾"为"主"。例:下雨、开花、堵车、拉肚子;

(10) 在"宾"的时间"动"。例:玩几天、歇夏、熬夜;

(11) 使得"宾""动"。例:吃饱肚子、走马、走人、歇脚、看医生、回春;

(12)"动"他而得"宾"。例:卖钱(卖出物品得钱)、晒盐(晒干海水得盐)。

以上这些语义关系都是游离于"动作——受事"这一正常的动宾关系之外的。

3. 组合形式不变,语义上却作了重新分析

汉语语素以单音节为主,书面则是以"字"为基本单位的。"字"与"字"既可组合成一个语义相对纯一的单位,如"非常"、"同学";又可从这个组合中游离出来,回复其本身的字义。

从这个角度看,由于汉语是"字组",组合时就难以凝固。这种组合中的相对独立性,使汉语在形式的理解上不断发生着语义乃至语法的重新分析。由分到合或由合到分,分分合合,只有用"以神统形",才能真正理解分合中的形式。

从由分到合来看:汉语中许多字组可以在形容、描写的意义上凝固起来。例如:"很不讲道理"、"真有点不识好歹"。汉语有许多形容词就是这样凝结起来的,如:小心、客气、满意……

从由合到分来看:汉语中许多字组无论其结构如何,都可以重新分析成动宾结构。例如"唱歌"、"跳舞"、"睡觉",本都是表示两个动作的并列式,人们却可以说"唱了一首歌"、"跳一个舞"、"睡一个好觉"、"提个醒"。即使是些语义上不可分析的联绵词,人们依然可以把双音节词语拆成动宾结构短语。例如:"滑稽"重新拆分成"滑天下之大稽"。

四、句子切分与歧义

汉语句子是以汉字形态出现的,因此在理解上容易引发歧义。主要有以下几种情况。

1. 字相同,意义不同造成歧义

有的词可轻读,也可重读。不同读法有时会使句子表示的意义不同。例如:

我想起来了。("来"读阳平时,表示"我想起身了";读轻声表示"我想到了")

重音的位置不同,表达意思也不同。例如:

这家商场有的是化妆用品。(重音在"有的是",表示化妆用品多;重音在"化妆用品"上,表示只有化妆用品。)

在书面语中出现的歧义。例如:

他在办公室看材料。("看"读阴平,表示"看守";读去声,表示"阅览")

2. 不同停顿造成歧义

在某种情况下,同一句话,停顿位置不同,语意和结构也往往不一样。例如:"凶手是戴厚英老师的孙子"。因戴厚英是教师,所以就产生不同理解:

凶手是戴厚英老师/的孙子。

凶手是戴厚英/老师的孙子。

3. 词语限制模糊造成歧义

(1) 方位词或时间词区界不严产生歧义。例如:

他在天福旅社前一站下车。(A.未到旅社;B.过了旅社;C.在旅社对面)

(2) 相对意义之间还有中间概念,就可能出现歧义。例如:

这场足球我们没赢。(虽然没有"赢",但不一定就"输",还有平局的可能)

4. 词语本身多义造成歧义

(1) 兼具有施动和受动意义的词语,有时易产生歧义。例如:

小王租小周两间房子。(A.租房给小周;B.向小周租房)

(2) 兼类词易造成歧义。例如:

思维科学。(A."科学"为名词,有关思维的科学;B."科学"为形容词,方式正确)

他爬过山没有?(A.他爬过去没有?"过"为动词;B.他以前是否爬过?"过"为助词)

(3) 在某种情况下,一个词可作几个义项理解,便会产生歧义。例如:

他走了一个多钟头了。("走"可理解为"行走"或"离开")

(4) 偏正短语也会产生歧义。例如:

他的小说看不完。(A.他收藏得多,看不完;B.他写的小说多,看不完)

5. 不同层次和结构关系造成歧义

(1) 数量定语易产生歧义。例如:

三个幼儿园的孩子(A.孩子只三个,是幼儿园的;B.孩子来自三个幼儿园,很多)

(2) 介词的管辖范围不确定而产生歧义。例如:

对大家的批评(A.对大家的/批评;B.对/大家的批评。)

连词的管辖范围不确定而产生歧义。例如:

黄其和柯如的朋友(A.黄其和柯如的/朋友 B. 黄其/和柯如的朋友)

(3) 动词、名词搭配,既可构成动宾结构,也可构成偏正结构,因此产生歧义。例如:

爱护人民的军队。(A.爱护/人民的军队;动宾;B.爱护人民的/军队;偏正)

6. 指代与省略等造成歧义

(1) "的"字结构指代不清。例如:

开刀的是他的父亲。(A.父亲是医生,由他主刀;B.父亲是病人,要开刀)

(2) 代词指代不明产生歧义。例如:

当他把钱还给艾蒙时,他对他笑了笑。(A. 他对艾蒙笑了笑;B.艾蒙对他笑了笑。)

(3) 省略造成的歧义。例如:

看到你那年才8岁。(A.我8岁;B.你8岁)

(4) 施事、受事不清造成歧义。例如:

这个人连老张都不认识。(A."这个人"为施事者;B."这个人"为受事者。)

(5) 数量词和有关词汇不明产生歧义。例如:

一边站着一位同学,守卫着校门。(A.两位同学在校门两侧;B.只有一位同学在一侧。)

由于形不变而神多变,因此,一些动宾组合也会产生歧义。比如:"上课",既可理解为"教师授课",也可理解为"学生听课";"招研究生",既可理解为一般的动宾关系,即"录取有研究生资格的人来工作",又可理解为"招收有本科生资格的人来读研究生课程"。

其实,以上的这些所谓有歧义的句子,都是把它们孤立地拿出来看的。事实上,在说话时,在有一定的前后文和一定的语义环境里,产生歧义的现象并不多。

第九节 回　　文

汉语几乎每个基本单位都有顺读和逆读的功能,于是,在表达中就有了独特的回文方式。

回文是汉语语法规律和汉字相结合的产物,利用汉语以单音节语素为主和以语序为重要语法手段的特点,通过词语的循环往复来表达两种事物、现象、情景的相依、相拒关系。这种样式只有汉语利用了汉字才能够做到的。

一、从回文看汉语的特点

通过对回文的分析,可以观察到汉语词的多义、兼义现象,并深切体会汉语词语不因语法功能而发生变化的特点。

这里且以南朝齐王融《春游回文诗》为例来分析汉语的特点。顺读为:

枝分柳塞北,叶暗榆关东。垂条逐絮转,落蕊散花丛。
池莲照晓月,幔锦拂朝风。低吹纶杂羽,薄粉艳妆红。

逆读为:

红妆艳粉薄,羽杂纶吹低。风朝拂锦幔,月晓照莲池。
丛花散蕊落,转絮逐条垂。东关榆暗叶,北塞柳分枝。

首先,名词修饰名词很自由。"池"与"莲"均为名词,顺读为"池莲";逆读时则修饰与被修饰的关系相反,成了"莲池"。类似的还有:花丛——丛花,锦幔——幔锦,言语——语言,兄弟——弟兄,感情——

情感,朋友——友朋,等等。

　　其次,形容词不仅常作定语,还可以自由地作谓语。例如:"薄粉",形容词在前,作的是定语;改换成"粉薄"在后就成谓语了;类似的还有:道远——远道,红霞——霞红,峰碧——碧峰,等等。

　　汉语的形容词还可作状语用。如苏轼的"潮随暗浪雪山倾"、"井梧双照新妆冷"。"暗、新"在这里是作定语的,但逆读时成了"暗随、新照",就作状语了。

　　再次,动词不仅可以作谓语,还可以作定语。比如逆读"条垂、蕊落、月晓",动词是作谓语的,顺读时"垂条、落蕊、晓月",动词则是作了定语。

　　汉语的动词还可以作主语。如前蜀李舜弦的《蜀宫应制回文》,顺读为:

　　　　　　浓树禁花开后庭,饮筵中散酒微醒。
　　　　　　蒙蒙雨草瑶阶湿,钟晓愁吟独倚屏。

　　逆读为:

　　　　　　屏倚独吟愁晓钟,湿阶瑶草雨蒙蒙。
　　　　　　醒微酒散中筵饮,庭后开花禁树浓。

　　顺读"酒微醒"时,"醒"是作谓语的;而逆读成"醒微酒",作主语。

二、回文诗、词、曲

　　回文诗是汉语和汉字紧密集合的表现,反映出了中华语言的巧妙和精致,是汉文化独有的一朵奇葩。回文诗两读皆要符合近体诗的押韵、平仄、对仗等规定,做起来很是不易。

　　唐朝女诗人薛涛的《春》的顺读为:

　　　　　　花朵几枝柔信砌,柳丝千缕细摇风。
　　　　　　霞明半岭西斜日,月上孤村一树松。

　　逆读为:

　　　　　　松树一村孤上月,日斜西岭半明霞。
　　　　　　风摇细缕千丝柳,砌信柔枝几朵花。

　　苏轼七律《题金山寺回文体》的顺读为:

　　　　　　潮随暗浪雪山倾,远浦船舟钓月明。

　　　　　桥对寺门松径小,槛当泉眼石波轻。
　　　　　迢迢绿树江天晓,蔼蔼红霞晚日晴。
　　　　　遥望四边云接水,碧峰千点数鸥轻。

逆读为:
　　　　　轻鸥数点千峰碧,水接云边四望遥。
　　　　　晴日晚霞红蔼蔼,晓天江树绿迢迢。
　　　　　轻波石眼泉当槛,小径松门寺对桥。
　　　　　明月钓舟船浦远,倾山雪浪暗随潮。

这里,"桥对寺门"、"云接水",逆读时为"寺对桥"、"水接云山",音步上有调整。

再如秦观的回文诗,顺读为:
　　　　　红窗小泣低声怨,永夕春风斗帐空。
　　　　　中酒落花飞絮乱,晓莺啼破梦匆匆。

逆读为:
　　　　　匆匆梦破啼莺晓,乱絮飞花落酒中。
　　　　　空帐斗风春夕永,怨声低泣小窗红。

更有趣的是,宋代李禺夫妻互忆回文诗,正读是夫思妻:
　　　　　枯眼望遥山隔水,往来曾见几心知?
　　　　　壶空怕酌一杯酒,笔下难成和韵诗。
　　　　　途路阻人离别久,讯音无雁寄回迟。
　　　　　孤灯夜守长寥寂,夫忆妻兮父忆儿。

倒读是妻思夫:
　　　　　儿忆父兮妻忆夫,寂寥长守夜灯孤。
　　　　　迟回寄雁无音讯,久别离人阻路途。
　　　　　诗韵和成难下笔,酒杯一酌怕空壶。
　　　　　知心几见曾来往,水隔山遥望眼枯。

回文词始见于北宋,元明较少,清朝又多起来。有几种形式:一是上片下片都是随句反复;二是同一词调由末尾倒读,倒读时有的句式不变,有的会变;三是借字回文,次句从前一句中借用几个字;四为倒读后成为另一词调;等等。

顺逆两读语义皆同的作品创作难度最大,在词中有少量作品;因词是长短句形式,逆读时须重新组句以适应词律。如苏轼《西江月·咏梅》:

马趁香微路远,纱笼日淡烟斜。渡波清澈映妍华,倒绿枝寒凤挂。

挂凤寒枝绿倒,华妍映澈清波。渡斜烟淡月笼纱,远路微香趁马。

此词上下两阕字数相同,下半阕为上半阕的逆读重组,上下阕语义并不相同。但整首词从后向前读时,则与顺读字句完全相同。这首词在语言艺术上堪称精雕细刻的上乘之作,难以想象其制作难度。

回文词逆读时大多要拆开顺读的句子重新组合,以符合词律。如丘琼山《菩萨蛮·秋思》,这是首平仄换韵的词,顺逆两首词皆合词律,可谓是匠心独运。顺读、逆读为:

纱窗碧透横斜影,月光寒处空帏冷。香炷细烧檀,沉沉夜正阑。更深方困睡,倦极生愁思。含情感寂寥,何处别魂销。

销魂别处何寥寂,感情含思愁生极。倦睡困方深,更阑正夜沉。沉檀烧细炷,香冷帏空处。寒光月影斜,横透碧窗纱。

苏轼的《菩萨蛮·春、夏、秋、冬》,逐句倒读,属于另一类型。妙在两两互为完全回文而又恰合词律:

翠环斜幔云垂耳,耳垂云幔斜环翠。春晚睡昏昏,昏昏睡晚春。细花梨雪坠,坠雪梨花细。鬢浅念谁人,人谁念浅鬢。

柳庭风静人眠昼,昼眠人静风庭柳。香汗薄衫凉,凉衫薄汗香。手红冰腕藕,藕腕冰红手。郎笑藕丝长,长丝藕笑郎。

井梧双照新妆冷,冷妆新照双梧井。羞对井花愁,愁花井对羞。影孤怜夜永,永夜怜孤影。楼上不宜愁,愁宜不上楼。

雪花飞暖融香颊,颊香融暖飞花雪。欺雪任单衣,衣单任雪欺。别时梅子结,结子梅时别。归不恨开迟,迟开恨不归。

下面这首合欢迎送回文词是明代卓人月的《菩萨蛮》,不但难度高,构思也非常巧妙。顺读是等候、迎接情郎;逆读迎接之意转成送别,等候情景变成别离后的寂寥景况:

春宵半吐蟾痕碧,斜窥愁脸如相忆。空捻两三弦,朱扉寂寂然。依期郎践约,悄步人疑鹤。小舒轻雾纱,收袂蘸红霞。

霞红蘸袂收纱雾,轻舒小鹤疑人步。悄约践郎期,依然寂寂扉。朱弦三两捻,空忆相如脸。愁窥斜碧痕,蟾吐半宵春。

清朝董以宁的回文词,顺读时词牌是《卜算子》,倒读变为《巫山一段云》:

明月淡飞琼,阴云薄中酒。收尽盈盈舞絮飘,点点轻鸥咒。晴浦晚风寒,青山玉骨寒。回看亭亭雪映窗,淡淡烟垂岫。

岫垂烟淡淡,窗映雪亭亭。看回寒骨玉山青,寒风晚浦晴。咒鸥轻点点,飘絮舞盈盈,尽收酒中薄云阴,琼飞淡月明。

元朝仲龙子的《普天乐》原是由《自况》一首、《欢情》四首、《题情》十八首共二十三曲构成。其每句的末句都是对前一句的反复:

竹敲风,虚檐转月,素秋天爽气新。疏花菊老含清露。梧庭瘦影,梧庭瘦影,影瘦庭梧。

梧庭瘦影,影瘦庭梧。影瘦庭梧。露清含老菊花疏。新气爽天秋素。月转檐虚,风敲竹。

凤鸾交,浓欢密爱,弄花将嫩叶攀,恐怕匆匆忙迎送。逢难别易,逢难别易,易别难逢。

逢难别易,易别难逢,易别难逢。送迎忙匆匆怕恐。攀叶嫩将花弄,爱密欢浓,交鸾凤。

皱眉愁,忧多喜少,袖衫长掩泪珠,酒病花愁容颜瘦。楼空锁燕,楼空锁燕,燕锁空楼。

楼空锁燕,燕锁空楼,燕锁空楼。瘦颜容愁花病酒,珠泪掩长衫袖。少喜多忧,愁眉皱。

写的是男女恋情及由此生发的闺怨,末句的反复有利于传达款款深情以及无限的愁思。

对联也有用回文形式的。例如现今浙江仙都鼎湖峰内有座仰止亭,四周的廊柱上有对联,均为回文:

鼎留仙居仙留鼎,龙驭帝飞帝驭龙,
水恋山雄山恋水,天惊石势石惊天。
绿谷仙都仙谷绿,清潭石笋石潭清。

画廊十里十廊画,祠祖千秋千祖祠。

三、连环回文诗

明代唐伯虎的连珠回文诗只 10 字:

　　　　　悠云白雁过南楼半色秋

却能读出七绝一首:

　　　　悠云白雁过南楼,雁过南楼半色秋。
　　　　秋色半楼南过雁,楼南过雁白云悠。

最著名、成就最高的连环回文诗是晋苏蕙的《璇玑图》。全诗二十九行,每行二十九字,共八百四十一字。《璇玑图》为八寸见方的手帕。可从左右上下、里外交互、退一字、叠一字、半段顺逆、旋回诵读,成七言、六言、五言、四言、三言等多种格式的诗文盈千累万。目前寻出七千九百五十八首。《璇玑图》用五彩丝线织成,除绚丽多彩外,主要是为了便于阅读。

琴清流楚激弦商秦由发声悲摧藏音和咏思惟空堂心忧增慕怀惨伤仁
芳廊东步阶西游王姿淑窕伯邵南周风兴自后妃荒经离所怀嗟叹智
兰休桃林阴翳桑怀归思广河女卫郑楚樊厉节中闱逕遐旷路踟中情怀
润翔飞燕巢双鸠土逍遥游嬉志ікоя家长叹不能奋飞妄清帷房君无家德
茂流泉水激扬眷顾其人硕兴齐商双发歌我衰衣想华饰容朗镜明圣
熙长君思悲好仇旧蕤葳粲萋荣曜流华观冶容为谁感英曜珠光纷葩虔
畅愁叹发容摧伤乡悲我情徵宫羽同声相追所多思感谁为荣境
春方殊离仁君荣身苦惟艰生患多殷忧叹情将如何钦苍穹誓终笃志贞
廧禽心滨环深身加怀忧是婴藻文繁虎龙宁自感思岑形荧荣明庭妙
面伯改汉物日我愁思柔漫妥身曜华彷顾妓致伤惟崤嵾未猶倾苟难罔显
殊在者之品润于兼苍艰是丁丽状观饰容卽君在时岩在炎在不受乱华
意诚惑步有浸集悴我生何冤充颜曜繡衣梦想劳形愍慎盛戒蔵消作重
感故昵飘施愆殃少章时桑詩瑞本终始诗仁顏贞寒岁深兴后姬源人荣
故遒亲飘生思怨精微盛怒风比乎始璇玑贤丧物葳峨庶漸萃班祸讒章
新旧闻离天罪辜神恨昭感兴作苏心玑明别改知识深微至变女因奸臣
霜废远微地积何嬘微业孟鹿麗氏诗图显行华终润湄汤大赵遗所侵夏
冰故离騏德怨因幽元倾宣鸣辞理兴義怨士容始松重達伐氏好持凶惟
齐君殊寡貧其備曠情思感懷日往感年衰念是旧愆祸相飞辟姿害圣
潔子我不平根曾遠嘆永感悲思忧远劳情誰为独居经在昭燕声極我配
志惟同雖均難苦離戚咸情哀慕岁殊嘆時賤女懷嘆網防青貫漢驕忠英
清新衾险勾尋辛凤知我者谁世異浮奇傾鄙咸何如慕萌青生咸盈貞皇
純貞志一專所當麟沙流頏逝異浮沉華英驕難潛蝎林西昭景薄榆倫
望微精感通明神龍馳若然候逝惟時年殊白日西移光滋愚識漫頑凶匹
誼云浮寄身輕飛昭虧不盈無候必致身無日不肬流索謙退休孝慈豔
思輝光飭桑殊文德離忠體一達心意志狀慎感何施電疑危遠家和寵飄
想群離散妾孤遒懷儀容仰俯榮華體飭身將似誰為逆容節軟貞淑飄浮
懷悲哀聲珠乘分望黄何情憂感惟哀志節上通神祗推荐所貞記自恭江
所春傷廊翔雁歸皇辭成者作體下疑苟菲採者無差生從是敬孝為湘
親剛柔有女為膝人房幽處已憫微身長路悲曠感生民粱山殊塞隔河津

250

苏蕙的丈夫窦滔因奸臣谗言陷害,被判罪徙放流沙。在彼处另寻新妇,苏蕙得知后由思念转为郁愤。花前月下,椒房灯前,吟诵成如诉如怨凄哀惋痛的情诗;织成婉转循环锦绣文诗寄与窦,夫妻重新合好。

这里引一小块作例子,可有十六种读法,都为五言四句:

  仁颜贞寒
  贤丧物岁
  别改知识
  行华终凋
  士容始松

右上角起顺读:"寒岁识凋松,贞物知终始。颜丧改华容,仁贤别行士。"左下角起倒读:"士行别贤仁,容华改丧颜。始终知物贞,松凋识岁寒。"右下角起倒读:"松凋识岁寒,始终知物贞。容华改丧颜,士行别贤仁。"从左上角起顺读:"仁贤别行士,颜丧改华容。贞物知终始,寒岁识凋松。"

右上角起蛇行读:"寒岁识凋松,始终知物贞。颜丧改华容,士行别贤仁。"从左上角起蛇行读:"仁贤别行士,容华改丧颜。贞物知终始,松凋识岁寒。"右下角起蛇行读:"松凋识岁寒,贞物知终始。容华改丧颜,仁贤别行士。"

左下角起蛇行读:"士行别贤仁,颜丧改华容。始终知物贞,寒岁识凋松。"右上角起从外读入:"寒岁识凋松,仁贤别行士。颜丧改华容,贞物知终始。"左上角起从外读入:"仁贤别行士,寒岁识凋松。贞物知终始,颜丧改华容。"右下角起从外读入:"松凋识岁寒,士行别贤仁。容华改丧颜,始终知物贞。"左下角起从外读入:"士行别贤仁,松凋识岁寒。始终知物贞,容华改丧颜。"

右二行上起从内读出:"贞物知终始,颜丧改华容。仁贤别行士,寒岁识凋松。"左二行上起从内读出:"颜丧改华容,贞物知终始。寒岁识凋松,仁贤别行士。"右二行下起从内读出:"始终知物贞,容华改丧颜。士行别贤仁,松凋识岁寒。"左二行下起从内读出:"容华改丧颜,始终知物贞。松凋识岁寒,士行别贤仁。"

如此精妙,令无数人感动、叹服,难怪武则天为此回文诗取名《璇玑图》,并为其作序:"才情之妙,超古迈今。"

复习思考题

1. 任意寻找10个可进行随意组合的词。如:"人工——工人"、"进行——行进"等。

2. "上海自来水来自海上"可对"山西悬空寺寺悬西山",请你也找出一两个可以与上联对仗的下联,但必须是顺读反读都通顺。

下山通北路北通山下　花莲浣纱女纱浣莲花
狂风暴雨夜雨暴风狂　中山停云堂云停山中
天上龙卷风卷龙上天　马下花香闻香花下马
船上女子叫子女上船　酒好享同好同享好酒
西湖灵隐寺隐灵湖西

3. 目前汉语语法分析是外国舶来的。但是外国语法是他们的语言文化反映,语言特征与汉语有着很大的不同,用外国主谓宾的语法规则来分析汉语,你觉得妥当吗?请举例说明。

4. 试分析中国人介绍人物时喜欢将人物的名份放在姓名前面的文化心理。

5. 请分析马致远"枯藤老树昏鸦、小桥流水人家、古道西风瘦马",都是"光头",却让人感到意境深远呢?

6. 声音、色彩、形状、联想形象有很多词语,除书上例举外,你还能举出一些来吗?

7. 本书告诉我们,"句读"又称为"句投"、"句断"、"句度"、"句逗"。那么,为什么"句读"有这些称呼呢?请查阅各种词典,并运用文化语言学理论加以简单的解释。

8. 有人到酒店,店小二问吃什么,他写:"无鸡鸭也可无鱼肉也可唯豆腐不可少加盐"请点句读,理解其中可能出现的歧义。

第五章　从语言运用看汉文化

　　言语表达是否准确得体,是和文化素养密切相关的。在人际交往中,该说什么,不该说什么,该怎样说,都必须遵守社会的行为规范,要按照语言和文化的规约进行。人们的言语行为如称呼、问候、寒暄、迎送、庆贺、邀请、感谢、道歉、命令、指示、请求、询问、提议、批评、表扬等,都集中地体现了一个民族的生活方式、风俗习惯和文化心理。

　　"天时不如地利,地利不如人和。""和"是儒家仁学体系的核心,"和为贵"是汉民族文化中最有影响的人生格言。有专家统计,"和"在《尚书》中出现 42 次,《老子》中出现 5 次,《论语》中出现 8 次。"和"的主要含义有:相安、协调、团结、和平、平息争端等。"和"的关键是"安"。家安则户纳千祥;国安则国运昌盛。"安"为"和"之本也。因此是"以安为本,以和为贵"。

　　汉文化强调人际关系的和谐,强调人的社会性,强调社会、群体对个人的约束,这种不能突出个人、突出个性的特点,是汉民族文化在语言上的具体表现。它与以自我为中心,强调独立的人格和个性,推崇个人的成就和荣誉的西方文化形成了鲜明的对比。

　　在西方,晚辈对长辈可以直呼其名,这在汉民族交际中是绝对不允许的。和长辈交谈必须使用一定的称谓,这是家长注意教育,孩子有礼貌、有教养的表现。为了强调人际关系的亲密,人们还会用对亲属的称谓来称呼非亲属的谈话者,以表示相互之间的亲密;也就是在这种文化背景下,中国人见面后常以询问对方的私人生活作为问候语的内容。

　　中国人见面常用"饭吃了吗?"打招呼,问话者其实是在表示关心,表示和对方的亲热。当然,"吃了吗?"是有语用环境的,说话地方和时间都有要求,通常在家或宿舍附近,吃饭时间前后。过了这些时间段或不处于以上环境,这类招呼语就不会使用。

密切人际关系、联络相互间感情的具体还表现在问别人工资,问人家年龄,有无结婚对象,是否已结婚及有几个孩子之类。这种东方式的人情味西方人却无法理解,甚至有干涉别人隐私之嫌。

人们认为语言与事物之间有着某种神秘的联系,不吉祥的话语能招致不吉祥的事情发生,这就使人们对不好的事情的禁忌心理转化成了对语言的回避。禁忌语的产生、使用和某种社会规范与等级制度有关,也和对某种超自然力的信仰与崇拜有关。

汉文化讲含蓄、委婉,汉民族儒家文化讲礼仪、讲仁爱,讲究自我克制,因此,人们常尽量避免使用引起双方不快或损坏双方关系的语言,采用迂回曲折的语言形式,把话说得婉转曲折,给人以回味的余地。

汉民族注重传宗接代、家族兴旺,希望子孙繁衍、光宗耀祖。所谓"不孝有三,无后为大","香火"传承是以姓氏继承的方式来表示的。因此名字又负载着汉文化的丰富内涵。

中国地名浩如烟海,其文化内涵极其丰富,反映了汉民族的思维方式、心理特征、审美情趣及信仰,具有丰富的文化内涵。从一些沿用至今的地名中,可以反映出地方的文化特征和居民的心理特征。

对联雅称"楹联",俗称"对子",是传统文化的独特产物。对联音律铿锵,平仄协调,能庄能谐,言简意深,对仗工整,描景咏物,呼之即来,书之即出,抒情畅怀,句短意长,获得以一寓万、以少胜多的奇特艺术魅力。

汉语的很多表达习惯是在长期的言语活动中形成的,涉及各个领域,具有强烈的文化色彩、民族色彩、历史色彩和时代色彩,体现出汉民族的人生观、价值观、审美观。汉语中的各种修辞手法既要在语言现象本身的审视上用力,又要透过语言材料,在历史文化和民族生存方式的大背景中,作多方位的透视。

这,就是这一部分的主题:语言运用中的汉文化。

第一节 语用特点与汉文化心理

一、传统思想的体现

1. 等级观念

以农业自然经济为基础的宗法社会统治了中国几千年。重视长幼的宗法观念一旦移用到社会的人际关系上,就变为鲜明的等级观念了。这是传统文化心理的一种表现。

"尊长"是汉民族的文化信念。因此,长辈比晚辈、教师比学生、施恩者比受惠者等具有更高的权势和使欲力,这些情谊关系使得双方在交往上都感到不自由,依附性是这些关系角色的共同特征。汉语文化优选"顺从",长辈说话晚辈只能听,不能"故持己见、得理不饶人、唱对台戏",否则就是大不敬;而不敬、不孝则会极大地损害人的社会形象。这就可以理解:当晚辈和长辈、下级与上级、学生对老师产生不同意见或有分歧时,作为汉民族一分子,前者定会选择沉默、回避或跟着说,持人云亦云的态度。

汉民族上对下习惯使用的是支配型语言,话语带指令性。如:抚养、养育、培养、疼爱、爱抚、关怀、传达、通报、提拔、重用、栽培、召见、接见、嘱咐。下对上呈现的则是被支配的特点,话语中多了谦恭、尊敬。如:赡养、奉养、汇报、请示、关心、爱戴、敬爱、拥护、拥戴。这样,在交际过程中就形成了汉语所特有的语用特点。

汉民族重视礼仪,提倡"温良恭俭让"。表现在成语里有:和颜悦色、克己复礼、礼尚往来、彬彬有礼、温文尔雅、礼义廉耻,等等。在动词的使用上也有差别。同样喝茶,尊者用"献"、一般客人为"请"、对小辈则用"倒"、给奴仆的则是"赏";晚辈对长辈用"捧"、用"端",平辈之间只要"递"就可以了。

汉民族对普通人常使用尊称,敬称对方的亲属或有关的人,如:令尊、令堂、令爱、令郎、令妻、令亲;敬称与对方有关的人和事物,如:贵处、贵校、贵体、贵同学;敬称对方的著述或书信往来,如:大作、大著、大札、佳作、佳音;等等。

为了抬高对方的身价地位,在交际中常会通过压低或贬低自己来达到目的。于是就产生了与敬称相对的谦称。例如:贵姓、敝姓,府上、寒舍,贤弟、愚弟,大作、拙作,高见、愚见。称呼自己(我)如:在下、鄙人、不才、贱人、奴才,等等。

为了愉悦对方,还时常要提高谈话对方的社会地位。比如,如果对方担任的是副职,习惯上会把"副"字略去,如王副局长就称为王局长,张副书记就称为张书记。

2. 男尊女卑

汉文化推崇的是"男主外、女主内",相信"男女授受不亲",不能随便接触,更不用说"身体接触"了。"女子无才便是德"的说法,设定了女性必须在智力上低于男性。女性的特征就是"文静、温柔、体贴"的。

在跨性别会话中,男性总是主动方,女性则往往是被动方;男性可以启动话题,女性却只能附和;男性滔滔不绝是"健谈";倘若女性老抢男性话题,就会威胁男性的面子,被认为此人"叽叽喳喳、疯疯癫癫",不成体统。男性说话如果"嗲声嗲气、和风细雨",做事没魄力就会被认为是"娘娘腔",招致他人的鄙弃。东北大汉说话粗气,性格直爽,常被认为有男子汉气概;江浙一带男人因使用吴侬软语,且关心、体贴妻子,显得温文尔雅而被人认为缺乏阳刚之气。

丈夫往往根据自己的社会地位、经济条件及受教育程度的高低来称呼自己的妻子。通过这些称呼可以了解女性以往在家中的地位。地位较高的用"夫人、太太、内助、贱内、贱人、贱妾";文化程度高的则可用"拙荆、内人、内子、内主";文化程度较低的常用"糟糠、妻室、老婆、媳妇、堂客、家里的、屋里的";目不识丁且在农村生活的就直接用"做饭的、烧火的、我那口子、孩儿他娘、俺媳妇"。倘若用错了就会被人耻笑。

3. 提倡忠孝

汉民族重视孝悌,讲究传宗接代。在父母在世时,应有"孝心",尽"孝道",尊敬老人,要谨记"父母在,不远行"的古训。儒家认为"不孝有三,无后为大",在汉族人心目中,上有祖宗、下有子孙,自己是上下相连的一个环节。"断子绝孙"是自己"缺德"、"少善"的报应。断了

"香火",没有后代祭祀,就意味着列祖列宗将变成孤鬼野魂,这绝对是大逆不道的事!

这些年来,一对夫妻只能生一个孩子,多生要重罚。城里人还可接受,在家族集聚的农村就行不通,没有生到男孩的家庭即使重罚还是要生。从表面上看是农村需要重劳力,但其深层原因还是在续"香火"上。这样的思想在成语上的表现是:光宗耀祖、子孙满堂、孝子贤孙、多子多福、断子绝孙,等等。

汉民族提倡为臣要忠君、夫妻要忠贞、为人子要忠孝、为人友要忠信。相关熟语有:忠贞不渝、忠君报国、忠心耿耿、赤胆忠心、忠言逆耳、肝胆相照、杀身成仁;鞠躬尽瘁,死而后已;宁为玉碎,不为瓦全;等等。

4. 官本位思想

遵循古人"劳心者治人,劳力者治于人"、"治人者,治人者,百姓也"的传统思想,为了让后代能出人头地,平民百姓都会让子孙走"读书取仕"之路。"书中自有黄金屋,书中自有颜如玉",成了读书人的座右铭。

反映到人际关系上,就是对有官职的谈话对象传统上有以职位相称的习惯,而这在古代就是敬称。做官可以有无数说不清、道不明的好处。人们对"官"怀有恐惧、敬畏心理。汉语以"官"为核心的词语很多,体现了官阶层的身份显赫、荣耀。比如:官府、官僚、官办、官场、官话、官腔、考官、清官、官报私仇、官官相护、达官贵人、官运宏达,等等。

新中国成立至今已有六十多年,虽说不管职位的高低,人与人之间应该是一律平等的,但传统的重官职、重名义、重地位观念依然反映在当今的社会里。"干部"虽说应该是人民的公仆,但即使是在普通的学术团体研讨会上,如需合影,当领导的必坐中间,哪怕很年轻、哪怕是刚当上"官"!其他人,哪怕是白发苍苍的老专家、有名望的学者也只能是屈居左右或站到后排去。说到底,还是官本位!

二、中和

汉民族的交际原则是"和"。在没有根本性利害冲突的情况下,每个参与互动者都要以"和"为前提,使言语行为朝"和"的目标迈进,努力营造有利于互动的"和"的气氛;即使表达不同的看法和意见,也要以不损害"和"的气氛为原则;说话要恰如其分,把握好信息的浓度、强度和对方的可能反应,要尽量和颜悦色;对他人的冲撞必须尽量忍让、宽容;说话时要尽量客气、谦逊,不能张狂等。

作为"泱泱大国、礼仪之邦"的汉族人普遍有尚和的心态。主张不同个性的人应该从多样性中去谋求和谐统一,养成具有共生取向、和谐发展的独立人格。这种思想,在今天仍有现实意义。

当然,"和"并不等于是一团和气。在特殊情境中,如果受到外敌进犯或他人恶意的攻击,汉民族也提倡采取灵活的态度。熟语有:"忍无可忍,何须再忍";"只有再一、再二,没有再三";"该义正词严,不姑息养奸"等。在特殊情境中的语用原则还有:"人不犯我、我不犯人";"井水不犯河水";"多栽花,少栽刺"等。这些都和民族心理是一致的。

汉民族特别注重人的伦理道德修养,追求社会秩序安定和谐,注重"群己合一",突出社会人格,把个体看做是群体的一个分子,不突出个人、个性,强调人际关系和谐,强调群体作用,强调社会、群体对个人的约束,削弱或忽视个体的创作。为强调群体而常有用集体代个体的现象。著书立说时使用的常常不是"我",而是"我们以为、我们观察到、我们分析"。汉民族的普遍心理是:用"我"就有狂妄之嫌,而"我们"则可谦恭些。

由于自谦,在交际中还产生一些特有的客套话。比如请客,主人明明已忙了一整天,精心烹调了精致的菜肴,可还是会对客人说:"菜烧得不好,也没有什么好吃的,请随便用吧。"每当此时,西方人就不能理解:"菜不好吃就不该叫我来尝,为什么给我吃不好吃的菜呢?"吃过后又多了几分猜疑:"这么好吃的菜为什么要说不好吃呢?"于是,在他们的民族文化心理上得出的结论是:中国人真虚伪!

再如,工作做得非常出色、认真、勤奋、踏实,可一旦遇到他人夸奖时,几乎每个汉民族的人都会说:"我做得还不够好,还差得远呢!"倘若有人答:"是的,我确实干得很好,你们都该向我学习,像我一样去努力工作。"大概所有听见的人都会想:"这家伙真厚皮,一点也不谦虚。"也许就因为这么几句不客气的话,使得他没了人缘,或再也没了提升的机会。这在西方人看来也是近乎虚伪的话语,在汉文化的背景下却完全是合情合理的,是自谦的表示,是有文化、有礼貌的表现。

三、隐含、含蓄

人们借助某话题或话语模式,把说话者要实现的意向进行和语境相关的隐含处理,使其既能引起听话者的注意,又能防止强烈的反效果发生。

汉民族在很多话题的会话中预设了不能明言、不便明言和不愿明言的行为或举动。

人家送东西给你,你虽然很想要,却一定要故意装作不要,呈送者需察言观色、相机而动,三推三送才符合中国文化的心理和礼节。

钱借给别人后很怕讨钱,即使别人不还也不会直截了当要人家还钱,因为这属于高度敏感的话题。人会想方设法暗示对方,希望借钱者能记起来并马上归还;如果对方依然没有还钱的打算,借方也就不再去讨,以免伤了彼此间表面上的和气。当然,如果借方以后再次需要借钱或借其他东西时则会碰上个软钉子:"哟,我也正好没有,实在对不起。"

在判定一个人好坏时,人们倾向于喜欢少言多行的人,不喜欢夸夸其谈、只说不做、口无遮拦的人;"言多必失,祸从口出",这是中国人一条普遍的信念。因此,当人们必须涉及一个文化敏感的话题时,隐含是最好的选择。

含蓄是中国传统诗文的特点。刘勰说:"立之英蕤,有秀有隐。隐者,文外之重旨也。"这"隐"字,就是含蓄之意,"文外之重旨"就是意在言外。对此,清代沈祥龙说得更具体、明白:"含蓄者,意不浅露,语不穷尽,句中有余味,篇中有余意,其妙不外寄言而已。"读到含蓄之处,像吃橄榄似的,越嚼越有回味,口中余味无穷。

《红楼梦》含蓄手法是运用得相当成功的。从其内容看,含意深隐,意在言外,如对君权的批判。第十八回"元妃省亲",表面看是歌功颂德,省亲是"隆恩",是"当今助体万人之心"、"大开方便之恩"使妃嫔、才人回家"庶可赔尽骨肉私情、天伦中之至性"。可到"省亲时,

却是:

贾妃满眼垂泪,方彼此上前所见,一手挽贾母,一手挽王夫人,三个人满心里皆有许多话,只是俱说不出,只管呜咽对泣。邢夫人、李纨、王熙凤、迎、探、惜三姊妹等,俱在旁围绕,垂泪无言。半日,贾妃方忍悲强笑,安慰贾母、王夫人道:"当日既送我到那不得见人的去处,好容易今日回家娘儿们一会,不说说笑笑,反倒哭起来。一会子我去了,又不知多早晚才来!"说到这句,不禁又呜咽起来。

"当日既送我到那不得见人的去处",只一句,却是高度凝缩,读者可从她话语中发挥自己的想象去理解她的宫中生活。

从细节看,意图深藏于表象之下,需读者用心体味,才能领略其中的妙处。如第十三回写秦可卿死的消息传出,"彼时合家皆无不纳罕,都有些疑心";"贾珍哭得像泪人一般,拍手道:'如何料理,不过尽我所有罢了。'于是置买棺材,捐龙禁尉,请凤姐料理丧事。可此时贾珍之父亲在城外庙中不肯回,贾珍妻尤氏"正犯了胃疼旧疾,睡在床上"诸事不理。而觅得棺木时,"此时贾珍恨不能代秦氏之死",个中奥妙早已昭显。作者含蓄有致地反映出了"秦可卿淫丧天香楼",耐人寻味。

从手法上来看,寄托于形象。如宝钗的柳絮词《临江仙》:"好风凭借力,送我上青云。"表面写柳絮的姿容及心理,实际上却是她"人情练达世事明"的真实写照。

第二节 禁忌语中的汉文化

语言禁忌的开放性,决定了它的无处不在;语言禁忌的特殊性,又决定了它在生活中的特殊地位。禁忌语是汉民族重要的语言习俗,同汉民族讲礼仪、重教养、希望礼尚往来的心理有密切联系,它源远流长,根深蒂固,表现在生活的各个层面。

一、禁忌与避讳

汉民族是世界上最先以文字形式记载禁忌现象的。《史记·秦始皇本纪》已有"秦俗多忌讳之禁"的记载。

《说文解字》"嚜:口闭也,从口嚜声。"嚜言时可能会用手指、用目视,以摇头,摆手等无声语言表达心意。倘若这样仍不能表明意思时,就必须用某种变通说法来暗示所需要表达的意思了。这样,"避讳",这个禁忌语的产物就此衍生而出了。

禁忌语发生的心理趋向可以用八个字来代替:避凶趋吉,避俗就雅。禁忌语存在的环境比较广阔,诸如特定的社会成员、特定的时间和气氛等等,都可能产生禁忌语。各种各样的禁忌与崇拜有关。人们不愿听到忌讳的凶语,唯恐这些字眼会招致凶祸的真正来临。但在人际交往中,人们却经常要表达些不祥的内容,这便需改用另一些褒义或中性词语代替。

避讳是有特色的语言风俗现象。避讳原则,不外乎礼教、吉凶、功利、荣辱、或保密等诸种考虑。语言避讳小到家庭,大到社会,下及平民百姓,上达王公大臣,几乎是无所不在,无时不有的。违犯这些语言禁忌的人,轻者自己可以破解,重者将导致抄灭九族,所以历来都是民间十分看重的一项禁事。

比如渔民,最忌说的是"倒、翻、搁"等词,也忌有此类动作或行为。他们把"倒掉"叫"卖掉",把"翻个面"叫"转个堂";"搁"称为"放","没有"叫做"满发";碗不能倒扣,吃鱼不能翻身,因此,"帆船"是绝对不能读如"翻船"的。睡觉时不准俯卧,吃饭时筷子不能搁在碗口;鱼卸完不能说"完了",要说"满了"。看到怪鱼或怪兽,不能问"这东西吃人不吃人?"以及"会不会掀大浪?"之类的话。渔民下网,外人不能问"在撒网啊",他会认为你在诅咒他有网无鱼,应说"在打鱼呀!"祝福他多打鱼、打大鱼。

再如商界,商家最为忌怕的是"折本",因此只要与"折"同音或近音的要避讳。如"猪舌头"必须说成"猪口条、猪赚头、猪招财"才能避讳。

还有养蚕人,他们最忌讳的是"残",因为"残"收成就不高,钱就要少赚。因此,"蚕"只叫"宝宝"或"蚕姑娘"。蚕的爬动不能说出"爬"字,要说"行";喂蚕时也不能说"喂",而要说"撒叶子";蚕更不能去数,否则就会遭到减产的灾祸。

二、称谓禁忌

汉民族重等级次序、尊上敬上、讲究礼貌的观念在姓名称谓上也有所反映。祖先的名字和长辈的名字都不能直呼不讳。不论说还是写，都忌讳言及祖先、长辈的名字。

皇帝名字须避讳，如秦始皇姓嬴名政，忌讳"政"，甚至连"正"也在忌讳之列。"正月"的"正"，去声改为平声；或改为"端月"；秦琅琊石刻上"端平法度"本是"正平法度"。

对帝王官吏的名讳也不能称说，否则就是"大不敬"，要受到惩处。明清讳禁之严可谓登峰造极，触犯讳禁成为文字狱案件的重要组成部分。因"登、灯"同音避，把"放灯"改为"放火"，留下"只许州官放火，不许百姓点灯"的熟语。

对长辈、有血缘亲属关系的人的名字要避讳。司马迁写《史记》，因其父名"谈"，就把"赵谈"改为"赵同"；六朝时，有人为避家讳"桐"字，把梧桐树改称做白铁树；《红楼梦》第二回，贾雨村说林黛玉忌讳母亲名字的事：黛玉母亲叫贾敏，是贾政、贾赦的胞妹。黛玉读书遇到"敏"都念成"密"，写字时遇到"敏"字要减一二笔，以示对母亲的尊重。现时，子女仍禁忌直呼长辈名字。晚辈称呼长辈应以辈分称谓代替名字称谓，如叫"爷爷、奶奶、爸爸、妈妈"等。这既明示了辈分关系，又含有尊敬的意思。

家族内长幼辈是如此，师徒关系也是如此。俗话说，"子不言父名，徒不言师讳"。在人际交往中，平辈间、下对上都不能称名道姓，以前要称字或号以示尊敬；出于对对方的尊敬，也不宜呼其名，而以兄、弟、姐、妹、先生、女士、师傅等相称。

成年人还忌讳外号和绰号。《礼记·内则》："凡名字，不以日月，不以国。不以隐疾，大夫士之子，不敢与世子同名。"其中，命名忌以日月、忌以国均是避讳神圣的意思，恐有冒犯。名讳是对人名字的避讳，名讳是示尊。"请问贵姓"和"敢问尊称"，便是对他人称号表示尊敬的直接表现。

三、凶祸禁忌

避凶求吉的语言禁忌现象,民间称之为"讨口彩"。人们都有"说凶即凶,说祸即祸"的畏惧心理,因而禁忌提到凶祸类词,唯恐招致凶祸真正来临。因忌言"苦","苦瓜"成了"凉瓜";因"梅、霉"谐音,故"梅花"被人视为是"倒霉、不吉利"的花卉,不适宜送给病人和从商的亲友。

旧时婚礼或建房上梁时,总是有人来念"喜歌",以满足人们求平安吉祥的心理需求。为防止凶祸事情发生,民间还忌讳说出与凶祸直接或间接有关的词语。人忌讳"生病",真有生病也不说出来,而是用"不好受、不舒坦"来代替;探病时更要注意忌讳;同人交谈不该涉及疾病、死亡等。

由于对日、月、星辰的崇拜而产生了对日食和晦日的禁忌。古人把晦日看做是非常不吉利的日子。军队不能出兵,官员不能上班,夜里不能唱歌,夫妇不能同房等,唯恐招致灾难。汉民族由于对水崇拜,因此井上不准磨刀,以免水神有杀机感,而招致灾祸。

数字避忌也是趋吉避凶的心理反映。汉民族认为数字的单双有吉凶的感应性质,喜事通常忌单喜双,凶事则忌双喜单。四月忌婚嫁,送礼应酬忌送四百元等也都是出于这类禁忌。民间虽常以"三六九"为吉祥数,但也有以此三数为凶的。如广东潮州人言语间就讳说"三"字,否则祸不可测,故当地人称三点钟为两点六十分;湖北天、沔一带人以为"六"是不吉利的,当地人"六、禄"谐音,"满禄"即"死"之意;"四、十"也因与"死"相谐而需避忌。

粤方言"空"与"凶"同音,因此广东人把"空屋招租"改成"吉屋招租";上海人因"苹果"与"病故"谐音而看望病重的亲友忌送苹果。

四、破财禁忌

财运好坏直接关系到人的切身利益,俗话说"人为财死,鸟为食亡"。因此民间很看重财运,时时处处惦念着想发财,也时时处处提防着怕破财。

过年是汉族人最盛大、最隆重的节日。正月为一年之始,人们看做是新一年年运好坏的兆示期。因此过年"禁忌"特别多。在言语方面：凡是"破、坏、没、死、光、鬼、杀、病、痛、输、穷"等字眼都不能说。人们忌婴儿啼哭，因为兆示疾病、凶祸，所以即使孩子惹了祸，也不能打或呵斥，以免啼哭。在行为方面：端杯、盘、碗、碟都要格外小心，避免打坏；倘若不慎打坏，在场的人就得马上说两句吉祥的顺口溜：如"缶（瓷器）开嘴，大富贵"或"岁岁（碎碎）平安"来弥补。

　　河南一带做饭时忌说"少、没、光、不够、烂、完"等不吉利词语，这同样是担心破财的禁忌心理。过年过节计较得更厉害，包饺子连数数都犯忌，因数数本身就包括了"怕少"的意思。放鞭炮拟声忌说"砰砰砰"，只说"叭叭叭"，因河南方言"砰"谐音"崩"，有"砸锅、事情办糟"的意思；而"叭"音谐"发"，有"发财、发家"的意思。

　　正因为如此，这一类语言禁忌还有一个特点，即不仅仅停留在避开不吉的词语不说这一点上，而且还要改凶为吉，力求通过语言上的变通、调整而在现实生活中得到一个最为吉祥的理想效果。

五、亵渎语禁忌

　　民间常认为涉及性行为和性器官的词语是亵渎语，一般"有教养"或是"老实本分"的人都羞于启齿。"情欲"或性行为在汉语中是不能直接说出口的，男女间的情欲通常用"人欲、春情、春心、男女、人道、欲火"等词语替代；性行为的替换语是："交、合、办事、房事、交接、交媾、同床、行房、睡觉、上阵、云雨、事毕"，贬义则用"奸淫、偷情、偷鸡摸狗、寻花问柳"等；在不得不说到性器官时就用"那个、下部、阴部"来替代。连容易引起生殖部位联想的"拉屎、撒尿、上厕所、月经"等也都在忌讳之列，改用"出恭、解手、方便方便、如厕、上一号、例假"等等。

　　骂人时常以生殖器或性行为来羞辱对方，人们相信这类词语具有一定的诅咒力，能够毁伤仇人的灵魂或者肉体。因此，在没仇人在场或不想诅咒他人时，这类词语就应当避忌了。还有，用与"性"有关的词语来骂人，男性的出现率远远超过女性。虽然传统观念认为男性使用这些词语也不文明，但如果用了还能得到人们的普遍谅解；倘若是女性使用这类词语，那就是不成体统了，理所当然地要受到社会、舆论的指责。

还有些其他方面的带有亵渎性质的语言禁忌。如"兔、狗、驴、牛"等畜类也常被用来咒骂人,平时便忌讳在人前说到这些动物,尤其不能和人相提并论,否则,会伤害别人,引起斗殴纠纷。与和尚、道士说话不能说出"驴"和"牛",因和尚最忌被骂作"秃驴",道士最忌被咒作"牛鼻子";有生理缺陷的人,也讳忌当面嘲笑他的缺陷,这也是对人不尊重的亵渎行为。如当着秃头的人忌言秃,当着跛腿的人忌言瘸等等。现时代,青年女子喜瘦忌胖,若言其瘦则喜,以为是称赞其身材苗条,长得漂亮;若说其胖则满脸不悦,以为是挖苦她体形难看,长得不美。

有些禁忌是某些地区独有的。

用"蛋"来骂人是因为北方人"蛋"指睾丸,因此有亵渎、诅咒人的作用。《清稗类钞》:"北人骂人之辞,辄有蛋字,曰浑蛋,曰吵蛋,曰倒蛋,曰黄巴(王八)蛋,故于肴馔之蛋字,辄避之。鸡蛋曰鸡子儿,皮蛋曰松花,炒蛋曰摊黄菜,溜蛋曰溜黄菜,煮整蛋使熟曰卧果儿,蛋花汤曰木犀汤。木犀,桂花也,蛋花也色黄如桂花也。蛋糕曰槽糕,言其制糕时入槽也。而独于茶叶所煮之鸡蛋,则不之讳,曰茶鸡蛋。"

山东一带忌称"大哥",喜称"二哥",据说这与"武松"有关。武松排行老二,长得高大魁梧,因在景阳冈上打死猛虎而被称为打虎英雄;武老大则长得矮小丑陋。但忌称"大哥"主要还是在武老大媳妇和西门庆勾搭成奸上,是怕成为"妻子和人乱搞的"人,民间称这种人为"王八、乌龟"。元代以后,人们用龟来羞辱娼妓之夫或妻子有了外遇。这种忌讳现在仍然流行,若骂人"龟儿子、王八",其必勃然大怒。

类似此种禁忌很多,各地不一,举不胜举。凡属于对人不尊重、轻慢待人的亵渎话语都是有所忌讳的。

第三节　从委婉语看汉文化

委婉是用迂回曲折的含蓄语言表达本意的方法。日常交际中总会有些不便、不忍,或语境不允许直说的话题,需要把"辞锋"隐遁,或把"棱角"磨圆些,使语意软化,便于听者接受。这是为达到特定的交际目的而用的表达方式,反映的是广泛的社会现象或人们的心理。

一、从"死"看委婉

人们自古恐惧、忌讳"死",汉语中有关"死亡"的委婉语特别多。如:谢世、逝世、亡故、断气、辞世、长眠、安息、瞑目、见背、就木、寿终、归天、殉职、阵亡、牺牲、千秋后、百年后、泉下人、不归路、寿终正寝、命归黄泉、撒手人寰、呜呼哀哉,等等。《礼记·曲礼》:"天子死曰崩,诸侯曰薨,大夫曰卒,士曰不禄,庶人曰死。"这是从贵贱、尊卑方面对死事的异称,是等级观念的表现,也是"死"的委婉说法。

"死"的委婉语是不能用错的。用于老人"寿终、作古";用于幼儿"夭亡、夭折";父母双亡为"弃养";丧子则为"殇"。违背自然规律的用"自杀、悬梁、投井、跳河、寻短见、自尽"。近百年来用于革命者或被认为属烈士的用褒称:"牺牲、就义、献身、捐躯、殉职、阵亡、壮烈牺牲、慷慨就义";敌对方则用贬称:"完蛋了、吹灯了、见鬼去、玩完了、仰天了、拔蜡了、吃枪子、见阎王、翘辫子、一命呜呼",等等。

道、佛教也有"死"的委婉语。如:道教有"羽化、仙逝、仙游、登仙、成仙、上仙、归西、归天、骑鹤归西、驾返瑶池"等;佛教有"坐化、入寂、圆寂、物化、升天、归西、灭安、涅槃、转世、归真、灭度、迁化、顺世、归寂"等。

有时候,不同的地域对"死"所使用的委婉语也不同。

"这个人上八宝山了"是北京人说"死"的委婉语,因为北京的墓地在"八宝山";上海人则会说:"这个人去西宝兴路了",因为上海有家殡仪馆在西宝兴路上,由于对死亡有恐惧感,因此连去西宝兴路也认为是倒霉的。

二、交际与委婉

外交场合需讲究外交礼仪,也常运用委婉方式。如表示婉言拒绝对方的询问时,可以用"无可奉告";而要表示对某一事件和行为的批评和谴责时,可用"表示遗憾";在表示将驱逐某个外国人出境时,则用"不受欢迎";当暗示双方意见有严重分歧时,可用"坦率地交换意见",这些都是外交辞令上的委婉语。

《周总理在欢迎尼克松总统宴会上的祝酒词》：

由于大家都知道的原因,两国人民之间的来往中断了20多年。现在经过中美双方的共同努力,友好往来的大门终于打开了。

"由于大家都知道的原因"是种模糊语言,用由它构成的委婉语,既表达了两国之间多年矛盾斗争的历史事实,用在欢迎宴会上的祝酒词里又显得十分得体。

国家某部委曾发布文件,要求各捐赠机构将其为玉树地区震灾接收到的民间善款统一汇缴到青海省政府。民政部有关负责人就此事接受了记者的采访。消息中述及采访背景所言的"媒体……表示疑问"与"社会和网民们普遍关心"是这类以政府为消息来源的报道中典型的"委婉语"。倘若"粗直"点,就应该是"质疑"和"批评"。如果不了解这种质疑和批评的理由和背景,那么,文件中"统筹安排",实际上就实现了"委婉语"的正面效应。

表述同一个事实的不同词语,由于实际的语用频率具有不同的色彩和倾向。某石油公司的"慎用词汇表"对词语的控制,就是委婉的修辞手段。比如,用"上调"代替"涨价";用"资源紧张"、"油品紧张"代替"油荒、气荒"。因为"涨价"是负面的,涨价给人的感觉都不是好事,且有生硬、不容商量的感受;"上调"给人感觉就要温柔些,尽管实际上同样是不容商量。"油荒、气荒"是具有负面色彩的,还会让人联想到"灾荒"等更糟糕的事情上去;"紧张"虽也不是正面色彩的词,但程度上要比"荒"显得轻些。

三、种种委婉

委婉语常用于不能说或不想说的话语中。如粗俗、不雅的事物不愿意直说,就使用委婉方式。如：

"厕所"不雅,改称"洗手间、卫生间、盥漱室";说"拉屎、撒尿"不雅,就用"大便"、"小便"替代。"大、小便"用多后又觉得不雅了,于是再改成"去方便、去1号、去洗手间、我出去一下"等。

妇女有月经本是正常的生理现象,可人们不愿直说,也就使用委婉语"来例假、倒霉、来红、身体不适"等。

为了不去伤害有生理缺陷的人,因此对这些缺陷也使用委婉语。如:耳朵聋说"耳背、失聪、重听";腿瘸说"腿脚不方便",等等。

在文学作品中常可看到各式委婉语,这是生活在文学艺术中的反映。如鲁迅《孔乙己》:

孔乙己一到店,所有喝酒的人便看着他笑,有的叫道:"孔乙己,你脸上,又添上新伤疤了!"

喝酒的人为了照顾孔乙己的颜面,没有直说"你又挨打了",而是用了委婉的说法:"你脸上,又添上新伤疤了!"这就可回避揭出孔乙己内心忌讳的事,从而刺激对方。

张抗抗《夏》:

我原来在农场的时候,有个青年指导员给我写信,表示了那个意思。

用代词"那个"构成了婉曲表达,因为代词较抽象模糊,用它可以淡化用具体词给人以鲜明印象或代替不好意思说出的那个"求爱"字眼。

电影《归心似箭》中:

那就一天给我挑两趟水……挑到我儿子娶媳妇,挑到我闺女出门子,给我挑一辈子。

"留下来给我挑一辈子水",是希望他留下来跟她成亲的婉转说法,显得幽默而含蓄。

四、委婉与修辞

汉语中有不少与委婉表达有关的修辞方式,如借代、双关、反语等,都与汉民族的含蓄、和善心理有千丝万缕的联系。

1. 借代

借代是借用其他名称或语句代替常使用的名称或语句。它的作用是调整、修饰语言,使话和文章更正确、明白、生动、有力。运用借代可以突出事物的特征、属性,使人获得鲜明、深切的感觉;可将不愿启齿的词用委婉间接的方式表达出来,可使语言显得活泼风趣;使本体具有的某些含义、情味、色彩附着在借体上,从而丰富语意,增加信息含量。

借代辞格由本体和借体组成。如李白《黄鹤楼送孟浩然之广陵》中的"孤帆远影碧空尽,唯见长江天际流",是以局部"孤帆"代替整体"孤舟",显得委婉而意味深长。

色彩常被用来指代本体。比如用"红"来代指"花",诗文中经常用到,后来又衍生出用"乱红、残红、飞红、落红"指落花。如:

花落狂风,小院残红满。(苏轼《蝶恋花》)

山无数,乱红如雨,不记来时路。(秦观《点绛唇》)

卷絮风头寒欲尽,坠粉飘香,日日红成阵。(赵令《蝶恋花》)

古诗往往红、绿(翠)并举,如李清照"知否,知否,应是绿肥红瘦"中,"红"指海棠花,"绿"指海棠叶。柳永《定风波》中的"自春来,惨绿愁红,芳心是事可可","红""绿"分别代指桃花、柳树,本是春光明媚,但在思妇眼中,尽变为伤心触目的色彩。王安石的"含风鸭绿粼粼起,弄日鹅黄袅袅垂"诗句中,"鸭绿、鹅黄"指溪水、柳枝。春天冰雪消融,河水碧透,有如鸭头颈羽毛色;柳枝舒展眉眼,泛出雏鹅的淡黄,显得清新可爱。

2. 双关

双关是利用词语同音或多义,有意使语句在特定的语言环境中同时兼有两种意思,表面说一个,实际指另一个,重里轻表,意在言外,催人联想,富于诗意。它的深层含义通过委婉方式表达。双关可造成语言的含蓄、幽默、风趣,加深语意,引起读者深思,令人回味无穷,从而增强语言的感染力。

双关有两种,一是谐音双关,语音部分已作介绍;一是语义双关——同音异义字的使用。如以布匹的"匹"代匹偶的"匹",以关门的"关"代关心、关念的"关",以消融的"消"代消瘦的"消",以道路的"道"代道说的"道",以明亮的"亮"代原谅的"谅",以黄蘖之"苦"代相思之"苦",以飞龙之"骨"代思妇之"骨"等等。

语义双关有两种,一是利用词的多义性,假用词本义,实取其喻意;二是借眼前事说心里想的另一事,借此说彼,指桑说槐。南朝时,为了娱乐消遣,从建业(今江苏南京)、荆州等商业都市采集民间歌谣。这些歌谣或反映城市中下层人民在爱情、婚姻上的态度,或表达爱的痛苦、甜蜜和幸福,或写恋爱的不自由、爱人的不忠实。如若不理解语义双关,就很难读懂《子夜歌》、《读曲歌》、《碧玉歌》、《西曲歌》、《西洲曲》、《子夜四时歌》等乐府诗。如《子夜歌》:

　　　　自从别郎后,叹声不绝响;
　　　　横蘗向春生,苦心随日长。

"苦心"关涉苦味和苦情,主要指苦情,用双关委婉含蓄地表达男女间的爱恋与相思。

诗歌的语言往往比一般语言更多暗示,讲究简练和含蓄。比如张九龄《感遇》:

　　　　谁知林栖者,闻风坐相悦。
　　　　草木有本心,何求美人折。

"本心"指草木的基干,这里双关,又是"本志"的意思;"美人"指林畦者,也指其他的"相悦者",后两句隐含贤者行芳志洁。

双关不仅在语素、词语、短语、句子中有,在篇章结构、语段和语篇中同样有。如朱庆余《近试献张水部》双关诗:

　　　　洞房昨夜停红烛,待晓堂前拜舅姑。
　　　　妆罢低声问夫婿,画眉深浅入时无?

就话语的字面意义,这是首写新嫁娘的诗,但从标题"近试"两字,由朱庆余同张籍张水部当时的关系来推断,则是希望得到主考大人的赏识。

张籍的回诗是:

　　　　越女新装出镜心,自知明艳更沉吟。
　　　　齐纨未足时人贵,一曲菱歌敌万金。

从表面看似是写江南采菱姑娘,实则同样在用双关表示对其的赏识。

3. 反语

反语也叫倒反,就是"讲反话",使用与原来意思相反的语句来表达本意,有的表达强烈的讽刺挖苦,有的则使语言活泼幽默、轻松愉快。无论是讽刺挖苦还是幽默轻松,反语都比常规说法具有更强烈的色彩和更得体的效果。正话反说是以彻底的委婉,欲擒故纵,取得合适的发话角度,达到比直言陈说更为有效的说服效果。

反话汉民族早已使用。例如《诗经·伐檀》:"彼君子兮,不素餐兮!""不素餐"是"不白吃饭",既然"不稼不穑、不狩不猎"而又要霸占别人的劳动成果,当然是"白吃"无疑。

正话反说在古书上早有记载:楚庄王的爱马死了他非常伤心,下令以上等棺木,行大夫礼节厚葬。文臣武将纷纷劝阻但无济于事,优孟知道后直入宫门仰天大哭,庄王问是何故?优孟说:"大王最爱此马,以大夫之礼安葬太寒酸,请用君王礼!请以美玉雕成棺……让各国使节共举哀,以最高礼仪祭祀它。诸侯听到后都知道大王以人为贱而以马为贵。"至此庄王恍然,赶紧请教优孟如何弥补过失。以优孟地位之微,如直陈利弊,固然令人起敬,但免不了杀头;正话反说,则可力挽狂澜。

杜甫《奉陪郑附马韦曲二首》,采用反话来透露正意:

> 韦曲花无赖,家家恼杀人。
> 绿樽须尽日,白发好禁春。
> 石角钩衣破,藤枝刺眼新。
> 何时占丛竹,头戴小乌巾。

"白发好禁春"是说衰老的人无意领略春光,韦曲的春色很好,这正是及时赏玩春光的时候,可是这时诗人已头发斑白青春已消逝,不再有少年的游兴,只有对着春光无可奈何地感慨。诗中所说"花无赖"、"恼杀人",是从自己感叹衰老的角度说的;从另一角度看,虽说"花无赖、恼杀人",实际上是非常喜爱春光的。

第四节 姓氏、名号与汉文化

《说文解字》:"名,自命也,从夕从口。夕者,冥也,冥不相见,故以口自名。"可见,最早的人名是源于人与人之间的口耳相传。命名本身就是一种文化行为,体现出中华民族传统的道德文化。

一、姓氏的由来

《通鉴外纪》:"姓者,统其祖考之所出;氏者,别其子孙之所自分。"

《国语·周语》:"姓者,生也,以此为祖,令之相生,虽不及百世,而此姓不改。族者,属也,享其子孙共相连属,其旁支别属,则各自为氏。"汉民族最早的姓都带"女旁",如姬、姜、妫、姒,由此可推断,姓在母系氏族时期已形成。姓为氏之本,氏由姓所出。

"姓"的起源早,产生于氏族社会。若干氏族组成原始部落,部落内各氏族又独立;同时,各氏族之间有着密切的婚姻联系,姓作为识别和区分氏族的特定标记符号就应运而生了。"氏"的形成应在原始社会晚期,随着氏族制度的解体和阶级社会、国家制度的形成,出现了赏赐封赠土地以命氏的习惯。

商周前,姓用来区别婚姻,故有同姓、异姓、庶姓之说;氏则用来区别贵贱,贵者有名有氏,贫贱者有名无氏。同姓禁止婚配,异姓可通婚,子女归母亲一方,以母姓为姓。由此可知,汉民族先祖早已知道近亲繁殖的危害。夏商周时代,姓是代表有共同血缘关系的种族称号,氏是从姓中派生出来的分支。到西汉,姓和氏的区别已微乎其微。司马迁的《史记》已把姓和氏混为一谈,清顾炎武《田知录》:"姓氏之称,自太史公始混而为一,《本纪》于秦始皇则曰'姓赵氏',于汉高祖则曰'姓刘氏'是也。"

据统计,现在使用的姓约有3050个,单字姓2900多,双字姓100多,三字以上很少。最常用的100个姓占全国总人口的60%以上。平均每32万人用一个姓。

姓来源形式众多,情况复杂。大约有以下几种:

以居住地名、方位、封国命,如赵、西门、郑、苏等;

以先人名或字命,加皇甫、高、刁、公、施等;

以兄弟行次顺序命,如伯、仲、叔、季等;

以职官名称命,如史、仓、库、司徒、司寇、太史等;

以职业技艺命,如巫、屠、优、卜等;

还有以祖上的谥号命的,如戴、召等。

少数民族与汉族大融合后,借用汉字单字为姓,如拓跋氏改为元、叱卢氏改为祝、关尔佳氏改为关、钮祜禄氏改为钮等;赐姓、避讳改姓的如唐王赐有功大臣们以李姓、朱明王朝赐以朱姓;汉文帝名刘恒,凡恒性避讳改为常;晋朝帝王祖上有司马师,天下师姓皆缺笔改为帅氏;因逃避仇杀而改姓,如端木子贡后代避仇改沐姓等。

二、名、字、号

"名字"包括:名、字、号,从古代到近代一直如此。如:孙文,字逸仙,号中山。通常"姓"是较为稳定的,"更名改姓"是"无能"而为之的事情。

按照汉文化民族习俗延续下来,同姓一族中起名就容易重复。为避免重复同姓祖先之名,就给自己起个"字","字"常可表示自己的志向、兴趣、爱好等。例如:孔子,姓孔,名丘,字仲尼。

后来,文人们意犹未尽,又拓展扩大到了取"号"。一个人只可有一姓、一字,但可以有不少号。

在孩子出生时一般取小名或乳名,大名则因人而异,可以在出生时取,也可在满月、周岁甚至到快读书时取。《礼记·曲礼》:"男子二十冠而字,女子许嫁而字。"成年意味着可以为人夫、为人妻,也可以为人父、为人母了(女子许嫁年龄在十五岁左右)。立字表示已成年,要立字让同辈人称呼了。因此,平辈或朋友间互相应该是以字相称的。

取字常根据"名",在意义上要有一定的关联或互补关系。大概有几种:

意义基本相同的:如屈平,字原;诸葛亮,字孔明;陶渊明,字元亮。

意义相对或相反的:如唐代韩愈,字退之。

意义相呼应的:如孔子弟子颜回,字渊;司马迁,字子长,迁延即是长。

属动静相配:如孔子弟子冉耕,字伯牛。耕地用"牛"。

属类属关系的:如汉天文学家张衡,字平之。

属部分和整体关系的:如孔鲤,字伯鱼。

号是指人名字外的称谓。早在战国时期就有了,唐宋以后大量出现,明清时取号风气更盛。为示风雅,士大夫阶层和文人常有取号的习惯,一般民众无号。

号有自号和别人取的号,包括官号、绰号和谥。

自号反映的是自我个人的意志、心态、情趣等。如宋欧阳修,字永叔,号醉翁,晚年自号"六一居士"。"六一"指:一万卷书、一千卷古金文、一张琴、一局棋、一壶酒,另加一老翁;居士是在家的佛教信徒。再如明书法家祝允明,字枝山,号枝指生。为何自号"枝指生"?原来他天生比别人多个手指。

有名的文人号。如:

唐代:李白,字太白,号青莲居士;杜甫,字子美,号杜陵布衣、少陵野老;王维,字摩诘;颜真卿,字清臣;柳公权,字诚悬;贺之章,字季真,号四明狂客;白居易,字乐天,号香山居士、醉吟先生;李商隐,字义山,号玉溪生。

宋代:苏轼,字子瞻,号东坡居士;王安石,字介甫,号半山;秦观,字少游,一字太虚,号淮海居士;陆游,字务观,号放翁;辛弃疾,字幼安,号稼轩;米芾,字元章,号襄阳居士、海岳山人;黄庭坚,字鲁直,号山谷道人;姜夔,字尧章,号白石道人;杨万里,字廷秀,号诚斋。

也有别人赠与的号。如官号:王羲之,号右军,因他官至右军将军;杜甫号"杜工部",也以官职入号。再如地名号:王安石,生于临川,人称"王临川";柳宗元,生于山西河东,人称"柳河东";顾炎武,江苏昆山亭林人,人称"顾亭林"。

绰号也属别号,形成历史已有三千多年,但真正流行的时间是唐宋。初期多用于赞美。如:温庭筠被称为"温八叉",是因他只要八叉手的时间就可做成一首诗,比喻其才思敏捷。但后来起别人绰号就带有贬义了。

现如今名字已非常简单,大部分人只有名没有字,取号的习惯也比较少了,只有一些书画家还在用字和号。

三、名字与民俗

1. 名字与族谱

姓名不但在姓氏上,而且在为一个人起的名字上也反映出很强的传统文化色彩。

汉民族有按"字辈谱"命名的方式。不少家庭至今仍有家谱、族谱。从这些家谱、族谱中,不但可以看到家族世系的繁衍情况,且每代人的人名中都有严格的字辈规定。这种序列由家族的祖先预先排定,然后一辈一字,世代相传,家族后代不得随意更改,表达祖祖辈辈对子孙后代的期望。

汉族人,尤其是旅居海外的华夏子孙热衷于寻根问祖,他们往往依据家族谱和字辈谱来寻找根脉。这种浓厚的宗族观念和文化特色,表达着几代甚至数十代人之间的血缘亲合关系,把人的个体生命延续的意识和家族亲缘关系传承的意识统一起来,保留下去,成为家庭乃至民族坚不可摧的亲和力和凝聚力。

名字中体现出人的辈分,这一行为凸显了汉民族受"礼"熏陶之深。不同辈分的人,在名字中可以体现出纵向的、前后相继的关系。

从纵向看,用不同的字表示辈份关系。近人徐珂《清稗类钞》:"曲阜孔氏为孔子之后,命名皆有字派,其迁徙他郡县者,但系孔子嫡传,亦必同一字派。盖自元代之五十四代衍圣公名思晦者起,于是凡五十四代孙,均以思字为派,思字下为克字派。克字以下,则为希、言、公、彦、承、弘、闻、贞、尚、衍十派,……"这样,就可以很清晰地看到人之间的关系,孰长孰幼一目了然。

从横向看,在名字中可体现出平行配合的关系。同辈人之间的长幼关系在名字中也有体现。古代以伯、仲、叔、季来表示兄弟间的顺序。孔子名丘,字仲尼,表示他排行老二;与此相似的还有长、元、次、少、幼;更直白的则是将数字直接用于人名中,如:杜二十、裴十三等;有的还用"松、竹、梅""春、夏、秋、冬""金、木、水、火、土"等为同辈人命名。

由此,汉民族对长幼尊卑的传统文化观念在姓名上也就可见一斑了。

2. 名字与巫文化

从某种程度上来说,巫文化安抚了人不安的心灵。作为巫文化,以"名"补"命"是最好的,也是最直接的方式。佛教认为世间神、人、鬼(灵魂)是共存的,万事皆有因果报应。人们将很多自然现象归结于神力所为,名字是可以操纵人的命运的。在取名过程中,人们不知不觉地带动了巫文化的发展乃至兴盛不衰,并使之商业化。巫文化为人们带来了欣慰，人们也为巫文化的发展提供了空间，更为巫文化带来了商机，使之传承至今。

人们相信名字是一个人灵魂的外在表现，是可以通过名字来拯救或毁灭人的灵魂的。因此，起名时就变得分外小心——名字不仅代表了人的希望，更代表了天意！

于是，在孩子出生前后一般人都愿意让算命先生为孩子卜一卦，或让算命先生给孩子起个可使之健康、镇住病魔灾难的名字。算命者常利用八卦、五行说等理论来给人取名、卜卦算命、求福。例如：孩子在五行中如果缺水，算命先生便会在名字中加个"水"或带"水"旁的字，以确保孩子各方面都顺利、平安；依此类推，缺"土"者就补"土"或带土旁的字，缺"金"者就补"金"或金旁字，缺哪样补哪样就没问题了。

父母对孩子的爱护和关心是与生俱来的，希望孩子一生平安更是父母最大的心愿。无论是深宅大院里的千金小姐、富贵公子，还是田埂边的光着屁股爬行的孩子，汉民族的父母都会给取个小名，以便养育。起小名时又往往选择"阿猫"、"阿狗"之类的词语，这是为了便于他长大，少有病痛。汉民族认为，越是金贵的孩子越难养活，但如果给他起个"阿狗"之类的贱名字，孩子就会显得不那么娇贵了，也就容易养了。

这就是汉民俗中的所谓"贱名"。人们相信名贱可以挡住很多不必要的灾难，减少生命中碰到的挫折。这种民俗文化深深植根于人们的心底，代代相传！

3. 名字中的文化

姓名一般由长辈取，名字反映出长辈的人生观、价值观，表达的是长辈对子孙的期望和祝愿，并不反映名字所有者的个性特点，虽日后也许会有人如其名，如笔者，父亲取名"迪蒙"：启迪蒙昧者也。余17岁即当小学教师，大学毕业继续当教师，且从事的是基础教学、对外汉语启蒙教学，可谓是"名符其实"了，但这毕竟是很少的一部分。

汉民族给孩子起名颇爱讲究，颇多想象，颇费周折。为便于称呼，还要讲究姓名音、韵、调的配合。比如：有学生名"范健"，字面意思不错：希望孩子健康。但因和"犯贱"相谐，就不太好；名字也要调平仄，不能连用平声或连用仄声，应该是平仄相间；还有，最后一字一定要叫得响,因此,开口度就应该大一些。等等。

　　名字体现了取名者的文化修养,也能体现精神面貌,更能影响人的追求和志趣方向。由于文字在表意、象形、谐音、隐喻等方面的广泛性和深刻性,使得汉语名字在传意、抒怀、寄情等方面有了丰富的空间,也使人的名字多了不少情趣与品位。

　　汉语的典故成语有广泛的引申义和丰富的象征意义,体现出语言文字的文化特色。取名者可以根据姓氏,或直用其字,或谐用其音,借词意或典意起名,使人名文化与语言文化的联系多一些有趣的景观;名字借用成语、典故后就具有了文化内容,而名字作为某个人的特定代称,随着社会生活,这个人名的特定意义的引申,会被赋予广泛的社会文化内涵,这便成为汉民族传统文化中的另一个耐人寻味的文化现象。

　　历代小说家作品中人物姓名的虚构,除少部分信手拈来外,大多是精心创作的。他们把主人公的姓名与其身份、地位及性格、品质、志趣等联系起来,让姓名蕴含丰富的信息量,最充分地表达出人物的某些素质,从而充分体现自己的创作意图,表达思想情感。如《红楼梦》中有刘铁嘴、王半仙,巫婆叫马道婆,这些人的类型化特征就十分明显。"贾雨村"显然是"贾愚蠢","秦钟"即"情种","卜世仁"即"不是人",寓意十分浅显,使人一看便知。

第五节　地名中的汉文化

　　地名是各个历史时代人类活动的产物。它记录了人类探索世界和自我的辉煌,记录了战争、疾病、浩劫与磨难。

　　地名的演变有着更强烈的人为性。大部分地名的产生和更改,都与各时代的文化特征有着千丝万缕的关系,包括语言、文字的发展和由于避讳而带来的地名的更改。

　　从沿用至今的一些地名中,我们能够发现地名反映了当地的文化特征和居民的心理特征。除承担着交往功能外,地名还为许多领域的研究与开拓提供了释疑的钥匙。

一、地名与社会

1. 民生文化和经济发展、民族迁徙

西周时代井田制在后世地名中留有某些痕迹。

井田制的村社组织单位是邑、丘、县、都、里等,这些词成了后世常见的地名用词。例如:广州三元里,江苏同里,贵州凯里。先秦时,华北平原以"丘、陵、阜"命名的地方很多,反映了当时的地理环境——地貌的起伏不平;人们择高地而居以避洪水,"丘"的消逝说明它们日后被黄河等河水漫流所挟泥沙淤平;两汉时以"乡、亭、聚"命名的地方,表现的是当时地方基层行政制度;六朝时"坞、壁、垒、戍、堡"等地名的出现,应与当时豪族大土地所有制及社会动乱需要防御有关;唐中叶后出现的"镇、集、市"则是反映了小商业城市的兴起,而"场、务"的使用又表明了官营手工业的发达。

一些地名考证成果在考古学上发挥了重大作用。如四川安乐县有个地方叫"卧佛沟",人们从地名去寻找古迹,果真发现一尊巨大的石佛及盛唐时期释迦牟尼涅磐的岩刻画像,发现古人埋藏的大量佛经,为佛学研究和唐代文化的探索提供了新的资料。

地名与古代社会经济活动和军事活动密切相关,地名往往再现了该地手工业、畜牧业、商业、矿业的发展情况。从事畜牧业的蒙古族入主中原、成立元朝后,促进了中原的畜牧业的繁荣与发展。明代后,北京许多地名反映了畜牧业在人们经济生活中的重要地位。明清北京街巷名带"马、羊"的甚多,如:北马房、瘦马营、马市桥、羊市口、羊毛胡同等。

我国矿业历史悠久,不少地名就是当时发现或开采某种矿物而得名的。如以金属名称或色彩入名的:陕西铜川、宁夏银川、辽宁西丰金山、湖北阳新赤马山。还有,"井"在古代指天然气,也叫"火井",例如:四川贡井、自流井、邓井关等。

北方地区有大量地名与当时军事活动有关。如新屯、威海卫、山海关、嘉峪关、汾州营、双城堡、大鹏所等,这些"屯、卫、关、营、堡、所",当时是军队驻地或是军队的防御工事。

不同民族间的交往、战争、自然灾害所引起的民族迁徙史,在地名中也留下了蛛丝马迹。比如北京的"胡同",来源于蒙古语,意思是"水井",凡有水井之地都以胡同命名;"什刹海、中南海"的"海"并非是"海洋"之意,而是蒙语,意为"湖泊、水潭"。东北曾经是满族的原居地,地名源于满语的如"吉林",并非"吉祥的树林",而是"沿江之地"。

广东西部、云南曲靖、广西大部分地区有带"那"的地名。"那"是壮语"水田"的意思。凡带"都、古、六"地名的也是古壮族人留下的,遍及广东、广西。如:六合、都吉、古都等。由此可以推断,壮族古代曾长期居住在广东、广西。

2. 传统观念和社会心态

大多数地名是当地居民在社会生活中给地理实体所起的名称,这些名称自然反映出人们的心态和观念,尤其是旧时代的地名,更能反映出浓厚的文化传统和民族的心理特征。

中国人历来重宗族、重血缘,这在汉语的亲属称谓词中已经得到了具体的反映,在地名中同样也反映了这一特点。汉民族宗法社会的人们往往按姓氏聚居在人口密集、地貌各异的地方,黄庄、周庄、李家庄、左家庄、左家宅、陈官屯、宋家沟、苏家坡、陆家浜、余家井、王家镇,不胜枚举。

地名和姓的关系非常密切,许多地名来源于姓,同时,一些姓则来自于地名。无论是以姓作为地名,还是以地名作为姓,在一定程度上都反映了人们把姓看做宗族的标志,想光宗耀祖、与江山同在的心理。

汉民族向来以农耕业为生,在封闭而稳定的经济状态中生活,养成了平和、安详的心态,把安居乐业、福寿昌盛当做生活的美好理想,吉祥、幸福的生活是人们的追求,地名承载了人们的这种期望。战乱不断,烽火连绵,加上洪水、地震等自然灾害对人的生命、财产形成巨大的威胁,地名也流露着这种心态。广泛使用"吉、寿、康、福、禄、昌"等字眼,寄寓良好的心愿。在分省地图集所标地名中,取名"太平"的有54处,取名"永宁"的有26处,取名"昌盛"的有25处,取名"兴隆"的有24处。如带"寿"字的有:寿宁县、永寿镇、长寿路、万寿山等。

上海的老弄堂名为:太平里、永安坊、永宁坊、永和里、康绥里、寿昌里、寿宁里、吉安坊、吉昌里、吉祥里、昌吉坊、和合坊、亨昌里、人安里、恒茂里、步高里、福安坊,等等,表达了人们盼望和平、安宁、祥和的愿望;还有一些,如:尚贤坊、三德坊、景贤村、仁昌里、义德里、培德里、仁德里、太和村、文德坊、协和里、六仪坊、孝和里,等等,反映的则是传统的儒家思想。

二、心理、信仰与地名

通过地名可以透视汉民族的心理特征。中国意为"中央之国、天下之中",汉民族认为自己是居天下之中的。

东西南北与左右前后的相互对应是汉文化的重要内容,这是来自坐北朝南的居住习惯。省、市、县名中带有方位词,如河南、河北因大部分地区位于黄河以南、以北而得名,山东、山西因分居太行山东西而得名。北京东直门、左安门是在同一侧的。

阴阳观念渗透并反映在地理观念中。北半球山脉东西走向多,南坡受光,北坡背光;照在河上正相反,河流多数为东西走向,河身低于地面,太阳照射时北岸受光,南岸背光。古人有"山南属阳,山北属阴;水南属阴,水北属阳"的认识,《老子》"万物负阴而抱阳",阳暖阴寒,阳明阴暗,人喜暖避寒、喜明厌暗的心理造成了地名中阳多阴少。例如:江阴、华阴、淮阴、山阴、汉阳、洛阳、沈阳、咸阳、浔阳、衡阳、岳阳、南阳,等等。

有大量以祈祷河、海安定为特色的地名。如北京的"永定河"原叫无定河,河水常泛滥,康熙封它为永定河;河北原有"瀑河",水流湍急,人们希望河水流得缓些,改名为"徐水"。类似的地名还有如宁波、镇海等。

人们借助语言来满足趋吉避邪的心理也同样反映在地名中,比如,定居某地前要看自己的姓和地名的对应关系,两者如相谐就住;如不谐就要么迁居,要么更名。"于"姓喜欢居住在地名中带有"沟、河、渠"之类的地方,因为"于、鱼"音谐,鱼儿得水,日子就会越过越好。

中华民族对龙、凤二灵的无限崇拜也反映在地名中。全国各地的省市、市名、县名、城名、州名、镇名等都有以"龙、凤"为名的,这从侧面反映了灵物崇拜的心理。

古人认为"龙"能呼风唤雨、腾云驾雾,是汉民族的祖先。因此,中华民族称自己为龙的传人。"龙"成为地名,最早见于《春秋·成公二年》:"齐侯伐我北鄙,围龙。"杜预注:"龙为春秋时鲁邑,在泰山博县西南。"春秋以来,各地都有带"龙"字的地名。如:辽宁龙首山、福建龙海市等。1983年版《中国地名录》收词32000条,以"龙"起首的有330条。如龙井(杭州)、黄龙山(浙江湖州)、九龙(香港)、龙门(洛阳)。

"凤"是神话传说中的神鸟,历来是祥瑞的象征。因此,带"凤"的地名也有不少,如凤阳、凤县等。

福建简称"闽",这与当地的蛇崇拜有关。《说文解字》:"闽,东南越,蛇种。"古代闽地多蛇,对蛇颇为敬畏,故以蛇为图腾,并用来作为地名;重庆巴县,古时为巴国,据《山海经·大荒北经》载:"西南有巴国,有黑蛇,青首,食象。"可见巴国的名称也来源于对蛇的崇拜。

在汉民族人的心目中,虎是百兽之王。在为地方命名时也多用"虎",如虎门(广东珠江口)、龙虎山(江西贵溪)、虎牢关(河南荥阳)等。

三、地名与具象思维

汉民族具象思维的核心是直观性、形象性和具体性。它从整体上对思维客体进行了直接把握。为自然地理实体命名的依据往往凭借对客观事物的认识,摄取人类自身和自然万物的特征,力求把它栩栩如生地表现出来,给人以形象的感受。

把山水的外部特征和自己熟悉的动物、物件、星球,甚至自身器官联系起来,都是为了达到形象化的目的。比如海南的五指山,顾祖禹《读史方舆纪要》:"山有五峰,极高大,屹立如人指。"这类地名在中国相当普遍。再如:象鼻山、眼睛山、桌子山、七星岩、日月潭、峨眉山、鸡公山、神女峰、伏牛山等等。

有的地名是通过颜色词来给人以视觉感受的,如红水河、长白山;有的地名是因声音而得名的,如铜锣峡(江水声如铜锣的声音)、鸣沙山(山间有飞沙响)、响堂山(山洞中因回音而鸣响),都给人以较具体的直接听感。另外,宁夏苦水沟、甘肃酒泉(泉味似酒)、陕西甘泉则是突出了味觉特征;冷水江、温泉是通过对水温的描述来给人以触觉感受的。

地名可以体现民族的审美文化。取地名时,为满足语流对音节的要求,有时会加入助词以凑足音节,如《山海经》中,凡"某某山、某某水"都称做"某某之山、某某之水";但"某山、某水"却从不称"某之山、某之水",可知,"之"在这里的双音化作用是很明显的。《马氏文通》:"古籍中诸名,往往取双字同义者,或两字对峙者,较单辞支字,其辞气稍觉浑厚。"现代的地名,倘若专名是双音节的,往往会省略通名,如河南(省)、北京(市)、唐河(县)、南阳(市)等;如果专名是单音节的,就不能省略通名,如淮河、叶县等。

汉民族人还常利用语音相同或相近的特点,把原来俗陋不堪的地名改得比较文雅一些。

据明、清有关史料记载,北京有些胡同是以生理有缺陷的人的特征或牲畜的某个部位、服饰、器物等来命名的。如狗尾巴胡同、小羊圈胡同、大墙缝胡同、母猪胡同等。多半是其时其地有这样的人或物,邻里相传遂成地名。随着岁月流逝,人事代谢,这些地名的审美情趣不高。于是利用谐音,使原来地名获得新义:如"狗尾巴"改为"高义伯","小羊圈"改为"小杨家","大墙缝"改为"大翔凤","母猪"改为"墨竹",这样就显得比较典雅了。

人们还利用谐音去更改一些不利于民族团结的地名。如山西北部、长城脚下有个关隘重地叫"杀虎口"。原是各民族争夺的古战场,汉族称北方游牧民族为"胡人",汉族政权占领后为炫耀胜利称为"杀胡口"。胡、汉民族对抗结束后,用谐音"虎"代替了"胡"。

四、方言与地名

地名的成因主要在地形地貌、居住环境和身份标志等几个方面。通过对地名的考察,可大体了解一个地方的独特环境和居民的生活习性。这些环境和习性在语言上的反映,就是方言。方言是地方文化最重要的认同标志,由于居住地不同,对地名的称呼也就有相当大的差异,这种差异往往反映出地域特征。考察地名的起因和方言的关系,往往能看出方言对地名形成的影响。

地理通名中有些是人们对客观环境的地形地貌的认识和称谓。山区关于各种山体的名称多,以各种林木名称命名的地名多,如客家方言有山、岭、嶂等通名,杉岭、松树凹、林背等地名;沿海则海域的各种通名多(湾、港、澳、岛、礁、沙、角、屿、鼻等);有人工建筑设施的通名或地名,如长江三角洲的渎、浜、泾、汇、渚、堰、圩、荡,而珠江三角洲的涌、沥则多与河网地区的开发有关。

人文景观的地名也是因地而异的,北京、西安等古都有不少古朝代传下来的与帝王京都有关的地名,如皇城根、八王坟、石驸马大街等;平原地区的姓氏地名,如张家庄、赵家屯、李集等,没有更多不同地貌的只好按当年"日中为市"和"聚姓而居"来为村落命名;广州的越秀山、黄花岗、流花湖、花地、芳村记录了羊城人爱花种花的习俗,泉州的聚宝街、舶司库巷、车桥头、大隘门则是宋元时代东方第一大港的昔日繁华所留下的印记。

再如"崮",山东有"孟良崮",但同样地形西北叫"塬";"界"本意为分界,如界山、界河、界碑等。但也有把山叫做"界"的,如湘西"张家界"、四川"老山界",江西"黄洋界"等。湘语把屋门前小水坑叫"塘",大"塘"就是"湖"了;北方有地方把水坑叫"淀",如"白洋淀"、"荷花淀";有地方叫"泊",如"梁山泊";有地方则称"池",如新疆的"天池"。"冲"作地名,本意为交通要道,如"要冲"。但湘语把山谷中平地呼为"冲",如"韶山冲";官话区叫"峪、关",如河北"马兰峪"、甘肃"嘉峪关"。湖南张家界由于地处西南官话区,因此,地名上也就体现了官话的特征,湘语叫"冲"的地方称为"峪",如风景区"索溪峪"。这种地名反映出来的用词情况对考察民族文化历史是很有价值的。

"嘴",本义指动物进食器官,用做地名则指某个突出的部分,如"山嘴"。水边滩涂突出的部位,有地方称为"嘴",如上海的"陆家嘴";但在洞庭湖地区则叫做"头",如"黄山头";江南和北方一些地区把水边突出的岩石或石滩叫"矶",如湖南岳阳的"城陵矶"、长沙的"三岔矶",江苏的"燕子矶",安徽的"采石矶"。

"凼"：湘语或吴方言的上海话把小水坑叫做"水凼"，北方称"洼、水泡子"。作地名时"凼、洼"都指凹陷处，在有水这个意义上，"凼"和"水泡子"差不多。南方多山水，地形复杂，地名中多带"冲、塘、岭、桥"之类词。在湖区，人们通过围湖造田，在湖里筑堤，为自己营造出一方居住、生产和生活的地盘。那道保护他们生命和生活的堤就叫做"垸"。因此，湖区人们聚居地多以"垸"字附在地名后，如"长春垸"、"共华垸"。

农村集聚地北方平原叫"村"、"屯"、"庄"、"堡"；在山区，不少村落缀以"寨"字，山西省有"大寨"，湖南湘西有"黄狮寨"；"市"多理解为"城市"，湖南有些乡村以"市"为地名后缀，含义则是"圩市"，为赶集、买卖货物的地方，如"鸡笼市"、"文家市"等。

第六节　对联与汉文化

对联是根据汉字特点创造出来的一种独特的文字体裁。古人把吟诗与作对相提并论，在一定程度上反映了两者之间的关系。

对联由律诗的对偶句发展而来，与诗相比更精炼，句式灵活，文人学士以楹联赠答作文字游戏，有人将"清对联"与唐诗宋词元曲相提并论。无论是咏物言志还是写景抒情，都要求作者具有概括力与驾御文字的本领，须调动各种技巧，才能通过寥寥数语，写出文情并茂、神形兼备、给人以思想和艺术美的作品。因此，历代的文人学士无不把题联、作对视为雅事。以春联、寿联、挽联、门联、厅联、庙联、名胜联等为形式的对联文化成为汉民族的社会文化一部分，至今盛行不衰。

一、对联的构制形式

汉字是对联的基础，汉字集形、象、音、义于一身，以这种文字与由文字组成的词、短语及句子，有很大的信息容量。楹联的文字内容及表达手法，楹联书写的用笔、字体的选择、颜色的搭配、雕板的用料、刀法的技艺、悬挂位置等等，会产生综合美。

对联必须具备的特点是：字数相等，断句一致；平仄相合，音调和谐。传统为"仄起平落",即上联末尾用仄声,下联末尾用平声。词性相对,位置相同。一般称为"虚对虚,实对实",就是名对名,动对动,形容对形容,数量对数量,且相对的字须在相同位置。对联的内容必须相关,上下注意衔接,但又不能重覆。此外,必须直写竖贴,自右而左,由上而下,不能颠倒。对联在长期发展中,形成了自己的一套构制术语和构制形式。如:

片玉:只有上联而长时间没有下联的;将"片玉"对上称为"合璧"或称"双璧";

绝对:在技巧、用词上空前绝后的,好到无与伦比,出句奇巧新颖到无人对出的地步;

正对:上下联内容基本相同,互为关联,互为补充;

反对、工对:上下联内容相反,互相映衬,形成对比,造成楹联强烈艺术效果;

串对、流水对:上下联意思顺承,把一个意思分成两句话来说,联贯而下;

自对、当句对:不仅上下联相对仗,且上联和下联自身之中(句中)也存在对仗;

无情对:上下联形式(字面)对仗工整,但内容(意义)却不相关,造成特殊效果。

对联在构制形式上花样纷呈,有叠字、反复、顶真、拆拼、加减、设问、谐音、漏字、制迷、两读、回文、集引、比喻、双关、借代、拟人、镶嵌等法。

镶嵌法根据汉字的镶嵌位置和镶嵌方式,可以分成好多类型。比如将"桂林"二字嵌入联的不同位置:

[桂]子飘香清肺腑,[林]荫夹道悦宾朋 (鹤顶格)

丹[桂]虬枝欺鬼斧,琼[林]洞府仗神工 (燕颔格)

喜斟[桂]洒延嘉客,笑饮[林]泉涤俗襟 (鸢肩格)

森然八[桂]甲天下,宛尔千[林]隐洞中 (蜂腰格)

吟诗共醉[桂]花酒,览胜同披[林]壑风 (鹤膝格)

此地常招折[桂]手,今朝独有植[林]心 (凫胫格)

拿云有志攀丹[桂],射月无弓挂绿[林](雁足格)

对联在撰制时有不少禁忌,这些规律与禁忌都是中华民族的审美心态在对联创作上的执着反映与价值追求。比如:

忌"合掌",即上下联中内容词性、平仄、意义、概念的雷同;

忌"孤平":五言或五言以上句子中,只一个平声字;

忌"孤仄":五言或五言以上句子中,只一个仄声字;

忌"三平尾":五言或五言以上句子中末尾三字都是平声;

忌"三仄尾":五言或五言以上句子中末尾三字都是仄声;

忌"重字":同字在上下联同一位置相对或同字出现在上下联不同的位置。

二、名胜联

名胜联包括胜迹联、园林联、庙宇联、刹寺联及某些会馆、戏台、亭院等地的对联。内容大多为题写该名胜景观,或与它密切相关的人或事等。对联独特的语言、飘逸或端庄的书法、精美的雕刻等会使人们的游程平添许多佳趣。名胜联富含情感,强烈的主观抒情性是楹联的本质。

古迹名胜地的楹联是名胜地区的重要组成部分,在写景抒情时讲述历史故事,涉及纷繁复杂的历史人物事件,它切地、切时、切事、切人,所咏的景物不能移于他地他景。

名胜联中写景联很多,往往在三言两语中勾划出该名胜地的特点,给人展现一幅优美的风景画。如济南大明湖小沧浪亭联:"四面荷花三面柳,一城山色半城湖。"小沧浪亭在大明湖西北岸铁公祠内,面山傍湖,绕以长廊,三面荷花,清静幽绝。本联简洁地勾勒了大明湖的风光,非常准确,读之如看两幅山光水色图,垂柳荷花交相辉映,令人神往。

楹联抒发着作者强烈真挚的感情,或欣喜,或悲伤,或愤慨,或爱恋,或厌恶,各臻其妙。如杭州西湖岳王庙联:"青山有幸埋忠骨,白铁无辜铸佞臣。"用拟人法,抒发对岳飞的崇敬、赞颂和对秦桧等的憎恨鄙夷,可谓入木三分。

不同的对联流露出作者不同的创作思想和人格气质,反映作者独有的个性情操、艺术素养。体现在联语中,有的豪迈,有的清新,有的含蓄,有的坦率。如广东博罗罗浮山酥醪观楼联:"小楼容我静,大地任人忙。"陕西渔关城楼联:"华岳三峰凭槛立,黄河九曲抱关来。"同是楼联,风格就如此不一样,前者写出作者清高恬淡、潇洒取逸的个性,而后者风格豪放,气势磅礴,笔力千钧。

许多名胜楹联写景状物,议论抒情,思想健康,意味隽永,催人上进,不乏联中精品。如贵州黄果树瀑布观瀑亭联:"白水如棉,不用弹弓花自散;红霞似锦,何用梭织天生成。"用准确新颖的比喻,写景状物,惟妙惟肖。

有苏轼题武昌黄鹤楼:"爽气西来,云雾扫开天地憾;大江东去,波涛洗尽古今愁。"有欧阳修题的岳阳楼联:"我每一醉岳阳,见眼底风波,无时不作;人皆欲吞云梦,问胸中块磊,何时能消?"有些楹联把抽象的真理寄寓于形象中,使人得到理趣美的享受。如旧时剧院有联曰:"舞台小天地;天地大舞台。"唱戏舞台虽小,却能囊括古今,包揽六合,演尽人间悲喜之情。而社会人生也如舞台,人人都是演员,也是观众,自己的形象要靠自己去塑造。讲得非常深刻,这就是理趣美,读了使人得到许多启发。

对联文化在清代达到全盛,最为著名的如昆明大观楼孙髯翁撰写的长联,可谓把写景、抒情、叙事、议论熔于均匀对称的文字中:

五百里滇池,奔来眼底。披襟岸帻,喜茫茫空阔无边。看东骧神骏,西翥灵仪,北走蜿蜒,南翔缟素。高人韵士,何妨选胜登临。趁蟹屿螺洲,梳裹就风鬟雾鬓。更萍天苇地,点缀些翠羽丹霞。莫孤负四围香稻,万顷晴沙,九夏芙蓉,三春杨柳。

数千年往事,注到心头。把酒凌虚,叹滚滚英雄谁在?想汉习楼船,唐标铁柱,宋挥玉斧,元跨革囊。伟烈丰功,费尽移山心力。尽珠帘画栋,卷不及暮雨朝云。便断碣残碑,都付与苍天落照。只赢得几杵疏钟,半江渔火,两行秋雁,一枕清霜。

全联长180字,上联写登楼四顾的壮丽风光,下联写云南绵延漫长的历史,情景融彻,韵味隽永,被誉为"天下第一联"。

三、其他对联

1. 春联

秦汉前汉民族在过年时就有悬挂桃符的风俗习俗,用以驱鬼压邪。五代十国后蜀皇帝孟昶,除夕叫人在两块桃木板上刻两句诗:"新年纳余庆,佳节号长春。"说明至少在距今一千多年前已经出现了对联。桃木是红色的,以后春联都用红纸写成。

宋代民间新年悬挂春联已相当普遍,王安石的"千门万户曈曈日,总把新桃换旧符",就是当时盛况的真实写照。明太祖除夕传旨,命令大臣、官员和老百姓家除夕前必须写对联贴在门上,他穿便装出巡,挨门挨户观赏取乐。文人也把题联作对当成雅事,写春联便成为社会风尚。过年贴春联成为风俗一直流传至今。贴春联可以给节日增加喜庆气氛,以示辞旧迎新,期冀度过和和睦睦的除夕之夜,迎来甜甜美美的新春佳节。这是汉民族过年时特别喜爱的活动之一,是富有民族特色的娱乐活动。传统的贴春联活动包括备纸、选句、润笔用墨、书写、打浆糊、张贴等,这种形式构成了春联文化的厚重底蕴。一副好联,配上气韵生动的书法,不但可以增添节日的喜庆气氛,还是件令人赏心悦目的艺术品。

新春佳节之际,当人们访亲会友或漫步大街小巷,趁着雅兴留意欣赏张贴在各家各户的新春联,于字斟句酌与领略玩味之中赏心悦目,陶冶情操,不啻为一种别有雅趣的艺术欣赏。

2. 挽联

"挽"本作"輓",是牵引之意。古代牵引灵柩前行时要唱哀歌来悼念死者,这便称之为挽歌。挽词、挽诗、挽联是在挽歌的基础上发展而来的。挽联指的是用于吊唁亡人的对联,内容主要对亡人的吊唁、缅怀、评价、祝愿,其风格一般是哀痛、肃穆、深沉、庄严的。

有史料可查的最早挽联是南宋叶梦得(号石林)在《石林燕语》载苏子容挽韩绛联。韩绛在北宋时做过宰相。韩绛庆历年间乡、省、殿试都是第三名,为相后又四次迁官,且都在宋神宗熙宁年间。他家门前多植梧桐树,京师人称之为"桐木韩家"。韩绛死后,苏子容作联以挽:

"三登庆历三人第,四入熙宁四辅中。"据《能改斋漫录》载,韩绛死后,陆农师根据韩绛情况也写了一副挽联:"棠棣行中排宰相,梧桐名上识韩家。"

挽联分为他挽和自挽两大类,苏子容和陆农师挽韩绛联属他挽。自挽联可抒豪情,或状功业,或叙平生,或戒后人,内容各异,谐趣横生。

最早的自挽联应是北宋赵忠简自书铭旌联:"身骑箕尾,气占山河。"明嘉靖年间,有杨姓穷人因门前空地被隔壁大户苟家霸占而上告县衙。苟家买通县官,把杨打得奄奄一息。杨临终前愤然命笔:"羊(杨)遭狗(苟)欺,遍体鳞伤,唯有怒目上泉台;狗逢虎噬,肝脑涂地,只待跺脚来转世。"写罢道:"待我死了,挂在灵前,切记,切记!"

清代知府杨荣绪为浙江最清廉之官,因开罪上司而被撤职,抑郁而终。临死之前,乃书联自挽:"一死便成大自在,他生须略减聪明。"死了才算解脱,来生不妨糊涂。此联正话反说,妙语嘲讽,抑郁不平之气流淌笔端。读此联,让人在笑过之后又感丝丝悲凉。

撰联自挽,本是超脱之人临终的一点人生趣味。上述几联将自嘲、自谑、自怜、自悲种种情感涉笔成趣,以讥讽、揶揄、调侃、挖苦种种手法调制"谐"味,冷眼看世界,戏谑话平生,给人一种审美快感。

3. 其他

言志联。悬于书房、卧堂等环境,以表示主人家的抱负等。可用来抒情,如成都的杜甫草堂联:"异代不同时,问如此江山,龙蟠虎卧几诗客;先生亦流寓,有长留天地,月白清风一草堂。"还可用来说理,如成都武侯祠联:"能攻心,则反侧自消,自古知兵非好战;不审势,即宽严皆误,后来治蜀要深思。"

喜庆联。这是除节日庆祝以外、内容带有某种特定祝贺性质的对联。按其内容和对象可划分为婚联、寿联、新居联(乔迁联)等。其内容须是表示良好祝愿的。

婚联。又称喜联,是嫁娶的专用联语。例:"琴和瑟静,花好月圆";"花月新妆宜学柳,共窗好友早栽兰"等。

寿联。为贺生日而作,以切事、脱俗、有韵味为上乘。如:"梅竹平安春意满,椿萱昌茂寿源长";"风和璇阁恒春树,日暖萱庭长乐花"等。

郑板桥有六十寿辰自撰联：

　　常如作客，何问康宁，但使囊有余钱，瓮有余酿，釜有余粮，取数叶赏心旧纸，放浪吟哦，兴要阔，皮要顽，五官灵动胜千官，过到六旬犹少；

　　定欲成仙，空生烦恼，只令耳无俗声，眼无俗物，胸无俗事，将几枝随意新花，纵横穿插，睡得迟，起得早，一日清闲似两日，算来百岁已多。

　　灯联。指贴挂在灯上的联语。北宋时，贾似道镇守淮阴（今扬州），有年元灯节张灯，门客中有人摘唐诗诗句作灯联："天下三分明月夜，扬州十里小红楼。"此后历代有人效仿，在大门或显眼的柱子镶挂壁灯联、门灯联，不仅为元宵佳节增添了节日情趣，也为赏灯的人们增加了欣赏的内容。

　　最为人津津乐道的是北宋王安石的妙联为媒了。王安石20岁赴京赶考，元宵节路过某地，边走边赏灯，见一大户高悬走马灯，灯下悬上联征对招亲。联曰："走马灯，灯走马，灯熄马停步；"王安石一时答不出便默记心中。应考时，主考官以随风飘动的飞虎旗出对："飞虎旗，旗飞虎，旗卷虎藏身。"王安石即以招亲联应对，被取为进士。归乡时路过那户人家，见招亲联仍无人对出，便以考官的出联回对，被招为快婿。

　　门联，如长沙岳麓书院门联。上联为清嘉庆年间岳麓书院院长袁名曜出，下联为书院学生张中阶所对，分别出自《左传》、《论语》："惟楚有材，于斯为盛。"

第七节　神韵与意象

　　汉民族的文学艺术追求的是"重意轻言"，讲究"言外之意"或"言有尽而意不穷"的效果。反映到修辞上，就是"比兴"、"神韵"、"性灵"等。"比兴"注重一唱三叹的深远；"神韵"讲究韵外之味的空灵；"性灵"是心灵的感受和体悟。

　　神韵是汉民族修辞理论中极具文化特色的审美特征："神、形"相对，表现的是鲜明的精神状态；"韵、气"连用，呈现的是某种超凡脱俗的气度和韵味。

汉民族习惯于将"意境"作为艺术上工与不工的标准,以形写神,情景交融,要有广阔的言外空间,启发人们的联想和想象。这种美学标准和追求决定了汉语以追求语言的音乐美感为外在形式特征,以追求语言的意境美感为情感特征,以乐境和画境的融合并创造出"弦外之音",甚至"不着一字,尽得风流"、"无画之处皆成妙境"为最高审美境界。这就是汉语独特的审美文化赋予修辞的灵魂与韵味。

比喻、比拟、借代、示现、通感等充满活力的汉语修辞手段,生动地体现了这种追求神韵与意象的审美文化观念。

一、比喻

比喻是用有相似点的他类事物来做类比。比喻渗透了民族心理、风俗和审美情趣,体现了中华民族含蓄而耐人寻味的文化特点。

比喻有三要素:本体、喻体和比喻词。本体指被比的事物,喻体指用来作比的事物,比喻词指用来作比的词语。

如《庄子·山木》:"君子之交淡如水,小人之交甘如醴。"前一比喻的相似点是"淡",后一比喻的相似点是"甘";"新月如钩","新月"为本体,"钩"为喻体,"如"为比喻词。"新月"与"钩"之间存在形状上的相似,因此构成比喻关系。

比喻有几种形式:

第一种,明喻。本体、喻体和比喻词三个成分全出现。比喻词有"如、像、似、好比、疑是"等。如《古诗为焦仲卿妻作》:"指如削葱根,口如含珠丹。"李白《越中览古》:"宫女如花满春殿,只今惟有鹧鸪飞。"李煜《忆江南》:"还似旧时游上苑,车如流水马如龙。"李煜《清平乐》:"离恨恰如春草,更远更行还生。"

第二种,暗喻。不点明比喻关系,直接把本体说成喻体,也叫隐喻。比喻词为"是、变成、等于、就是"等。例如《史记·屈原列传》:"秦,虎狼之国,不可信。"李白《梦游天姥吟留别》:"世间行乐亦如此,古来万事东流水。"

第三种,借喻。不出现本体,用喻体代替本体。实际上是用有相似点的他事物来代替本事物。例如王昌龄《芙蓉楼送辛渐》:"洛阳亲友如相问,一片冰心在玉壶。"以冰心玉壶比喻清廉的品德。

第四种,引喻。先引来类似的事物做喻体,而后出现本体。引喻一般无喻词,各自成句,且多呈平行并列句式。在诗歌、散文或谚语中出现得较多。例如谚语:"路遥知马力,日久见人心。"

第五种,较喻。就本体和喻体的相似之处加以比较,即用比较的方式来打比喻,指出本体胜过或不及喻体。例如李瑛《一月的哀思》:"对人民,你比炭火更温暖;对敌人,你比钢刀更锋利!"柳青《创业史》:"妈!你的心比针尖还小!"

第六种,博喻。也称复喻,一连用好几个比喻。如白居易的《琵琶行》:

> 弦弦掩抑声声思,似诉生平不得志。
> 低眉信手续续弹,说尽心中无限事。
> 轻拢慢捻抹复挑,初为霓裳后六幺。
> 大弦嘈嘈如急雨,小弦切切如私语。
> 嘈嘈切切错杂弹,大珠小珠落玉盘。
> 间关莺语花底滑,幽咽泉流冰下难。
> 冰泉冷涩弦凝绝,凝绝不通声暂歇。
> 别有幽愁暗恨生,此时无声胜有声。
> 银瓶乍破水浆迸,铁骑突出刀枪鸣。
> 曲终收拨当心画,四弦一声如裂帛。

描写琵琶女弹奏琵琶的声音,连续使用了十多种比喻。反复、联贯地运用比喻,加强了语言的形象性,形成了震撼人心的艺术魅力。

二、比拟

比拟是根据感情的需要,在语言活动中把人的生命移注于物,或将物的情状移植于人,使表达形象生动,让静的变成动的,让死硬呆板的变成活泼和有生气的,让无性格的变成有性格的,让抽象的变成具体形象、活灵活现的,客观事物经过合理的属性转移和合乎规律的创造性想象而变得富有艺术魅力。

比拟可以生动地表现人的思想情感,成功地创造主客体融合的艺术境界,艺术地表现出汉民族幽默讽刺的态度,增添特有的情味;比拟把事物写得神形毕现,栩栩如生,用来抒发爱憎分明的感情。通过比拟,还可表现想象力、思想倾向和感情色彩,创造某种意境,给人以强烈的感染力。

比拟有两种,即拟人、拟物。

1. 拟人

所谓拟人,即把没有感情和生命的事物当做人来描绘,从而使所描绘的事物人格化,增强感情色彩。如诗句"杨柳春风怀逸致,梨花寒食动哀思",把杨柳、春风、梨花、寒食等植物、时令人格化;诗句"春蚕到死丝方尽,蜡炬成灰泪始干",赋予"蜡烛"以人的特征。再如崔护《题都城南庄》:

去年今日此门中,人面桃花相映红。
人面不知何处去,桃花依旧笑春风。

桃花"笑",形容桃花象美人容光焕发。

再如汪静之《恋爱底甜蜜》:

琴声恋着红叶,
亲了个永久甜蜜的嘴,
吻得红叶脸红羞怯。
他俩心心相许,
情愿做终身伴侣。
老树枝不肯让红叶,
自由地嫁给琴声。
幸亏红叶不守教训,
终于挽离了树枝,
随着琴声的调子,
和琴声互相拥抱,
翩跹地乘着秋风,
飘上青天去舞蹈。

诗人赋予无生命无情感的"琴声"、"红叶"、"老树枝"等事物现象以人的情感、心理、行为,使本来不可相通的物我两相交融、贯通一体,如此无生命无情感之物有了有情感之人的生命情态,自由爱情生活与自然景观和谐统一,诗歌语言顿然灵动飞扬起来,诗的魅力和韵味大增。

2. 拟物

所谓拟物,即将人当做物来描绘。拟物的目的较为复杂,有褒扬,有讽刺,有调侃。

比如"红莲开并蒂,彩凤喜双飞","红莲"、"彩凤"之类在人们习惯意识中是美丽、吉祥的象征,把新人喻为"红莲"、"彩凤",符合情理和人们的审美意识。

拟物在古华《芙蓉镇》中也很突出:

他们挥动竹枝扫把,在默默地扫着,默默地扫着了。好像春天,夏天,秋天,冬天,都是在他们的竹枝扫帚下,一个接一个地被扫走了,又被扫来了。

鲁迅《在酒楼上》更是让人们感觉到拟物的魅力:

我在少年时代,看见了蜂子或蝇子停在一个地方,给什么来一吓,即刻飞去了,但是飞了一个小圈子,便又回来停在原地点,便以为这实在可笑,也可怜。可不料现在我自己飞回来了,不过绕了一点小圈子。又不料你也飞回来了,你不能飞得远一些吗?

比拟可以生动地表现人的思想情感,成功地创造主客体融合的艺术境界,艺术地表现出人的幽默讽刺的态度,使文章更加形象生动。

三、借代

借代是借用其他名称或语句代替通常使用的名称或语句的语言方式。通过换一个反映个体特征的名称来突出本体的特征,引发读者的联想,给人造成具体生动的印象。目的是调整和修饰语言,把话和文章说或写得更正确、明白、生动、有力。

运用借代可以突出事物的特征、属性,使人获得鲜明、深切的感觉;可以使语言显得活泼风趣;使本体具有的某些含义、情味、色彩附着在所指代的借体上,从而丰富了语意,增加了信息含量。

借代由本体和借体组成。如李白《黄鹤楼送孟浩然之广陵》:"孤帆远影碧空尽,唯见长江天际流。"以"孤帆"(局部)代替"孤舟"(整体),显得更为委婉而意味深长。

借代的构成基础在于本体与借体之间存在着某种相关性,它的心理依据是相关联想,由借体联想到本体,从而正确地认识它,并且能够赏析到它的作用。

人们用代表色彩的词语来展示生活的美,同时也用色彩的美感形式来作用于人们的心理,让人们由此联想到具体事物,在脑海中形成鲜明的表象,进而产生了某种审美感受。

柳永《定风波》:"自春来,惨绿愁红,芳心是事可可。""红、绿"分别代指桃花、柳树,本是春光明媚,但在思妇眼中,尽变为伤心触目的色彩。

王安石的"含风鸭绿粼粼起,弄日鹅黄袅袅垂",其中"鸭绿""鹅黄"则分别指溪水和柳枝。春天到了,冰雪消融,河水碧透,有如公鸭头颈羽毛之色;柳枝也舒展了眉眼,泛出雏鹅的淡黄色,清新可爱。

四、示现

示现是把实际上没有见到的事物,写得如见如闻,如临其境。它超越客观情景,突破时空限制,往往把过去、未来或作者想象中的情景栩栩如生、绘声绘色地描绘出来,使读者或听者感觉如身临其境、亲闻目睹,给读者以直观的形象,使读者获得极大的美感经验。

比如秦观《浣溪沙》:

漠漠轻寒上小楼,晓阴无赖似穷秋,淡烟流水画屏幽。自在飞花轻似梦,无边丝雨细如愁,宝帘闲挂小银钩。

上片写主人公生活环境,对时序气候的感受;下片写她又回到空闺收拾房间,无聊地将宝帘闲挂在小银钩上,从窗口窥见"自在飞花""无边丝雨",那轻盈飘忽、纷乱无序的柳絮杨花,宛若那无拘无束、忽东忽西的相思梦境一般,而那丝丝缕缕、细细切切的无边丝雨,却又像绵绵不绝、无边无际的莫名惆怅那样令人心神不定。

又如白居易的《花非花》:

花非花,雾非雾,夜半来,天明去。来如春梦不多时,去似朝云无觅处。

这首词中的意象朦朦胧胧、隐隐约约,很难具体地说得清楚、道得明白。诗人在诗中所追求的某种美好事物,抑或是巫山神女式的朦胧美好印象,抑或是某种难以言状的怅然若失之情思,似乎只可意会,难以言传。

五、通感

通感的运用,可以使人从整体上感知美,可以使人尽情地想象美,更可以使人体味意境美。钱钟书认为,通感作为一种手法来看,就是写作上当表现属于甲感觉范围的事物印象时,却超越它的范围而描写成领会到的乙感觉范围的印象,以造成新奇、精警的表达效果。

人们很早就注意到通感修辞艺术的运用。《礼记·乐记》有"歌者上如抗,下如坠,曲如倨中矩,累累乎端如贯珠"句,把听、视、触觉等沟通起来,充分表现了音乐感人的力量。通感被诗人大量用于诗歌创作中,这类句子在诗文中是比比皆是。

贾岛《客思》中"促织声尖尖似针"句,是听觉兼触觉的印象。

贾唯孝《登螺峰四顾亭》:"雨过树头云气湿,风来花底鸟声香。"这是听觉超越了本身的局限而领会到嗅觉里的印象。

通感用得好,往往能化抽象为具体,勾起读者联想,激起读者感情,从而与读者共同创造感人的意境。在日常经验里,视、听、触、嗅、味觉可以彼此打通或交通,眼、耳、舌、鼻、身等各个官能的领域可以不分界限:颜色似有温度,声音似有形象,冷暖似有重量,气味似有锋芒。平常所说的"歌声绕梁,三日不断"、"甜言蜜语"、"名声太臭"等都是通感的运用。

通感表现形式多种多样,最主要的有以下三种:

第一种,视觉与听觉相通。如朱自清《荷塘月色》:"塘中的月色并不均匀;但光与影有着和谐的旋律,如梵婀玲上奏着的名曲。"刘白羽《长江三峡》:"突然是绿茸茸的草坂,像一支充满幽情的乐曲。"把视觉上的"月色"、"草坂"与听觉上的音乐沟通起来,把事物无声的姿态描摹成好像有声音,用这种通感手法唤起读者丰富的联想。

第二种,视觉与味觉相通。如钱钟书《围城》:"方鸿渐看唐小姐不笑的时候,脸上还依恋着笑意,……许多女人会笑得这样甜,但她们的笑容只是面部肌肉的柔软操。"再如穆仁《调皮的笑》:"一个顽皮的笑,可真耐人咀嚼,许多天过去了,我还未解清味道,让它像颗冰糖,慢慢融化在心上,可同甜丝丝的泉水,悄悄在岩层下淌。"写的都是"笑",且都由视觉转为味觉——"甜",这样就可以把人物情感的内质淋漓尽致地展现出来了。

第三种,视觉与触觉相通。如钱钟书《围城》:"大学的时候,他老远看见我们脸就涨红,愈走近脸愈红,红得我们瞧着都身上发热难过。"再如碧野《天山景物记》:"山色逐渐变得柔嫩,山形也逐渐变得柔和,很有一伸手就可以触摸到凝脂似的感觉。""涨红"与"发热"有物理和心理上的对应联系,将抽象的"山色"比做人们熟悉的"凝脂",也使读者易于理解接受,这种通感手法的运用是很有效的。

第八节 凝聚与突显

汉语修辞古今一贯的主导思想是要为表达内容服务,汉民族含蓄内敛的文化品格使汉语言形式温柔敦厚、文质彬彬、含而不露,传统思维偏重感性想象、悟性直觉。

汉语修辞以整齐、对称为主,以参差错落为辅;汉语修辞有虚写和实写之分,在语言表达中有意识地运用虚实观点,取得某种效果,这是汉语修辞的又一个特点。

在汉语修辞里,惯常用层递、映衬、倒装、对比、反问等语言技巧使语意凝聚到某一方面,使之突出并得到强调,来增加语言的力度,增强语言的鼓动力、感染力、凝聚力,令语言感情奔放、气势充沛。

一、层递

运用层递须具备三个条件:一是要说的有两个以上的事物,且彼此相衔接;二是这些事物有大小、高低、轻重、深浅等的比例;三是这些比例要有一定的次序。无论是"递升"或"递减",从意义来看,都是一层比一层深入。

运用层递可把道理说得充分、周密,增强说服力。可反映人们对事物认识的深化过程,能揭示事物的发展变化过程,增强感染力,使读者和听众产生情感共鸣。

如《大学》:

古之欲明明德于天下者,先治其国;欲治其国者,先齐其家;欲齐其家者,先修其身;欲修其身者,先正其心;欲正其心者,先诚其意;欲诚其意者,先致其知。……心正而后身修,身修而后家齐,家齐而后国治,国治而后天下平。

这是儒家思想传统中知识分子尊崇的信条。以自我完善为基础,通过治理家庭,直到平定天下,是几千年来无数知识者的最高理想。通篇使用了层递格。

运用层递,可以把文章写得层次分明,语言完整,文脉贯通;也可以使语言一环扣一环,一步紧一步,使事物特征层层展露,愈益鲜明,使人们的认识层层深入,印象逐渐加深。

如老舍《济南的冬天》:

最妙的是下点小雪呀。看吧,山上的矮松越发青黑,树尖上顶着一髻儿白花,好像日本看护妇。山尖全白了,给蓝天镶上一道银边。山坡上,有的地方雪厚点,有的地方草色还露着;这样,一道儿白,一道儿暗黄,给山们穿上一件带水纹的花衣;看着看着,这件花衣好像被风吹动,叫你希望看见一点更美的山的肤肌。等到快日落的时候,微黄的阳光斜射在山腰上,那点薄雪好像忽然害了羞,微微露出点粉色。就是下小雪吧,济南是受不住大雪的,那些小山太秀气!

围绕"妙"字描绘雪后山景,从山上、山尖至山坡、山腰,依空间顺序,把山的光、色、态等一一层现出来,有层次,有个性,突出了秀丽景色和娇美形态。

从层递的形式来看,可分为递升和递降两类。

递升即按顺序由小到大,由低到高,由少到多,由轻到重,由浅到深排列。

比如《扁鹊见蔡桓公》中扁鹊答使者,指出桓公病情由轻而重,不可救药的发展过程：

疾在腠里,汤熨之所及也;在肌肤,针石之所及也;在肠胃,火齐之所及也;在骨髓,司命之所属,无奈何也。今在骨髓,臣是以无请也。

递降即按顺序由大到小,由高到低,由多到少,由重到轻,由深到浅排列。

如郭小川《祝酒歌》：

祖国是一座花园,

北方就是园中的腊梅；

小兴安岭是一朵花,

森林就是花中的蕊。

花香呀,沁满咱们的心肺。

"祖国、北方、小兴安岭、森林"和"花园、腊梅、花、蕊",范围从大到小,通过比喻和递降的手法描绘了祖国的可爱。

二、映衬

映衬是利用乙作陪衬着力渲染或突出甲的修辞方式。文章或说话要强化、突出某种思想或要使某一事物显豁、醒目,须用跟它有关联的思想或事物去陪衬。运用映衬便于表现事物的矛盾对立和主次关系。能把好坏,善恶,美丑等对立事物揭示出来;又可增强语言的鲜明性但含而不露,起到烘云托月的作用,给人以深刻的印象和感受。

诗词中常用映衬手法。如范成大《春思》：

沙际绿萍满,楼头芳树多。光风入网户,罗幕生绣波。前年花开忆湘水,今年花开泪如洗。园树伤心三见花,依旧银屏梦千里。

沙汀树上长满绿萍,已是春天;楼前、后树木枝叶繁茂,阳春艳景映入重门深锁的人家。用来衬托思妇已三次见园树花开,空忆湘江流水而依旧银屏空守,只有在梦里思念亲人了。绚烂春光,撩人春色,越发引起离人的春思。

另外,正衬或反衬的方法在小说写景中也常出现。如朱自清《河塘月色》用蝉声、蛙声来衬"我"当时孤寂的情绪：

这时候最热闹的,要数树上的蝉声与水里的蛙声;但热闹是它们的,我什么也没有。

鲁迅《故乡》用阴晦、苦涩、昏暗悲凉的气氛来衬作品中"我"的"悲凉"心情：

时候既然是深冬,渐近故乡时,天气又阴晦了,冷风吹进船舱中,呜呜地响,从篷隙向外一望,苍黄的天底下,远近横着几个萧索的荒村,没有一些活气。我的心禁不住悲凉起来了。

映衬可分为正衬和反衬。

正衬用类似或相关的事物来衬托主体事物,即"烘云托月"。如以动衬动,以静衬静,以乐衬乐,以美衬美之类。如白居易《长恨歌》,用宫中美女作陪衬,映衬杨贵妃的美："回眸一笑百媚生,六宫粉黛无颜色。"

鲁迅《故乡》描绘海边沙地的美丽夜景,映衬少年闰土充满活力的形象：

这时候,我的脑里忽然闪出一幅神异的图画来:深蓝的天空中挂着一轮金黄的圆月,下面是海边的沙地,都种着一望无际的碧绿的西瓜,其间有一个十一二岁的少年,项带银圈,手捏一柄钢叉,向一匹猹尽力地刺去,那猹却将身一扭,反从他的胯下逃走了。

反衬用对立的、有差别的事物做背景,来烘托主体事物。如以动衬静,以静衬动,以苦衬乐,以乐衬苦,以丑衬美,以美衬丑等。

比如王籍《入若耶溪》："蝉噪林逾静,鸟鸣山更幽。"以"噪"和"鸣"的动态,来反衬"静"和"幽"的静态。蝉噪、鸟鸣,这种音响原是破坏山林幽静的,可在特定情况下,这一噪一鸣,反显"林逾静""山更幽"了。

再如温州梅雨潭联："飞瀑半天晴亦雨,寒潭终古夏如秋。"上联用晴天也细雨纷纷来反衬飞瀑总是雾气蒙蒙；下联用夏天也清凉宜人来反衬寒潭四时清幽凉爽。

三、反问

反问是为了增强语言的表达效果,增强某种语气,强调某种确定的意思而有意采用的一种修辞方法。

反问也称反诘,是无疑而问、明知故问、字面肯定则意思否定、字面否定则意思肯定的疑问句,说话人是在对话语所处具体语境进行充分把握和准确揣摩的基础上,形成对正在谈论的问题的清晰认识,并以充足的论据为依据,通过反问来传达强烈语气、深刻语意,使自己强烈程度不等的讲话用意得以淋漓尽致地表达出来,来实现预期的交际意图。

比如李清照《临江仙》:"浓香吹尽有谁知?"茅盾《白杨礼赞》:"难道你就只觉得它是树?难道你就不想到它的朴质,严肃,坚强不屈,至少也象征了北方的农民?……"

反问表达的感情直率热烈,用来实施"提供帮助"、"邀请"、"致谢"、"祝贺"、"问候"等让听话方受惠的言语行为时,能充分满足听者的面子需要,礼貌程度非常高;用来表命令、请求、要求、乞求、批评、讽刺、反对、威胁、指责、咒骂、责备等以言行事行为时,则很伤人"面子",极不礼貌。

交际双方之间的熟识程度在汉文化中对反问反诘语气的影响很大,通常双方越熟悉,交际也越自然越容易进行,特别是说话者考虑冒犯听话人的可能性越小。另外,地位的高低、交际过程中的关系,以及辈分的高低都有相应的影响。

从形式上看,反问句式可分为四种:

(1) 特指问。例:

你老人家能吃他多少?(《金瓶词话》)

三杯两盏淡酒,怎敌他晚来风急?(李清照《声声慢》)

吹箫人去玉楼空,肠断与谁同倚?(李清照《孤雁儿》)

(2) 是非问。例:

难道我扯住他不成?(《金瓶词话》)

这个不是长远做夫妇?(《金瓶词话》)

莫非公道忒偏向么?(《金瓶词话》)

(3) 正反问。例:

在后边,李娇儿!孙雪娥两个看管着,是请他不请他是?(《金瓶词话》)

你瞧他歹毒不歹毒?(《儿女英雄传》)

301

这价码儿,要是传出去,我这穴头还当不当?(《皇城根儿》)

(4) 选择问。例:

是我便生好斗寻趁他来,他来寻趁将我来?(《金瓶词话》)

先有你娘来,先有我来?(《金瓶词话》)

人命要紧,你那货物要紧?(《金瓶词话》)

同一反问句在不同语境因素的作用下可能会产生截然相反的语言效果,例如"人家能不服你吗?"一句,当说话人用诚恳佩服的语气说出来且听话人也确实有威望时,属于高度称赞;倘若说话人用酸溜溜的语气,且听话人又恰有不光彩行为,就变成尖酸讽刺。

四、对比

对比是把两种相反的事物并列起来,互相衬托,使青者显得更青,白者显得更白,光明美好愈见其善,黑暗丑恶愈见其劣;或把一种事物的正反两个方面并列起来,以便更加鲜明、更加全面地表现事物的本质。世界是对立统一的整体,日常生活中,汉民族经常用对比的手法去客观展示现实,从而表明自己的态度。

古籍中对比例子有很多,如《庄子·山木》:"君子之交淡如水,小人之交甘若醴。君子淡以亲,小人甘以绝……"《论语》常拿君子和小人对比:"君子喻于义,小人喻于利。"(《里仁》)"君子坦荡荡,小人长戚戚。"(《述而》)"君子和而不同,小人同而不和。"(《子路》)

寓言故事、经典小说常用对比来塑造性格迥异的人物形象,如林黛玉和薛宝钗、曹操和刘备、孙悟空与猪八戒等等,彼此相互映衬,形象深入人心。

人们常用"对比法"写对联。郭沫若年少时,曾和同学一起偷吃庙里桃子,和尚找教书先生评理,先生追问学生,却无人承认。气急之下,先生出上联:"昨日偷桃钻狗洞,不知是谁?"并许诺若有人对上了就免罚。郭沫若接口说:"他年攀桂步蟾宫,必定有我。"先生拍案叫绝,一肚子怒火烟消云散。

在熟语、谚语中对比也得到广泛运用。如:娘想儿,长江水;儿想娘,哭一场。再如:虚心使人进步,骄傲使人落后;虚心的人学十算一,骄傲的人学一当十;越是有知识的人,不懂的东西越多;越是无知的人,偏偏认为啥都知道;雄鹰展翅冲霄汉,家雀蜷身恋屋檐;等等。

五、倒装

倒装是通过颠倒惯常词语顺序来表意的语言方式。后置状语有时可使音节协调、韵谐,这在诗歌中特别明显。在诗歌里,倒装还可以起到压韵和变换的作用。例如徐志摩《我所知道的康桥》:

静极了,
这朝来水溶溶的大道,
只远处牛奶车的铃声,
点缀这周遭的沉默。

正常语序应为"这朝来水溶溶的大道,静极了",作者将"静极了"倒装在主语前,除了突出强调静景之美外,还可增强语气,使人印象深刻。

汉语的倒装常通过主谓颠倒、宾语前置、定语后置、状语后置等方法,可以起以下作用:

首先,突出和强调。如:

去罢,野草,连着我的题辞!(鲁迅《野草》)(强调谓语)

鸟的天堂里没有一只鸟儿,我不禁这样想。(巴金《鸟的天堂》)(强调宾语)

他们应该有新的生活,为我们所未经生活过的。(鲁迅《故乡》)(强调定语)

其次,平衡结构。如茅盾《秋收》把"什么债"提到句首后,后面的"你们只替我做"就形成了音节对称的结构,使语气分外顺畅:

到家后,他把那饼放在廊檐下,却板起了脸孔对儿子媳妇说:"死了才不来管你们呀!什么债,你们不要多问,你们只替我做!"

再次,描写生动。如周立波《湘江一夜》:

"害怕了吧,门虎?"司令员往上看了一眼,这样激他。

先说谓语,后说主语,如实地描写了说话时急促的情况。

再如鲁迅《伤逝》:

然而现在呢,只有寂静和空虚依旧,子君却决不再来了,而且永远,永远地!

　　把状语放在句末,并加上连词"而且",造成一种沉郁、忧伤的气氛,突出地描写了小说中涓生的伤感和空虚。

问题与思考

　　1. 为什么在汉民族词语中会产生那么多的尊称和谦辞?为什么到今天,那些词语有的已少见,有的已老化,有的已寿终正寝了呢?

　　2. 请尽量举出自己所知道的禁忌语,并探讨它们的文化基础。

　　3. 就自己知道的地名和人名,试分析它们的文化基础。

　　4. 为什么用与"性"有关的词语骂人,男性出现率远超女性?请分析它的文化因果。

　　5. 试分析自己的姓名,看看其中是否包含着地域、民族、民俗、学术、历史、禁忌等文化因素?

　　6. 中国人姓名中含有十分丰富的文化成分,试分析班级中同学或者老师的姓名,看看里面包含着一些什么文化内涵?

　　7. 试分析上海或者你家乡的地名,看看有什么特点。

　　8. 你家或你附近人家是否有族谱?看看里面写了些什么?你属于哪个辈分的?

　　9. 你家乡的地名是否含有方言特征?

　　10. 看看周围人的姓名,谈谈你对这些姓名的看法(从语音、谐音等角度谈)。

参考书目

陈　原　1980：《语言与社会生活》,三联书店
陈建民　1989：《语言文化社会新探》,上海教育出版社
陈建民、谭志明 1993：《语言与文化多学科研究》,北京语言学院出版社
常敬宇　1995：《汉语词汇与文化》,北京大学出版社
邓晓华　1993：《人类文化语言学》,厦门大学出版社
邓炎昌、刘润清　1989：《语言与文化——英汉语言文化对比》,外语教学与研究出版社
丁迪蒙　2001：《普通话水平测试指南》,上海大学出版社
丁迪蒙　2006：《对外汉语的课堂教学技巧》,上海学林出版社
丁迪蒙　2011：《趣味硬笔行楷速成》,上海大学出版社
郭锦桴　1993：《汉语与中国传统文化》,中国人民大学出版社
何九盈、胡双宝、张猛编　1995：《中国汉字文化大观》,北京大学出版社
李　波　2006：《从中国地名看汉民族之心理文化》,《新乡师范高等专科学校学报》第 1 期
林宝卿　2000：《汉语与中国文化》,科学出版社
刘焕辉　1986：《言语交际学》,江西教育出版社
刘焕辉、陈建民编　1993：《言语交际与交际语言》,江西高校出版社
罗常培　1989：《语言与文化》,语文出版社根据 1950 年北京出版社版本重印
邵敬敏　1995：《文化语言学中国潮》,语文出版社
申小龙　1996：《文化语言学论纲》,广西教育出版社
申小龙　2001：《汉语语法学·一种文化的结构分析》,江苏教育出版社
申小龙　2005：《汉语与中国文化》,复旦大学出版社
师为公　1996：《汉语与汉文化》,江苏教育出版社
师为公　2001：《趣味语文》,上海古籍出版社
苏新春　1996：《汉字文化引论》,广西教育出版社
邢福义　1990：《文化语言学》,湖北教育出版社
吴慧颖　1995：《中国数文化》,岳麓书社
伍铁平　1997：《语言和文化评论集》,北京语言大学出版社
汪曾祺　1993：《汪曾祺文集·文论卷》,江苏人民出版社
王建华　1990：《文化的镜象——人名》,吉林教育出版社

张绍滔　1996:《汉语文化研究》,厦门大学出版社
张玉金　2000:《当代中国文字学》,广东教育出版社
张清常　1990:《胡同及其他》,北京语言学院出版社
张德鑫　1996:《中外语言文化漫议》,华语教育出版社
赵元任　1985:《谈谈汉语这个符号系统》,《赵元任语言学论文选》,叶蜚声译,中国社会科学出版社
赵平分　2006:《字谜的文化说解》,《保定师范专科学校学报》第3期
赵维森、张子刚　2003:《中国古典诗歌音韵的象征功能及其形成原因初探》,《宁夏社会科学》第2期
周有光　1995:《语文闲谈》,三联书店
周振鹤、游汝杰　1986:《方言与中国文化》,上海人民出版社
朱光潜　1981:《散文的声音节奏》,安徽人民出版社
朱光潜　1997:《诗论》,安徽教育出版社

后　记

　　大约十二年前,教研室安排我教授"文化语言学"课程。

　　每次涉及新的教学领域时,总让人倍感兴奋。于是,在很长一段时间内,我研究和浏览了大量有关专著、教材和论文,并在此基础上做好了教授准备。随后就先为研究生开设了这门选修课。

　　当时选课的研究生只有两人:陈雅和罗姝。

　　回想自己1983年初留校当教师,通过教、学、研三结合,很多一知半解的理论问题和教学困难很快都得到了解决的经历,我想,能否要求这两个研究生和我一起编写"文化语言学"教材,让她们在编写过程中提高学习和研究水平呢?

　　经过两年的努力,她们果然重复了我走过的道路,于是,就有了本书的雏形。

　　2004年,新一届研究生入学,陈鸣和钱菁成了我的研究生。至此,我已为本科学生开设该课程两个学年了,效果不错。

　　遵循"研究生搞研究"的教学理念,我让她们根据前面写的初稿进一步加工完善,并责成她们在本科生课堂上试讲,以锻炼她们将理论知识化解为通俗语言的能力。我则提供理论框架、资料方向,帮助她们修订整理并提出意见。这样,就形成了本书的第二稿。

　　由于书稿是在一边授课一边完善的状态下完成的,并且其中也有着我自己独创的一些思考。因此它具有以下两个特点:

　　第一,本书有一定的理论,但这些理论并不使人感到诘屈聱牙而无法卒读,而是深入浅出的指导性阐述,整个书稿语体风格是通俗易懂的。

　　第二,坊间的有关书籍,涉及语音和汉文化关系的不多;另外,汉字部分的笔画、偏旁和手写体与汉文化之间的关系前人很少涉及,有关阐述当属首创。

其实,于我来说,最有意义的是摸索到了一条带教研究生事半功倍的途径。以前,我只是听说此法,但是并未实践,现在方知,要真正让研究生在研究中学有所成,并不像传言所说"就让研究生帮着写点章节"那么容易。此中甘苦,也唯心知也。

本书稿内容具体分工如下:

绪论:丁迪蒙;

第一章初稿:陈雅,第二稿:陈鸣(第一、二、五、六、八节)、丁迪蒙(第三、四、七节);

第二章:丁迪蒙;

第三章初稿:罗姝,第二稿:钱菁(第一到第六节)、丁迪蒙(第七、八节);

第四章初稿:陈雅,第二稿:钱菁(第一到五节)、丁迪蒙(第六到九节);

第五章初稿:罗姝、陈雅,第二稿:陈鸣(第一、二、三、四、五节)、陈雅(第六、七、八节)。

2010级研究生郭小梅负责对第三章和第五章进一步完善并统稿。最后,全书由丁迪蒙统一删改定稿。

如今,这些研究生大多早已经走上工作岗位,且都小有成就。当此时,本书稿也即将付梓出版。想到因科研而塑人才,因人才而创学术,二美兼得,不亦乐乎!

丁迪蒙
2011年11月17日申城新雨后